Kohlhammer

Reinhard Lindner
Jana Hummel (Hrsg.)

Psychotherapie in der Geriatrie

Aktuelle psychodynamische und
verhaltenstherapeutische Ansätze

Verlag W. Kohlhammer

Dieses Werk einschließlich aller seiner Teile ist urheberrechtlich geschützt. Jede Verwendung außerhalb der engen Grenzen des Urheberrechts ist ohne Zustimmung des Verlags unzulässig und strafbar. Das gilt insbesondere für Vervielfältigungen, Übersetzungen, Mikroverfilmungen und für die Einspeicherung und Verarbeitung in elektronischen Systemen.

Die Wiedergabe von Warenbezeichnungen, Handelsnamen und sonstigen Kennzeichen in diesem Buch berechtigt nicht zu der Annahme, dass diese von jedermann frei benutzt werden dürfen. Vielmehr kann es sich auch dann um eingetragene Warenzeichen oder sonstige geschützte Kennzeichen handeln, wenn sie nicht eigens als solche gekennzeichnet sind.

Diese Publikation wurde gefördert durch die Robert Bosch Stiftung.

1. Auflage 2015

Alle Rechte vorbehalten
© W. Kohlhammer GmbH, Stuttgart
Gesamtherstellung: W. Kohlhammer GmbH, Stuttgart

Print:
ISBN 978-3-17-024834-2

E-Book-Formate:
pdf: ISBN 978-3-17-024835-9
epub: ISBN 978-3-17-024836-6
mobi: ISBN 978-3-17-024837-3

Für den Inhalt abgedruckter oder verlinkter Websites ist ausschließlich der jeweilige Betreiber verantwortlich. Die W. Kohlhammer GmbH hat keinen Einfluss auf die verknüpften Seiten und übernimmt hierfür keinerlei Haftung.

Geleitwort

Der vorliegende Band enthält die Beiträge des Symposiums »Psychotherapie in der Geriatrie«, das vom 27. bis 28.09.2013 in der Medizinisch-Geriatrischen Klinik am Albertinen-Haus, Zentrum für Geriatrie und Gerontologie in Hamburg unter der Leitung von Reinhard Lindner und Jana Hummel mit Unterstützung der Robert Bosch Stiftung, Stuttgart stattfand.

Das Inhaltsverzeichnis zeigt rasch, dass dieses Buch einen gut gelungenen Überblick zu Indikationen, aktuellen Entwicklungen sowie unterschiedlichen methodischen Verfahrensweisen psychotherapeutischer Arbeit mit geriatrischen Patienten bietet. Dies ist auch in den breiteren Zusammenhang epidemiologischer Entwicklungen gestellt und unterstreicht so die dringende Notwendigkeit der praktischen und wissenschaftlichen Beschäftigung mit der Thematik.

Weiter enthält dieses Werk jedoch auch Kapitel, die einerseits Bezüge zur eigentlich schon weit zurückliegenden und deshalb gewissermaßen langen Historie ärztlichen bzw. therapeutischen Bemühens um das Zusammenspiel von Körper, Seele und Geist auch im höheren und sehr hohen Lebensalter aufzeigen, andererseits aber auch von der doch noch relativ jungen Geschichte teils recht mühsamer Annäherung und sehr bedächtiger Überwindung (inter-)disziplinärer Hindernisse berichten. Dieser Band kann und sollte auf jeden Fall dazu beitragen, dass aus allem eine Geschichte des Erfolgs wird.

Als deutlich »somatisch« orientiert ausgebildetem Arzt kamen jetzt bei der Lektüre einzelner Kapitel Erinnerungen an frühe Jahre des Studiums und der Assistentenzeit an der Medizinischen Universitätsklinik in Heidelberg. Diese Universitätsklinik hatte als eine der ersten in Deutschland ein Department-System und – aufgrund langer Tradition – eine eigene Abteilung für Psychosomatische Medizin, ebenso selbstverständlich wie eine Abteilung für Klinische Pharmakologie. Der junge Student war geradezu »begeistert« von den Vorlesungen und Seminaren von und mit Walter Bräutigam. Abendliche, um nicht zu sagen nächtliche Seminare bei Hubertus Tellenbach waren zugegebenermaßen besonders wegen der intellektuellen Herausforderung wahre Highlights, aber auch der Tiefe seelischen, psychischen Leids tatsächlich ein »Faszinosum«. Nach Jahren beruflicher Tätigkeit in der Geriatrie und möglicherweise mit eigenem Älterwerden kommen Erinnerungen hieran und beeindruckende Bilder aus dieser Zeit zurück. Warum?

Weil das Tun im klinischen Alltag bei Diagnostik und Behandlung multimorbider alter Menschen auf Basis einer ordentlich fundierten, heißt begründbaren geriatrischen Medizin auch bei möglichst umfassendem Blick auf die relevanten Dimensionen von Gesundheit von Fall zu Fall an Grenzen kommt. Verschiedene Erfahrungsberichte in diesem Buch verdeutlichen die Sinnhaftigkeit und den ergänzenden Nutzen psychotherapeutischer Arbeit für geeignete Patienten in der Geriatrie.

Es ist das Verdienst von Reinhard Lindner, sich seit mehreren Jahren mit beharrlicher Nachhaltigkeit für die Belange der psychischen Gesundheit älterer Patienten zu engagieren. Ich wünsche dem von Jana Hummel und ihm konzipierten und herausgegebenen Buch möglichst viele Leserinnen und Leser. Es trägt sicher bei zur Verbreitung von Kenntnissen über die Möglichkeiten der Psychotherapie im Alter generell und ihrem Einsatz speziell im Setting geriatrischer Kliniken.

Hamburg, im Juni 2014

Wolfgang von Renteln-Kruse
Chefarzt, Leiter der Geriatrischen Klinik im Albertinen-Haus, Hamburg

Vorwort

Psychotherapie in der Geriatrie – eine innovative Kooperation

Psychische Störungen sind ein wichtiger Faktor bei Prozessen des Alterns, wie auch beim Erleben und Verarbeiten körperlicher Erkrankungen im Alter. Über die Hälfte der über 70-Jährigen leiden unter psychopathologischen Symptomen. Über ein Drittel aller klinisch-geriatrischen Patienten haben eine psychosomatische/psychiatrische Komorbidität.

Obwohl die Europäische Union 2008 ein integratives Behandlungsmodell spezifischer Interventionen für psychische und körperliche Störungen im Alter forderte, sind geriatrische und psychosomatisch-psychotherapeutische Kooperationen noch immer sehr selten. Dies betrifft besonders die Diagnostik und Behandlung affektiver Störungen (einschließlich der Suizidalität), der pathologischen Trauer, der posttraumatischen und somatoformen Störungen sowie interpersoneller Konflikte und Krankheitsverarbeitungsstörungen (besonders bei Schmerzen und Multimorbidität). Dabei ist bekannt, dass psychische Störungen bei geriatrischen Patienten zu längeren stationären Liegezeiten, schlechteren Behandlungsergebnissen, höherer Morbidität und gesteigerten Ausgaben führen. Psychiatrische und psychosomatische Konsil-/Liaisondienste in geriatrischen Kliniken fördern die psychischen Funktionen und die poststationäre Unabhängigkeit, sie reduzieren die Verweildauer und die stationären Behandlungskosten. Als Kooperationsmodelle zwischen Psychotherapie und Geriatrie sind gemeinsame gerontopsychiatrisch-geriatrische Stationen, psychotherapeutische Interventionen in und aus der Neuropsychologie, einzelne, z.B. konsiliarische Inputs wie auch tagesklinische Behandlungserfahrungen bekannt. Der Einsatz von Richtlinienpsychotherapie in der Geriatrie ist dabei aber noch extrem selten.

Das vorliegende Buch unternimmt eine Synopse bestehender Ansätze zum Verständnis psychischer Probleme, Störungen und Konflikte bei körperlichen Erkrankungen Hochbetagter und der bisherigen Erfahrungen mit verschiedenen psychotherapeutischen Angeboten. Derzeit ist mit wissenschaftlicher Evidenz nachgewiesen, dass sowohl psychodynamische als auch verhaltenstherapeutische Verständnisansätze und Therapieformen bei hochbetagten Patienten wirksam sind. Aus diesem Grund werden die aktuellen Ergebnisse und Behandlungsansätze aus diesen psychotherapeutischen Schulen präsentiert, ergänzt durch klinische Erfahrungen und Forschungsergebnisse aus der Musik- und Tanztherapie.

Auch wenn hier nicht der Anspruch auf Vollständigkeit psychotherapeutischer Ansätze mit multimorbiden Hochbetagten erhoben werden kann, so hoffen die Herausgeber, einen Überblick über die Versorgungslage, -angebote und -inhalte bei dieser Patientengruppe zu geben, der für Psychotherapeuten, Neuropsychologen, Geriater, Psychiater und Psychosomatiker wie auch anderen praktisch mit Hochbetagten arbeitenden Professionellen anregend ist. Zudem aber möchten sie zu weiteren wissenschaftlichen Arbeiten, insbesondere im Bereich der Psychotherapie- und Versorgungsforschung, anregen. Die Erforschung der Effektivität psychotherapeutischer Behandlungen im hohen Lebensalter und bei Multimorbidität kann die stichhaltige Grundlage für die Erweiterung der Versorgungsleistungen der Kostenträger bieten. Bereits die in diesem Buch präsentierten Ergebnisse weisen darauf hin, dass sowohl ambulante als auch stationäre Behandlungsangebote nicht nur gesundheitsförderlich, sondern kostensparend sein können. In diesem Buch befassen sich einige Arbeiten mit den richtungsweisenden ambulanten (aufsuchenden) und stationären (konsiliarischen) psychotherapeutischen Angeboten.

Die Herausgeber bedanken sich bei den Autoren für die intensive und fruchtbare Zusammenarbeit, die nun in diesem Buch einen Ausdruck findet. Sie bedanken sich bei Prof. Dr. Wolfgang von Renteln-Kruse, Chefarzt der Medizinisch-Geriatrischen Klinik Albertinen-Haus, und Herrn Ralf Zastrau, Geschäftsführer der Albertinen-Krankenhaus/Albertinen-Haus gGmbH für ihre Förderung der Zusammenarbeit von Geriatrie und Psychosomatik in ihrem Haus, bei Herrn Dr. Ruprecht Poensgen vom Kohlhammer Verlag sowie der Lektorin Frau Anita Brutler für die intensive Begleitung des Erscheinungsprozesses dieses Buches. Wir bedanken uns auch bei der Robert Bosch Stiftung für die vielfältige finanzielle Unterstützung von Forschungsprojekten der Herausgeber im Rahmen des Forschungskollegs Geriatrie als auch für die Unterstützung eines wissenschaftlichen Symposiums zum Thema »Psychotherapie in der Geriatrie« im September 2013 und des Erscheinens dieses Buches.

Ein besonderer Dank aber gilt unseren älteren Patienten, die es uns durch ihr Vertrauen erst ermöglichen, ihre Situation zu verstehen, sie zu begleiten und ihnen in ihren oftmals konflikthaften und schwierigen Lebenssituationen zu helfen.

Hamburg und Mannheim, im Juni 2014

Reinhard Lindner und Jana Hummel

Inhalt

Geleitwort 5
von Wolfgang von Renteln-Kruse

Vorwort 7

Teil I Psychotherapie und Geriatrie – eine psycho-somatische Annäherung

1 Gerontologie und Psychotherapie im hohen Alter 13
   Andreas Kruse

2 Von den »Problemen einer integrierten psychiatrischen
   Tätigkeit im Allgemein-Krankenhaus« (1971) zur Psychotherapie
   in der Geriatrie (2014) – Weiterentwicklungen in
   klinischer Erkenntnis, Forschung und Versorgung? 24
   Hartmut Radebold und Reinhard Lindner

3 Epidemiologie psychischer Erkrankungen im höheren Lebensalter ... 30
   Jana Volkert und Martin Härter

Teil II Indikationen zur Psychotherapie bei Multimorbidität

4 Erhalt der sozialen Teilhabe 47
   Gabriela Stoppe

5 Grundlagen der Psychotherapie Hochaltriger – zur These
   sekundärer Strukturdefizite 56
   Meinolf Peters

6 »Es ist besser, Schmerz zu empfinden als gar nichts
   zu fühlen« – der ältere depressive Mensch in
   der psychotherapeutischen Praxis 67
   Eike Hinze

7 Psychotherapeutische Ansätze bei Demenz 75
   Daniel Kopf

8 Suizidalität in der geriatrischen Klinik 82
   Uwe Sperling

Teil III Formen der Psychotherapie mit Hochbetagten

9 Psychotherapeutische Interventionen im geriatrischen
   Klinikalltag – ein Erfahrungsbericht 93
   Susanne Wilfarth

10 Psychotherapie bei Depression im Pflegeheim 103
   Eva-Marie Kessler und Sabrina Agines

11 Aufsuchende psychodynamische Psychotherapie
   bei Hochbetagten 113
   Reinhard Lindner

12 Verhaltenstherapeutische Interventionen in Akutgeriatrie und in
   der geriatrischen Rehabilitation – ein Erfahrungsbericht 126
   Ulrike Müller-Wilmsen

13 »Konnten Sie Ihre Ängste und Bedenken mit der Schwester
   oder dem Pfleger besprechen?« Zur Zufriedenheit geriatrischer
   Patienten mit einem psychosomatischen Konsil-/Liaisondienst 132
   Reinhard Lindner und Ronald Foerster

14 Psychotherapie mit multimorbiden, depressiven geriatrischen
   Patienten – zur Studie »AIDE – Acute Illness and Depression«
   und zur aktuellen Versorgungssituation 139
   Jana Hummel

15 Verhaltenstherapeutische Behandlung der Suizidalität bei Hochbetagten 147
   Sylvia Schaller

16 Leib-seelische Netzwerke – Psychoanalytische Musiktherapie
   mit einer schwierigen, hochgradig dementen Patientin 154
   Barbara Dehm-Gauwerky

17 Atmosphären therapeutisch gestalten – Musiktherapie
   als ästhetische Arbeit im Bereich Demenz 161
   Jan Sonntag

18 Tanz-, Bewegungstherapie im Alter 173
   Iris Bräuninger

Verzeichnis der Herausgeber und Autoren 185

Stichwortverzeichnis 187

**Teil I   Psychotherapie und Geriatrie –
           eine psycho-somatische Annäherung**

1 Gerontologie und Psychotherapie im hohen Alter

Andreas Kruse

1.1 Was alte Menschen geben können – Entwicklungspotenziale in der Verletzlichkeit des hohen Alters

In seiner am 15. März 2013 gegebenen Audienz für die Kardinäle, zwei Tage nach seiner Wahl zum Papst, äußerte sich Papst Franziskus auch zum Wesen des Alters. Nachfolgend sei die entsprechende Passage seiner Rede angeführt:

> »Liebe Mitbrüder, nur Mut! Die Hälfte von uns steht in fortgeschrittenem Alter: Das Alter ist - gern drücke ich es so aus - der Sitz der Weisheit des Lebens. Die Alten haben die Weisheit, im Leben ihren Weg zurückgelegt zu haben wie der greise Simeon, wie die greise Anna im Tempel. Und genau diese Weisheit hat sie Jesus erkennen lassen. Schenken wir diese Weisheit den jungen Menschen: Wie der gute Wein, der mit den Jahren immer besser wird, so schenken wir den jungen Menschen die Weisheit des Lebens. Mir kommt in den Sinn, was ein deutscher Dichter über das Alter gesagt hat: ›Es ist ruhig das Alter und fromm.‹ Es ist die Zeit der Ruhe und des Gebets. Und es ist auch die Zeit, den jungen Menschen diese Weisheit zu geben.« (Papst Franziskus 2013, S. 25 f.)

Diese Charakterisierung ist aus zwei Gründen bemerkenswert: Zunächst wird – ein Gedicht Friedrich Hölderlins (1770–1843) aufgreifend – das Alter als »Zeit der Ruhe und des Gebets« gedeutet: »Es ist ruhig das Alter und fromm«, so heißt es in Hölderlins Gedicht »Meiner verehrungswürdigen Großmutter zu ihrem 72. Geburtstag«. Papst Franziskus gilt als ein Hölderlin-Kenner, und die Tatsache, dass er aus den zahlreichen Deutungen des Alters, die Friedrich Hölderlin in seinem Schrifttum vorgenommen hat, gerade diese auswählt, weist darauf hin, dass er die Ruhe (»ruhig«) und das Gebet (»fromm«) als *zentrale* psychologische und religiöse Merkmale des Alters ansieht. Doch treten zwei weitere Aspekte hinzu, und diese geben der gewählten Charakterisierung aus einem weiteren Grund besonderes Gewicht: Das Alter wird als »Sitz der Weisheit des Lebens« beschrieben, wobei diese Weisheit des Lebens auf den Erlebnissen, Erfahrungen und Begegnungen gründet, die Menschen im Laufe ihrer Biografie gewonnen haben, wie auch auf der Reflexion dieser biografischen Stationen. Nur so lässt sich die Aussage: »Die Alten haben die Weisheit, im Leben ihren Weg zurückgelegt zu haben« deuten. Diese Weisheit bildet eine potenzielle Stärke oder Ressource des Alters, und zwar vor allem in den Beziehungen zwischen den Generationen, wenn es nämlich heißt: »Und es ist auch die Zeit, den jungen Menschen diese Weisheit zu geben.«

Wir finden hier Bausteine einer Anthropologie des Alters, die nicht nur für das Verständnis des Alters bedeutsam sind, sondern die uns auch helfen, die Potenziale einer Psychotherapie des hohen Lebensalters (neuntes, zehntes Lebensjahrzent) klarer zu umschreiben: Diese können zum einen darin gesehen werden, die Ich-Integrität zu fördern und psychische Prozesse anzustoßen, die in der gerontologischen Forschung mit dem Begriff der »Gerotranszendenz« (Erikson 1998; Tornstam 1989) umschrieben werden: Zu nennen sind hier vor allem die differenzierte Wahrnehmung des eigenen Selbst, die Integration von persönlicher Vergangenheit, Gegenwart und Zukunft, die Verwirklichung kosmischer Bezüge, in die die eigene Existenz eingebettet ist, sowie die Integration in eine Generationenfolge, innerhalb derer man nicht nur empfängt, sondern auch gibt.

Bleiben wir noch kurz bei Friedrich Hölderlin stehen. Zunächst sei ein Abschnitt aus jenem Gedicht – »Meiner verehrungswürdigen Großmutter zu ihrem 72. Geburtstag« – angeführt, dem die Aussage des Papstes entnommen ist:

> Manches hab ich versucht und geträumt und habe die Brust mir
> Wund gerungen indes, aber ihr heilet sie mir,
> O ihr Lieben! und lange, wie du, o Mutter! zu leben
> Will ich lernen; es ist ruhig das Alter und fromm.
> Kommen will ich zu dir; dann segne den Enkel noch einmal,
> Dass dir halte der Mann, was er, als Knabe, gelobt.

Im Kontext dieses Abschnittes wird noch deutlicher, wie die Aussage »Es ist ruhig das Alter und fromm« zu verstehen ist: In der Art und Weise, wie ältere Menschen leben, können sie jüngeren Menschen Vorbild sein. Für die Psychotherapie bedeutet dies: Als jüngerer Psychotherapeut kann man schon dadurch, dass man geistiges und emotionales Interesse an der Art und Weise zeigt, *wie* ein älterer Mensch sein Leben gestaltet – auch das Leben in Grenzsituationen –, dazu beitragen, dass dieser sein Alter bei aller Verletzlichkeit, mit der das hohe Alter konfrontiert, annimmt (Kessler 2013). Und es sollte nicht übersehen werden, dass die konzentrierte Betrachtung der Lebensführung und Lebensgestaltung alter Menschen den jüngeren Menschen selbst bereichern kann (Kruse 2013a).

In seiner aus sechs Strophen bestehenden Ode »Abendphantasie« verwendet Friedrich Hölderlin eine ähnliche, gleichzeitig eine etwas anders gerichtete Formulierung. In dieser Ode heißt es:

> Komm du nun, sanfter Schlummer! zu viel begehrt
> Das Herz; doch endlich, Jugend! verglühst du ja,
> Du ruhelose, träumerische!
> Friedlich und heiter ist dann das Alter.

Das Alter erscheint hier als *Zielpunkt* des Lebens, und Friedrich Hölderlin drückt aus, wie er sich die Ausgestaltung dieses Zielpunkts vorstellt: *friedlich* (im Sinne des Friedens mit anderen Menschen, im Sinne des Frieden mit sich selbst – hier durchaus im Sinne der Ich-Integrität zu verstehen) und *heiter* (im Sinne einer optimistischen, positiven Einstellung gegenüber der eigenen Zukunft), wobei er das »Glühen« der Jugend dem »Frieden« und der »Heiterkeit« des Alters gegenüberstellt. Hier wird ein bemerkenswertes geistig-emotionales Potenzial des Alters beschrieben, dessen Verwirklichung angesichts der Verletzlichkeit als eine *schöpferische Leistung* zu deuten ist (Lehr 2011) – die, wie Studien übereinstimmend zeigen, von der überwiegenden Mehrzahl alter Menschen tatsächlich gezeigt wird (Kessler und Staudinger 2010). Diese Haltung kann sich, wie in der Theorie der sozioemotionalen Selektivität (Carstensen und Lang 2007) angenommen, dabei vor allem in emotional intimen Beziehungen zeigen, die in besonderer Weise geeignet sind, positive Emotionen anzustoßen. Mit dieser Haltung wird auch ein *Zielzustand der Psychotherapie* mit alten Menschen beschrieben: die Lösung innerer und äußerer Konflikte, die Ausbildung oder weitere Stärkung der subjektiven Überzeugung, das eigene Altern gestalten zu können, sowie der gefasste Blick auf die Gegenwart und in die Zukunft (Heuft 2010; Radebold 2009). In einem derartigen psychologischen und sozialen Kontext kann sich das von Hölderlin beschriebene Gefühl der Heiterkeit (als Ausdruck der Überwindung von Grenzen sowie der Bejahung des Lebens in seiner Verletzlichkeit und Endlichkeit) einstellen. Es ist bemerkenswert, dass Paul Celan (1920–1970) in einem – in seinem Nachlass gefundenen – Gedicht ebenfalls das Wort »heiter« verwendet:

> ICH LOTSE DICH hinter die Welt,
> da bist du bei dir, unbeirrbar,
> heiter
> vermessen die Stare den Tod,
> das Schilf winkt dem Stein ab, du hast
> alles
> für heut Abend.

Der hier gewählte Ort des Wortes »heiter« lässt uns dessen Gehalt noch besser verstehen: Heiter zu sein ist nicht mit »guter Stimmung« gleichzusetzen; vielmehr ist hier mit diesem Wort die Verbindung von Gefasstheit, Zufriedenheit und Optimismus auch bei dem Blick auf die eigene Vergänglichkeit und Endlichkeit gemeint. Vergänglichkeit und Endlichkeit bilden das zentrale Thema des von Celan verfassten Gedichts; zugleich aber die Fähigkeit, diese innerlich zu überwinden: Damit nähert man sich dem theoretischen Konzept der »Gerotranszendenz«, das die innere Überwindung der Vergänglichkeit und Endlichkeit als eine der Bedingungen für die vermehrte Ausbildung der kosmischen Orientierung des Menschen versteht.

Die Gleichzeitigkeit von Entwicklungspotenzialen und Verletzlichkeit im hohen Alter, die sich in der Hinsicht ausdrücken lässt, dass Entwicklungspotenziale *in* der Verletzlichkeit des Lebens erkennbar sind, bildet eines der für die Psychotherapie in diesem Lebensabschnitt zentralen Themen (Maercker 2002). Dabei sind die Entwicklungspotenziale auch, wenn nicht sogar primär in den Beziehungen zu anderen, vor allem zu jüngeren Menschen zu sehen – ganz wie dies in der Rede von Papst Franziskus ausgedrückt wird. Die Weitergabe von Lebenswissen (Rentsch 2013) bildet hier eine Domäne des Alters, die auch in der Psychotherapie fruchtbar gemacht werden kann, sodass wir sagen können: Der Reichtum an biografischem Material muss sich nicht als nachteilig für eine Psychotherapie auswirken, sondern kann diese sogar befruchten – in der Hinsicht, als sich alte Menschen im psychotherapeutischen Kontakt auch als *Gebende* erleben, deren Lebenswissen, deren Rat von anderen Menschen – in diesem Falle vom Psychotherapeuten – geschätzt wird. Die auf Dionysios von Halikarnassos zurückgehende Aussage: »Meine Leiden werden zu Lehren werden für die anderen« (pathemata paideumata genesetai tois allois) erweist sich auch in diesem Kontext als bedeutsam. Die Befruchtung ist nicht nur auf Seiten des Psychotherapeuten erkennbar, sondern auch auf Seiten des alten Menschen selbst.

Neben der Weitergabe von Lebenswissen ist ein weiterer Aspekt zu nennen, der gerade mit Blick auf die Entwicklungspotenziale im Alter – auch in der Verletzlichkeit – als wichtig erscheint: Es ist die Sorge des Menschen *für* und *um* Andere. In einer gerade abgeschlossenen Studie zu den »Daseinsthemen« (diese beschreiben zentrale Anliegen und Orientierungen des Individuums) im hohen Alter (85 Jahre +) konnten wir $N = 400$ Frauen und Männer ausführlich zu Biografie, Gegenwart und Zukunft interviewen (Kruse 2014). Dabei zeigte die daseinsthematische Analyse der Gegenwart und Zukunft, welches Gewicht die subjektiv erlebte Sorge *für* und *um* Andere im Erleben alter Menschen besitzt: Diese Sorge gilt ihnen als Ausdruck eines mitverantwortlichen Lebens und dieses wiederum als Ausdruck der Teilhabe. Mit dem Begriff der Sorge ist hier gemeint, dass man Andere aktiv unterstützt (»Sorge *für*«) oder dass man sich innerlich intensiv mit der Lebenssituation Anderer beschäftigt, dass man sich in deren Lebenssituation hineinversetzt und darüber nachdenkt, wie man diese durch eigenes Handeln fördern kann (»Sorge um«). Nicht wenige Teilnehmerinnen und Teilnehmer unserer Untersuchung, die keine Möglichkeiten mehr sahen, für Andere zu sorgen und sich um Andere zu sorgen, berichteten, dass sie das Gefühl hätten, »aus der Welt gefallen zu sein«. Der aktive Beitrag zu einer »Sorgestruktur« (oder einer »sorgenden Gemeinschaft«) ist für das Lebensgefühl des Menschen auch im hohen Alter von grundlegender Bedeutung.

In Arbeiten des Philosophen Emmanuel Levinas (1995) wird der *unbedingte Anspruch des Anderen* hervorgehoben, der dem eigenen Anspruch vorgeordnet sei. Die zentrale Stellung des Subjekts wird hier zugunsten des unbedingten Anspruchs des Anderen aufgegeben. Bevor ich zu mir selbst komme, so Levinas, steht mir der Andere gegenüber; dieser besitzt die Qualität der unbedingten vorausgehenden Verpflichtung – und erst durch den Anderen komme ich zu mir selbst. Dieser unbedingten Inanspruchnahme durch den Anderen ist das Subjekt unterworfen, weswegen Immanuel Levinas den lateinischen Begriff »subjectum« im Sinne von »subjactum« – nämlich »unterworfen« – übersetzt. Diese Anthropologie bildet eine bemerkenswerte Grundlage für ein tieferes Verständnis der Lebenssituation alter Menschen, die in der Verwirklichung von *freundschaftlich gemeinter Sorge* eine Möglichkeit finden, die eigene Verletzlichkeit und Endlichkeit anzunehmen und in dieser schöpferisch zu leben – wobei die vertiefte Auseinandersetzung mit dem eigenen Selbst Wissen und Erkenntnisse zutage fördert, die in die Beziehung zu anderen Menschen (vor allem nachfolgender Generationen) eingebracht werden und diese in besonderer Weise befruchten können: ein wichtiges Fundament der freundschaftlich gemeinten Sorge.

Diese Aussage ist mit Blick auf die Psychotherapie wichtig, beschreibt sie doch eine weitere wichtige Zielsetzung: den Menschen darin zu unterstützen, sich auch sorgend (und zwar im positiven Sinne des Wortes) anderen Menschen zuzuwenden, zu erkennen und vor sich selbst anzuerkennen, wie viel er bzw. sie anderen Menschen geben kann – wobei sich die Formen verwirklichter Sorge von Person zu Person erheblich voneinander unterscheiden können, je nach materiellen und ideellen Ressourcen, über die das einzelne Individuum verfügt. Damit verwirklichen alte Menschen auch das Motiv der *Generativität*, das heißt der Bereitstellung eigener Ressourcen für nachfolgende Generationen mit dem Ziel, diese in ihrer Entwicklung zu unterstützen und in deren Leben »fortzuleben« (McAdams, Josselson und Lieblich 2006).

1.2 Introversion, Offenheit und Generativität als zentrale Orientierungen des hohen Alters

Die psychologische Betrachtung des hohen Alters führt uns zu drei grundlegenden Orientierungen in dieser Lebensphase: Die erste bildet die *Introversion,* das heißt: die vertiefte Auseinandersetzung des Menschen mit sich selbst, die zweite die *Offenheit,* das heißt, die Empfänglichkeit für neue Eindrücke, Erlebnisse und Erkenntnisse, die aus dem Blick auf sich selbst wie auch aus dem Blick auf die umgebende soziale und räumliche Welt erwachsen, die dritte schließlich die *Generativität,* das heißt, die Überzeugung, sich in eine Generationenfolge gestellt zu sehen und in dieser Generationenfolge Verantwortung zu übernehmen. (Es sei betont, dass die Konstrukte »Introversion« und »Offenheit« hier nicht – wie zum Beispiel in persönlichkeitspsychologischen Beiträgen von Costa und McCrae – als stabile »Eigenschaften«, sondern vielmehr als Haltungen oder Orientierungen verstanden werden, die unter dem Einfluss der Lebens- und Entwicklungsbedingungen auch intraindividuell erheblich variieren können.)

Warum werden diese drei Orientierungen betont? Die mehr und mehr in das Zentrum des Erlebens tretende Begrenztheit und Endlichkeit der eigenen Existenz erfordert eine konzentrierte, vertiefte Auseinandersetzung mit sich selbst (*Introversion*). Das hohe Alter kann als eine Lebensphase gedeutet werden, in der das Potential zur *Introversion* – verstanden als vertiefte Auseinandersetzung mit sich selbst – mehr und mehr in das Zentrum rückt (Coleman 2010). In der Introversion *drückt sich* zum einen das in der Biografie gewonnene Lebenswissen und das Wissen über sich selbst *aus*, in ihr *differenziert* sich zum anderen dieses Lebenswissen wie auch das Wissen über sich selbst. In einer Arbeit über die Selbsterkenntnis im Alter umschreibt der Philosoph Arthur Schopenhauer (1788–1860) diesen Prozess wie folgt:

> »Gegen das Ende des Lebens nun gar geht es wie gegen das Ende eines Maskenballs, wann die Larven abgenommen werden. Man sieht es jetzt, wer diejenigen, mit denen man, während seines Lebenslaufs, in Berührung gekommen war, eigentlich gewesen sind. Denn die Charaktere haben sich an den Tag gelegt, die Taten haben ihre Früchte getragen, die Leistungen ihre gerechte Würdigung erhalten und alle Trugbilder sind zerfallen. Zu diesem allen nämlich war Zeit erforderlich. – Das Seltsamste aber ist, dass man sogar sich selbst, sein eigenes Ziel und Zwecke, erst gegen das Ende des Lebens eigentlich erkennt und versteht, zumal in seinem Verhältnis zur Welt, zu den andern. Zwar oft, aber nicht immer, wird man dabei sich eine niedrigere Stelle anzuweisen haben, als man früher vermeint hatte; bisweilen auch eine höhere; welches dann daher kommt, dass man von der Niedrigkeit der Welt keine ausreichende Vorstellung gehabt hatte und demnach sein Ziel höher steckte, als sie. Man erfährt beiläufig, was an einem ist« (Schopenhauer 1924, S. 52).

Die tiefe, konzentrierte Auseinandersetzung mit dem eigenen Selbst – im Sinne der differenzierten Wahrnehmung des Selbst, im Sinne des differenzierten Rückblicks auf das eigene Leben und schließlich des gefassten und hoffenden Blicks auf die eigene Verletzlichkeit und Endlichkeit (hoffend in der Hinsicht, Sterben und Tod innerlich »unversehrt« zu überstehen) – ist bedeutsam für ein schöpferisches Leben im hohen Alter (Lehr 2011). »Schöpferisch« meint hier, dass sich das Selbst ausdrücken und mitteilen kann (Selbstaktualisierung), ja, dass es sich sogar weiter differenzieren kann (Aktualgenese), wobei die *Selbstaktualisierung* – auf Arbeiten des Neurologen und Psychoanalytikers Kurt Goldstein (1947) zurückgehend – als eine grundlegende Tendenz des Psychischen zu begreifen ist, sich auszudrücken und mitzuteilen, die *Aktualgenese* – auf Arbeiten des Psychologen William James (1890) Bezug nehmend – als das über die gesamte Lebensspanne gegebene Potenzial der Psyche, sich unter dem Einfluss neuer Anregungen und Aufgaben weiterzuentwickeln. Die reflektierte Auseinandersetzung mit dem eigenen Selbst bildet diesem Verständnis zufolge eine bedeutende Grundlage für Prozesse der Selbstaktualisierung und der Aktualgenese, und diese Prozesse bilden ihrerseits ein Fundament der positiven Lebenseinstellung wie auch der gefassten und hoffenden Einstellung zur eigenen Endlichkeit.

Welche Folgerungen ergeben sich daraus für die Psychotherapie? Entscheidend ist hier zunächst, dass die Selbstaktualisierung und Aktualgenese auch als Potenziale des hohen Alters (und eben nicht nur früherer Lebensabschnitte!) verstanden werden –

woraus sich positive Behandlungsperspektiven auch für alte Menschen ergeben. Zudem sollte sich die Psychotherapie zunehmend für – von außen betrachtet – kleine und kleinste Veränderungsprozesse sensibilisieren, die aus einer Innenperspektive signifikante Veränderungen darstellen können: Zu nennen ist zum Beispiel das an Intensität zunehmende Motiv, sich anderen Menschen zuzuwenden, weil man sich dies allmählich wieder zutraut, zu nennen ist weiterhin das wachsende Motiv, sich wieder den kreativen Bereichen der eigenen Person zuzuwenden, zu nennen ist schließlich das stärker werdende Motiv, in einer anderen – differenzierteren, gefassteren – Art und Weise über das eigene Alter (einschließlich seiner Verletzlichkeit) zu denken. Wichtig ist hier, dass von dem Psychotherapeuten und dem psychotherapeutischen Prozess neue Anregungen ausgehen, die die Selbstaktualisierung aufgreifen und die Aktualgenese in Gang zu setzen vermögen.

Die vertiefte Auseinandersetzung mit sich selbst wird dabei durch die *Offenheit* des Menschen für neue Eindrücke, Erlebnisse und Erkenntnisse gefördert. Diese Offenheit für neue Eindrücke, Erlebnisse und Erkenntnisse – mithin für seelische, geistige und spirituelle Prozesse – bildet ein zentrales Thema in den Briefen Francesco Petrarcas. Von besonderer Bedeutung für das Verständnis seiner seelischen und religiösen Entwicklung ist jener im Jahre 1336 an den Augustinermönch Francesco Dionigi gerichtete Brief, in dem er seine Erlebnisse bei der Besteigung des Mont Ventoux in Südfrankreich beschreibt. In diesem Brief ist zu lesen:

> »Was du heute so oft bei der Besteigung dieses Berges erfahren hast, wisse, dass dies dir und vielen widerfährt, die das selige Leben zu gewinnen suchen. Aber es wird deswegen nicht leicht von den Menschen richtig gewogen, weil die Bewegungen des Körpers offensichtlich sind, die der Seele jedoch unsichtbar und verborgen« (Petrarca 1995, Absatz 12, S. 13).

Robert Peck (1968) umschreibt die Offenheit mit dem Begriff der »kathektischen Flexibilität«, die sich im höheren Lebensalter vor allem in der »Transzendierung des Körperlichen«, im hohen Alter in der »Transzendierung des Ichs« ausdrücke. Ein Mangel an kathektischer Flexibilität, so Robert Peck, führe hingegen dazu, dass das Individuum im Körperlichen verhaftet sei, sich also ganz auf körperliche Prozesse konzentriere – damit verbunden sei eine deutlich verringerte Sensibilität für seelische, geistige und soziale Prozesse. Dieser Mangel an kathektischer Flexibilität sei auch dafür verantwortlich zu machen, dass das Individuum im eigenen Ich verhaftet sei, sich nicht über sich selbst hinaus entwerfe und damit auch keine Sensibilität für das Fortleben in nachfolgenden Generationen und die spirituellen Kräfte der menschlichen Existenz entwickle (Sulmasy 2002).

Hans Thomae (1951) charakterisiert das Konstrukt der »Offenheit« in seiner Schrift »Persönlichkeit – eine dynamische Interpretation« wie folgt:

> »So könnte man etwa als Maßstab der Reife die Art nehmen, wie der Tod integriert oder desintegriert wird, wie das Dasein im Ganzen eingeschätzt und empfunden wird, als gerundetes oder unerfüllt und Fragment gebliebenes, wie Versagungen, Fehlschläge und Enttäuschungen, die sich auf einmal als endgültige abzeichnen, abgefangen oder ertragen werden, wie Lebenslügen, Hoffnungen, Ideale, Vorlieben, Gewohnheiten konserviert oder revidiert werden. Güte, Gefasstheit, Abgeklärtheit sind Endpunkte einer Entwicklung zur Reife hin, Verhärtung, Protest, ständig um sich greifende Abwertung solche eines anderen Verlaufs. [...] Güte, Abgeklärtheit und Gefasstheit sind nämlich nicht einfach Gesinnungen oder Haltungen, die man diesen oder jenen Anlagen oder Umweltbedingungen zufolge erhält. Sie sind auch Anzeichen für das Maß, in dem eine Existenz geöffnet blieb, für das Maß also, in dem sie nicht zu Zielen, Absichten, Spuren von Erfolgen oder Misserfolgen gerann, sondern so plastisch und beeindruckbar blieb, dass sie selbst in der Bedrängnis und noch in der äußersten Düsternis des Daseins den Anreiz zu neuer Entwicklung empfindet« (Thomae 1951, S. 164).

Die kathektische Flexibilität bzw. Offenheit bildet dabei auch eine entscheidende Grundlage für die Definition und Verwirklichung von Therapiezielen der Psychotherapie im hohen Alter (wie auch in anderen Lebensabschnitten): Zum einen ist sie selbst als *generelles* Therapieziel zu verstehen, zum anderen ist deren Ausprägungsgrad entscheidend für Umfang und Tiefe der *spezifischen* Therapieziele. Die Förderung von kathektischer Flexibilität und Offenheit ist dabei an die Fähigkeit des Behandelnden und des Behandelten gebunden, die seelisch-geistigen (und spirituellen) Qualitäten des hohen Alters in der spezifischen Art und Weise, wie sich diese im individuellen Falle darstellen, differenziert wahrzunehmen, an- und auszusprechen. Dies bedeutet auch, über Aspekte des menschlichen Lebens in einer veränderten Art und Weise zu denken und zu sprechen: so zum Beispiel über die begrenzte Lebenszeit (die auch als Anstoß verstanden werden kann, neue – zeitlich nicht zu weit ausgreifende – Ziele zu definieren), so zum Beispiel über die abnehmende Anzahl sozialer Interaktionspartner (die auch als Anstoß verstanden werden kann, sich auf einige wenige Interaktionspartner zu konzentrieren und in diesen Kontakten vermehrt emotionale Bedürfnisse zu leben).

Nicht nur die Introversion und die Offenheit erscheinen als bedeutende Merkmale des hohen Alters, sondern auch das Verlangen, sich in eine *Generationenfolge* gestellt zu sehen und damit Lebenswissen und reflektierte Erfahrungen an nachfolgende Generationen weiterzugeben – dies immer auch im Bewusstsein des in den vorangehenden Generationen liegenden eigenen Ursprungs (Biggs und Haapala 2010). Dieses Verständnis von Generativität (Integration des Rückblicks auf die vorangegangenen Generationen und des Vorausblicks auf die nachfolgenden Generationen) lässt sich veranschaulichen mit den Worten des englischen Theologen und Schriftstellers John Donne (1572–1631), in dessen 1624 veröffentlichter Schrift »Devotions upon emergent occasions« zu lesen ist:

> »All mankind is of one author, and is one volume; when one man dies, one chapter is not torn out of the book, but translated into a better language; every chapter must be so translated. No man is an island, entire of itself; every man is a piece of the continent, a part of the main. Any man's death diminishes me, because I am involved in mankind. Therefore, do not send to know for whom the bell tolls, it tolls for thee« (Donne 1624/2008, S. 97).

Allerdings muss das Individuum die *Möglichkeit* haben, sein Lebenswissen, seine reflektierten Erfahrungen einzubringen, sich für andere Menschen zu engagieren, etwas für nachfolgende Generationen zu tun: Sozialräume müssen so gestaltet sein, dass sich entsprechende Gelegenheitsstrukturen entwickeln und festigen können (Schmitt und Hinner 2010). Eine derartige *Sozialraumgestaltung* ist gerade angesichts der Tatsache wichtig, dass höchstbetagte Menschen – auch bei aller seelisch-geistigen und sozialkommunikativen Kompetenz – nicht selten Einschränkungen in ihrer Mobilität aufweisen und somit auf eine Umweltgestaltung angewiesen sind, die ihnen hilft, diese Mobilitätseinschränkungen wenigstens in Teilen auszugleichen.

1.3 Intentionalität und Daseinsthematik

In ihrem 1933 erschienenen klassischen Werk »Der menschliche Lebenslauf als psychologisches Problem«, das in Deutschland den Beginn psychologischer Lebenslaufforschung markiert, stellt Charlotte Bühler mit Blick auf eine Psychologie des Lebenslaufs fest, dass

> »[…] ein wirkliches Verständnis der Vorgänge bei Bedürfnis und Aufgabe weder durch ein Studium einzelner, aus dem Lebensganzen herausgerissener Handlungen noch aber durch das bloße Bemühen um die Entstehung dieser Vorgänge in der Kindheit zu erlangen ist. Vielmehr […] [sei es] unbedingt erforderlich, aus dem Ganzen und vor allem vom Ende des menschlichen Lebenslaufs her zu erfassen, was Menschen eigentlich letztlich im Leben wollen, wie ihre Ziele bis zu diesem letzten gestaffelt sind« (Bühler 1933, S. VII).

Nach Charlotte Bühler ist das Individuum durch seine Intentionalität, seine aktive und kreative Hinordnung auf Ziele, charakterisiert; im Zentrum ihres Interesses steht dabei das »integrierende Selbst«, das diese Hinordnung erst ermöglicht. *Gestaltungsfähigkeit* und *Gestaltungswille* des Individuums – in der frühen psychologischen Forschung mit dem Begriff der »Plastik« (Stern 1923) in der psychologischen Forschung mit dem Begriff der »Selbstregulation« umschrieben (Brandtstädter 2007) – enden nicht mit einem bestimmten Lebensalter, sondern bilden ein über die gesamte Lebensspanne bestehendes Entwicklungspotenzial.

Zentrale Bedeutung für das Erleben, Verhalten und Handeln gewinnt weiterhin die *thematische Analyse* der Persönlichkeit, sind es doch immer auch die persönlich bedeutsamen Themen, die dem Erleben, Verhalten und Handeln der Person eine individuelle Gestalt und Richtung geben: die subjektive Deutung einer Situation wie auch der Umgang mit dieser sind durch die daseinsthematische Struktur beeinflusst. Erleben, Verhalten und Handeln in solchen Situationen, die den Kern der Person berühren, lassen sich nur verstehen, wenn aufgezeigt werden kann, in welcher Beziehung diese Situation zur thematischen Struktur dieser Person steht. Diese Aussage ist zum Beispiel bei einer psychologischen Analyse des individuellen Sinnerlebens wichtig: Eine Situation wird in dem Maße als *stimmig* erfahren, in dem sie mit der daseinsthematischen Struktur des Individuums übereinstimmt – wobei sich die daseinsthematische Struktur aus der Gesamtheit aller Daseinsthemen bildet, die für das Individuum aktuell (in der gegenwärtigen Situation), temporär (über weitere Zeiträume hinweg) oder bleibend Bedeutung (über einen Lebensabschnitt hinweg) besitzen (Kruse und Schmitt 2011):

> »Eine dynamische Interpretation der Persönlichkeit kann von hier aus als Lehre von der Interaktion aktueller, temporärer und chronischer thematischer Strukturierungen angesehen werden« (Thomae 1968, S. 498).

Für die Psychotherapie im Alter ergibt sich aus den zur Intentionalität und daseinsthematischen Struktur getroffenen Aussagen eine grundlegende Anforderung: das Individuum darin zu unterschützen, den eigenen Lebenslauf auf Ziele und Werte hin zu befragen, die verwirklicht werden konnten, die unverwirklicht blieben, die neu definiert werden mussten. In diesem Kontext kommt auch – rückblickend – jenen Situationen besondere Bedeutung zu, in denen das eigene Leben als stimmig erlebt wurde. Vor dem Hintergrund dieser Reflexion können Prozesse angestoßen werden, die ihrerseits die *weitere Selbstdifferenzierung* in Richtung hin zur Ich-Integrität fördern und die zugleich das Individuum darin unterstützen, auch in Phasen erhöhter Verletzlichkeit – verbunden mit dem zunehmend intensiveren Erleben eigener Endlichkeit – bei sich selbst seelisch-geistige, zum Teil auch spirituelle Qualitäten wahrzunehmen, die helfen, die eingetretene Grenzsituation innerlich zu überwinden (Erikson 1998).

1.4 Abschluss

In diesem Beitrag steht die seelisch-geistige Dimension des alten Menschen im Zentrum, wobei für das Verständnis des hohen Alters von großer Bedeutung ist, diese Dimension mit der erhöhten körperlichen (zum Teil auch kognitiven) Verletzlichkeit in diesem Lebensalter zusammen zu schauen. Die erhöhte Verletzlichkeit schließt die schöpferischen Kräfte des Menschen – die seelischen, die geistigen, die spirituellen – nicht aus, sondern vermag diesen in Teilen eine neue Richtung zu geben: »Schöpferisch zu sein« meint in der Konfrontation mit der Verletzlichkeit immer auch, Grenzsituationen innerlich zu überwinden, wobei im Prozess dieser innerlichen Überwindung eine bemerkenswerte *Fortsetzung*, wenn nicht sogar *Vertiefung* des eigenen Werkes – des gelebten Lebens wie auch des in diesem Leben Geschaffenen – vonstattengehen kann. Wenn wir nun noch einmal die Potential- und Verletzlichkeitsperspektive zusammenschauen und nach einem Beispiel suchen, das für seelische und geistige ebenso wie für spirituelle Entwicklungspotentiale bei hoher körperlicher Verletzlichkeit spricht, so fällt der Blick auf den Komponisten Johann Sebastian Bach (1685–1750). In dem Buch »Die Grenzgänge des Johann Sebastian Bach – Psychologische Einblicke« (Kruse 2013b) werden die körperliche, die seelische, die geistige und die spirituelle Entwicklung dieses Komponisten in den letzten Jahren seines Lebens ausführlich dargestellt. Johann Sebastian Bach litt in diesen Jahren an einem Diabetes mellitus Typ II (dieser wurde durch eine Skelettanalyse bei der Umbettung des Leichnams Anfang der 1950er Jahre nachgewiesen), der seinerseits mit Schädigungen der Nervenzellen und Sinneszellen einherging; weiterhin waren bei ihm stark ausgeprägte motorische Läsionen erkennbar, die ihn mehr und mehr daran hinderten, seine Kompositionen selbst aufzusetzen (hier war er auf die Unterstützung durch seine Schüler angewiesen); schließlich traten eine Erblindung sowie ein Schlaganfall hinzu. Trotz dieser körperlichen Verletzlichkeit unterrichtete Johann Sebastian Bach Schüler (was damals hieß, diese bei sich aufzunehmen) und arbeitete an zwei Werken, die mit zu den größten gehören, die in der europäischen Kompositionsgeschichte je geschaffen wurden: der *Kunst der Fuge* (BWV 1080) und der *Missa in h-Moll* (BWV 232). Die h-Moll-Messe führte er zum Abschluss, die Kunst der Fuge blieb unvollendet, da sich Bach am Ende seines Lebens intensiv mit der h-Moll-Messe befasste und nicht mehr die Zeit fand, den 14. Kontrapunkt in Gänze niederzuschreiben (bzw. niederschreiben zu lassen). Die Kunst der Fuge wird in der Musikwissenschaft auch aufgrund ihres »experimentellen« Charakters als ein außergewöhnliches Werk eingestuft (Johann Sebastian Bach entfaltet in diesem Werk die unterschiedlichsten Fugentechniken, er entwickelt in diesem Werk geradezu eine »Fugenlehre« für nachfolgende Musikergenerationen), die h-Moll-Messe erfährt ihrer umfassenden Gesamtanlage, der Vielfalt der Kompositionsformen, der eindrucksvollen Passung von Wort und Musik und ihrer ästhetischen Wirkung wegen eine derartige Bewertung. Nun muss man wissen, dass sich Johann Sebastian Bach am Ende seines Lebens vor allem mit dem *Credo in unum deum* und dem *Confiteor in unum baptisma* beschäftigt hat, also mit zwei Teilen der Missa, die in besonderer Weise auf seinen Glauben an den Großen Gott verweisen. In beiden Sätzen baut er über das jeweilige Cantus-firmus-Motiv eine Fuge auf, die jeden Hörer in ihren Bann zieht: Hier wird das *Ich glaube* (credo), hier wird das *Ich bekenne* (confiteor) mit einer musikalischen Kraft deklamiert, dass man nie glauben würde, ein körperlich hoch verletzlicher, die Endlichkeit schon sehr deutlich spürender Mensch hätte diese Sätze geschrieben. Die darin zum Ausdruck kommende, seelisch-geistige Energie kontrastiert mit der immer schwächer werdenden körperlichen Leistungsfähigkeit. Dies zeigt, dass selbst im Angesicht des eigenen Todes Entwicklungsschritte vollzogen werden können – so bei Johann Sebastian Bach die Bekräftigung seines Glaubens an den Großen Gott bei zunehmender Gewissheit, bald zu sterben.

Literatur

Biggs S, Haapala I (2010) Generational Intelligence and Sustainable Relationships. In: Kruse A (Hrsg.) Leben im Alter: Eigen- und Mitverantwortlichkeit in Gesellschaft, Kultur und Politik. Heidelberg: Akademische Verlagsgesellschaft. S. 133–146.

Brandtstädter J (2007) Das flexible Selbst. Selbstentwicklung zwischen Zielbindung und Ablösung. Heidelberg: Elsevier/Spektrum Akademischer Verlag.

Bühler Ch (1933) Der menschliche Lebenslauf als psychologisches Problem. Leipzig: Hirzel.

Carstensen LL, Lang F (2007) Sozioemotionale Selektivität über die Lebensspanne: Grundlagen und empirische Befunde. In: Brandtstädter J, Lindenberger U (Hrsg.) Entwicklungspsychologie der Lebensspanne. Stuttgart: Kohlhammer. S. 389–412.

Coleman P (2010) Generativity and reconciliation in the second half of life. In: Kruse A (Hrsg.) Leben im Alter: Eigen- und Mitverantwortlichkeit in Gesellschaft, Kultur und Politik. Heidelberg: Akademische Verlagsgesellschaft. S. 159–167.

Donne J (1624/2008) Devotions upon Emergent Occasions. Middlesex: The Echo Library.

Erikson EH (1998) The life cycle completed. Extended version with new chapters on the ninth stage by Joan M. Erikson. New York: Norton.

Goldstein K (1947) Human Nature in the Light of Psychopathology. Cambridge, MA: Harvard University Press.

Heuft G (2010) Aspekte der psychosomatischen Theoriebildung in der Gerontologie. In: Kruse A (Hrsg.) Leben im Alter: Eigen- und Mitverantwortlichkeit in Gesellschaft, Kultur und Politik. Heidelberg: Akademische Verlagsgesellschaft. S. 263–272.

James W (1890) Principles of Psychology. New York: Holt.

Kessler EM (2013) Altersbilder im psychotherapeutischen Geschehen. Psychotherapie im Alter 10: 243–258.

Kessler EM, Staudinger UM (2010) Emotional resilience and beyond: A synthesis of findings from lifespan psychology and psychopathology. In: Frey PS, Keyes CL (Eds.) New Frontiers of Resilient Aging. Cambridge, UK: Cambridge University Press. pp. 258–282.

Kruse, A. (2013a). Altersbilder, Potenziale und Verletzlichkeit. Psychotherapie im Alter 10: 149–162.

Kruse A (2013b) Die Grenzgänge des Johann Sebastian Bach. Psychologische Einblicke. Heidelberg: Springer Spektrum.

Kruse A (2014) Entwicklungspotentiale und Verletzlichkeit im hohen und sehr hohen Alter – eine theoretisch-konzeptionelle und empirische Annäherung. Psychotherapie im Alter 11: 56–78.

Kruse A, Schmitt E (2011) Daseinsthemen: Die Erfassung individueller, dynamischer Einheiten der Persönlichkeit als Aufgabe der psychologisch-biographischen Diagnostik. In: Jüttemann G (Hrsg.) Biographische Diagnostik. Lengerich: Pabst. S. 74–81.

Lehr U (2011) Kreativität in einer Gesellschaft des langen Lebens. In: Kruse A (Hrsg.) Kreativität im Alter. Heidelberg: Universitätsverlag Winter. S. 73–95.

Levinas E (1995) Zwischen uns. Versuche über das Denken an den Anderen. München: Carl Hanser.

Maercker A (2002) Psychologie des höheren Lebensalters. Grundlagen der Alterspsychotherapie und klinischen Gerontopsychologie. In: Maercker A (Hrsg.) Alterspsychotherapie und klinische Gerontopsychologie. Heidelberg: Springer. S. 1–57.

McAdams DP, Josselson R, Lieblich A (2006) Identity and story: Creating self in narrative. Washington, APA Books.

McCrae RR, Costa PT (1987) Validation of the five-factor model of personality across instruments and observers. Journal of Personality and Social Psychology 52: 81–90.

Papst Franziskus (2013) Ansprache in der Audienz für die Kardinäle am 15. März 2013. Und jetzt beginnen wir diesen Weg. Die ersten Botschaften des Pontifikats. Freiburg: Herder.

Peck R (1968) Psychologische Entwicklung in der zweiten Lebenshälfte. In: Thomae H, Lehr U (Hrsg.) Altern – Probleme und Tatsachen. Wiesbaden: Wissenschaftliche Buchgesellschaft. S. 376–384.

Petrarca F (1995) Die Besteigung des Mont Ventoux. Familiarium rerum libri IV 1. Stuttgart: Reclam.

Radebold H (2009) Die dunklen Schatten unserer Vergangenheit. Ältere Menschen in Beratung, Psychotherapie, Seelsorge und Pflege. 3., erw. Auflage. Stuttgart: Klett-Cotta.

Rentsch T (2013) Alt werden, alt sein. Philosophische Ethik der späten Lebenszeit. In: Rentsch T, Zimmermann HP, Kruse A (Hrsg.) Altern in unserer Zeit. Späte Lebensphasen zwischen Vitalität und Endlichkeit. Frankfurt: Campus. S. 86–97.

Schmitt E, Hinner J (2010) Altersbilder und Identität als Grundlage für die Förderung zwischenmenschlicher Akzeptanz und Solidarität. In: Kruse A (Hrsg.) Leben im Alter: Eigen- und Mitverantwortlichkeit in Gesellschaft, Kultur und Politik. Heidelberg: Akademische Verlagsgesellschaft. S. 147–158.

Schopenhauer A (1924) Aphorismen zur Lebensweisheit. (Herausgegeben von Fiedler, AA.) Berlin: Wegweiser Verlag.

Stern W (1923) Die menschliche Persönlichkeit. (Band 2: »Person und Sache«.) Leipzig: Barth.

Sulmasy D (2002) A biopsychosocial-spiritual model for the care of patients at the end of life. The Gerontologist 42, Special Issue III: 24–33.

Thomae H (1951) Persönlichkeit – eine dynamische Interpretation. Bonn: Bouvier.

Thomae H (1968) Das Individuum und seine Welt. Göttingen: Hogrefe.

Tornstam L (1989) Gero-transcendence: A meta-theoretical re-formulation of the Disengagement Theory. Aging 1: 55–63.

2 Von den »Problemen einer integrierten psychiatrischen Tätigkeit im Allgemein-Krankenhaus« (1971) zur Psychotherapie in der Geriatrie (2014) – Weiterentwicklungen in klinischer Erkenntnis, Forschung und Versorgung?

Hartmut Radebold und Reinhard Lindner

Kommentar

Die Geriatrie befasst sich mit den Erkrankungen des alternden Menschen. Sie ist einem multikausalen, funktional-syndromorientierten Störungsverständnis und einem mehrdimensionalen Behandlungsansatz verpflichtet (Renteln-Kruse 2009). Das dahinterstehende Menschenbild ist einem biopsycho-sozialen Verständnis verpflichtet.

Obwohl die Auseinandersetzung mit Alter und Krankheit die Menschheit seit Anbeginn begleitet ist die Geriatrie ein junges Fach der Medizin. Erstmals wurde der Begriff der Geriatrie von Ignatz Leo Nascher geprägt, der bereits 1914 sein Lehrbuch *Geriatrics: The diseases of old age and their treatment* veröffentlichte. Deutschland lag lange hinter den Entwicklungen in den USA, Großbritannien und auch der Schweiz zurück. Es erstaunt demnach nicht, dass eine Arbeit aus dem Jahr 1971 die Tätigkeit eines »Nervenarztes mit psychotherapeutischen Kenntnissen« in einer »Abteilung für Langfristig-Kranke« eine Situation beschreibt, wie sie *vor* der Etablierung der Altersmedizin in Deutschland bestand: Über 60-jährige Patienten wurden damals noch nicht als geriatrische definiert, sondern im Rahmen eines Klinikums als Patienten der 2. oder 3. Abteilung für Innere Medizin behandelt. Bei eindeutigem Rehabilitationsauftrag wurde vereinzelt (wie hier in Berlin im Städtischen Behring-Krankenhaus) konzeptionell sowohl die gemeinsame Behandlung unter und über 60-jähriger langfristig Erkrankter erprobt als auch die Einbeziehung psychiatrisch-neurologischer wie auch psychotherapeutischer Kompetenz für erforderlich gehalten. Die hier nachgedruckte Arbeit[1] von Hartmut Radebold (1971) aus dem 42. Jahrgang der Fachzeitschrift »Der Nervenarzt« beschreibt nun die Möglichkeiten und Wirkung einer entsprechenden fachärztlichen Tätigkeit in diesem somatischen Feld. In dieser ersten und für lange Zeit einzigen Publikation zu dieser Thematik wird zunächst beschrieben, welche spezifischen Aufgabenbereiche unter Nutzung damaliger sozialpsychiatrischer Modellvorstellung erkannt und relativ schnell teambezogen im Klinikalltag umgesetzt werden konnten (s. Punkte 1–5 auf S. 41 im Original, S. 26 in diesem Buch). Trotz dieser schnellen »äußeren Integration«, d.h. Aufnahme einer Kooperation, gab es erhebliche

---

1 Radebold H (1971) Probleme einer integrierten psychiatrischen Tätigkeit im Allgemein-Krankenhaus. Nervenarzt 42(1): 41–44. Nachdruck mit freundlicher Genehmigung.

Probleme der »inneren Integration«, d.h. der »Anerkennung psychiatrisch-neurologischer Krankheiten und die Notwendigkeit ihrer Behandlung«. Sehr detailliert beschreibt die Arbeit die besonderen Schwierigkeiten der Professionellen, besonders der Ärzte mit ihren eigenen negativen Reaktionen, sowohl auf Patienten als auch auf den Psychiater. Diagnosen wurden verschleiert, verändert und weggelassen, Therapien nicht durchgeführt, verändert, entwertet und es wurde von ihnen abgeraten. Dabei wird als zentraler Hintergrund dieser Ablehnung ein Erleben der Bedrohung in der eigenen ärztlichen Identität angesehen: die Angst, die eigene Interaktion und die eigene unreflektierte Haltung gegenüber psychisch Kranken hinterfragt zu bekommen.

Die Arbeit stellt einen interessanten Ausgangspunkt dar. Sie diagnostiziert die hochambivalente Problematik, die die Anerkennung des Psychischen als wichtigem Faktor in Krankheit, Gesundung, Alter und Sterben darstellt. Auch wenn die bedrohlichen Aspekte psychischer Störung immer noch einen mehr oder weniger bewussten Widerstand im medizinischen Denken und Handeln darstellen, steht gerade die Geriatrie nach fast 45 Jahren an einer anderen Position. Neuropsychologische, psychiatrische, aber auch psychosomatische und psychotherapeutische Angebote werden zunehmend integriert.

Biografische Angaben

Prof. Dr. med. Hartmut Radebold (geb. 1935 in Berlin) ist Arzt für Psychiatrie und Neurologie sowie Arzt für Psychosomatische Medizin und Psychotherapie. Er ist Lehr- und Kontrollanalytiker der Deutschen Psychoanalytischen Vereinigung (DPV) und Altersforscher. Er gilt als Begründer und »Nestor der deutschsprachigen Psychotherapie« (PSYCHE).

Von 1967 bis 1969 arbeitete Radebold als Funktionsoberarzt an der Abteilung für Langfristig-Kranke des Städtischen Behring-Krankenhauses Berlin. Von 1970 bis 1976 war er Mitarbeiter in der Abteilung Psychotherapie der Universität Ulm (Leiter der Ambulanz und geschäftsführender Oberarzt). 1976 erfolgte die Berufung auf Lehrstuhl für Klinische Psychologie der Universität Kassel, außerdem die Gründung der Interdisziplinären Arbeitsgruppe für angewandte Soziale Gerontologie (ASG), deren langjähriger Sprecher er war.

Literatur

Radebold H (1971) Probleme einer integrierten psychiatrischen Tätigkeit im Allgemein-Krankenhaus. Nervenarzt 42(1): 41–44.

Renteln-Kruse Wv (Hrsg.) (2009) Medizin des Alterns und des alten Menschen. Stuttgart: Steinkopf Verlag.

Probleme einer integrierten psychiatrischen Tätigkeit im Allgemein-Krankenhaus

H. Radebold

Abteilung für Langfristig-Kranke im Städtischen Behring-Krankenhaus Berlin (Dirigierender Arzt: Dr. H.-J. Drossel)

Häufig wird eine engere interdisziplinäre Zusammenarbeit zwischen Innerer Medizin und Psychiatrie am Krankenbett gefordert [16], wie erst kürzlich auf der 75. Tagung der Deutschen Gesellschaft für Innere Medizin 1969.

Schon die derzeitigen Bemühungen um eine bessere intradisziplinäre Kooperation (Department-Systeme [4, 5, 26], Klinikkonzeptionen [20, 22] und Klinikverfassungen [33]) machen die durch die Klinikstruktur und die Spezialisierung bedingten Schwierigkeiten deutlich.

Eine interdisziplinäre psychiatrische Mitarbeit im Allgemein-Krankenhaus zeigt zusätzlich die Probleme der Einstellung und Wertung psychischer Prozesse und das daraus resultierende Verhaltensstereotyp auf. Diese können die Zusammenarbeit hemmen, bergen aber nach den berichteten Erfahrungen die Möglichkeit einer Überwindung.

Im deutschen Sprachraum beziehen sich die wenigen Arbeiten [12, 18, 31] weitgehend auf Konsiliarerfahrungen, lediglich eine Arbeit [29] beschäftigt sich mit den Erfahrungen der Zusammenarbeit von Psychiater/Neurologe/Pädiater. Dagegen befassen sich seit dem II. Weltkrieg, angeregt durch Sozialarbeit und die Psychiatrie selbst, speziell in den USA [1, 6, 8, 14, 15, 17, 19, 20, 21, 23, 25, 26, 27, 30, 32, 34, 35, 37, 38] und auch in England [2, 16] zahlreiche Veröffentlichungen mit den Möglichkeiten und Problemen einer solchen Kooperation, besonders mit einer auf das Behandlungsteam ausgerichteten psychiatrischen Tätigkeit.

Teilweise wird auch während der Facharztausbildung die Möglichkeit einer Mitarbeit auf einer fachfremden Abteilung geboten [10, 36].

Welchen Erfahrungen begegnet man heute bei dem Versuch einer solchen Kooperation am Krankenbett?

Gegebenheiten

Im Rahmen einer 1962 erbauten 180 Betten-Abteilung für interne Langzeit-Kranke mit Ausrichtung auf Rehabilitation [9] war für das Behandlungsteam (internistisch orientierte Ärzte, Krankengymnastinnen, Beschäftigungstherapeutinnen, Sozialarbeiterinnen, Logopädin, Bademeister) die Stelle eines Nervenarztes mit psychotherapeutischen Kenntnissen geschaffen worden. Zu den weiteren Pflichten gehörte die dauernde konsiliarische Betreuung der chirurgischen Abteilung (200 Betten) und die zeitweilige der internen Abteilung für Akut-Kranke (200 Betten), außerdem die Beratung dieser Abteilung in psychotherapeutischen Fragen und die Versorgung der Notfallambulanz.

Durch folgende Maßnahmen unter Benutzung sozialpsychiatrischer Modellvorstellungen gelang es, die passive Rolle des „geholten und abseits stehenden Spezialisten" in die Rolle des aktiven, integrierten Mitarbeiters zu verwandeln:

1. Die gemeinsame wöchentliche Visite von Internist und Psychiater bot folgende Möglichkeiten:

a) Fast alle Patienten zu erreichen, die psychiatrisch/neurologisch untersucht werden mußten.

b) Gemeinsame Untersuchung am Krankenbett, speziell Erhebung eines neurologischen Status und einer kurzen psychiatrischen Exploration.

c) Diskussion der erhobenen Befunde zum gegenseitigen Lernen.

d) Beobachtung der Interaktionen zwischen Ärzten, Schwestern und Patienten.

Gut erwies sich ein Wechsel von Stationsarztvisite (mehr Zeit pro Patient, dagegen aktiver Mitgang als „Nervenarzt") und Oberarzt/Chefarztvisite (weniger Zeit pro Patient, dagegen ungestörte Beobachtungsmöglichkeit von Verhaltensweisen und Interaktionen). Leider war der Zeitaufwand (in diesem Fall 5mal 1½ Std Stationsvisite) zu groß.

2. Die Stationskonferenz (für alle Mitarbeiter der Station verbindlich, einmal wöchentlich 45 min vor der dafür verkürzten Hauptvisite) bot ein genügend dichtes Raster, um ca. 80—85% der psychiatrisch-neurologisch zu untersuchenden Patienten zu erfassen (nach Visitenerfahrungen und Krankenblattdurchsichten). Dazu gab sie Möglichkeit, Probleme und Spannungen der einzelnen Mitarbeiter mit den Patienten und innerhalb der Gesamtgruppe zu bearbeiten [11].

3. Regelmäßige Teilnahme an allen ärztlichen und klinischen Veranstaltungen, speziell an den morgendlichen Arztkonferenzen.

4. Durchführung einer psychiatrisch-neurologischen Arbeitsgemeinschaft (einmal wöchentlich für alle Kollegen der Abteilung).

5. Abrufbarkeit in allen Notfallsituationen auf Station und in der Ambulanz.

Der Versuch, einmal wöchentlich mit dem betreffenden Stationsarzt die neuaufgenommenen Patienten durchzusprechen, scheiterte an dem mangelnden Wissen und der Erfahrung im Erkennen und in der Zuordnung psychiatrisch-neurologischer Symptome.

Unter Beschränkung auf die realen Möglichkeiten eines solchen „Ein-Mann-Betriebes", der keinesfalls eine psychiatrisch-neurologische Abteilung innerhalb eines Krankenhauses

3 Epidemiologie psychischer Erkrankungen im höheren Lebensalter

Jana Volkert und Martin Härter

3.1 Einleitung

Im Jahr 2030 werden voraussichtlich eine Milliarde Menschen im Alter von 65 Jahren oder älter auf der Erde leben. Damit werden sie insgesamt ca. 13 % der Gesamtbevölkerung ausmachen (National Institute on Aging 2007). Mit steigender Lebenserwartung und abnehmender Fertilität in industrialisierten Ländern steigt die Bedeutung des höheren Lebensalters zunehmend (Eurostat 2009; Lutz und Scherbov 1999). In westlichen Ländern wird der Anteil der älteren Bevölkerung über 60 Jahre von 22 % im Jahre 2000 auf 30 % im Jahre 2015 ansteigen (Lutz und Scherbov 1999). In Deutschland wird die Zahl der ab 65-Jährigen bis zum Ende der 2030er Jahre etwa um die Hälfte steigen, von aktuell knapp 16 Millionen auf ca. 24 Millionen. Die Bevölkerung ab 80 Jahren nimmt ebenfalls weiter zu, von knapp 4 Millionen im Jahr 2005 auf 10 Millionen im Jahr 2050 (Statistisches Bundesamt 2006).

Ein höheres Alter steht im engen Zusammenhang mit einer größeren Anzahl von Krankheiten, einem höheren Pflegebedarf und einer erhöhten Inanspruchnahme von Gesundheitsdienstleistungen, was zu erhöhten Kosten für das Gesundheitssystem führt (Mehnert et al. 2011). Da heutzutage akute und chronische Krankheiten zunehmend besser behandelt werden können, steigen die Prävalenzraten für eine Vielzahl von somatischen und psychischen Krankheiten im höheren Lebensalter und die damit verbundenen Belastungen ebenfalls an (Crimmins 2004).

Im Beitrag soll die Häufigkeit psychischer Erkrankungen im höheren Lebensalter mit dem Schwerpunkt auf den wichtigsten Erkrankungen – depressive und Angststörungen – anhand aktueller epidemiologischer Studien vorgestellt und kritisch diskutiert werden. Dementielle Erkrankungen sind im Vergleich zu anderen psychischen Erkrankungen im höheren Lebensalter in westlichen Ländern epidemiologisch gut beforscht und sind nicht Gegenstand dieses Beitrags (Ferri et al. 2005). Unter der Häufigkeit oder Prävalenz versteht man die relative Häufigkeit von Krankheitsfällen zu einem bestimmten Zeitpunkt (Rothman 2012).

3.2 Affektive Störungen

3.2.1 Depressive Störungen

Depressionen (nach der ICD-10 die Kategorien F32 und F33; World Health Organization 1992) gehören zu den häufigsten Erkrankungen im höheren Lebensalter und sind u. a. durch Traurigkeit, Interesselosigkeit sowie durch Schuldgefühle, gerin-

Diagnosen bei unheilbaren Kranken, psychische Stützung und Hilfe bei Sterbenden. Hier wie in anderen Situationen bestand die Gefahr der Ausnutzung des Psychiaters als „Laufjunge für alles Psychische", so wie ihn fast jeder im Krankenhaus als „Fachmann für das seelische Dinge" ansah. (So baten in den 3 Jahren ca. 40 Mitarbeiter und Angestellte der Klinik wegen verschiedenster Probleme um Rat).

Das Pflegepersonal reagierte zunächst auf den Psychiater mit den verbreiteten Vorurteilen gegenüber psychischen Phänomenen [28]. So lasen (als typische Fehlleistung während des ersten Jahres) fast alle auf dem Schild „Bitte nicht stören, Exploration" statt dessen „Bitte nicht stören, Explosion", so, als ob die Psychiatrie etwas „Unheimliches, Gefährliches" sei, das zur „Explosion" führte. Durch den Gewöhnungsprozeß, d. h. den Mitgang bei der Visite, die Stationskonferenzen, kurzdauernde Vertretungen auf anderen Station, Mithilfe bei Notfällen, wurde die Anwesenheit des Psychiaters zunehmend akzeptiert und oft gewünscht. Häufig kam von seiten der Schwestern die Bitte, diesen so „Traurigen und Depressiven" anzusehen. Sie rieten auch den beunruhigten und verängstigten Patienten zur psychiatrischen Konsultation und schlugen neu hinzugekommenen Kolleginnen eine solche vor. Sehr verwundert wurde in der Anfangszeit registriert, daß der Psychiater auch „mit den normalen Arztdingen umgehen konnte".

Die anderen Mitarbeiter (Krankengymnastin, Beschäftigungstherapeutin, Logopädin, Fürsorgerin) akzeptierten den Psychiater am schnellsten. Ihnen war der Umgang mit psychischen Problemen offenbar viel vertrauter, und durch den Ausbau der Teamarbeit [24, 25] erhielten sie ein größeres Mitspracherecht und eine größere Selbständigkeit bei der Behandlung. Die auch hier auftretenden Rivalitätsempfindungen konnten jedoch viel leichter bearbeitet werden.

Die Notwendigkeit einer auf das Behandlungsteam zentrierten Arbeit [17, 30, 34] des Psychiaters kann nicht genügend betont werden. Neben der Vermittlung der psychischen und sozialen Aspekte eines Krankheitsbildes, dem Kennenlernen von psychiatrischen Verfahren und Denkweisen wurden eine Verdeutlichung der Interaktionen und eine Bearbeitung der Spannungen und Konflikte der Behandlungsgruppe unbedingt erforderlich. Wahrscheinlich muß im Allgemein-Krankenhaus das Team in viel stärkerem Maße als „therapeutische Gruppe" [11] angesehen werden. Besonders für Stationen mit Spezialaufgaben, wie z. B. Wachstation, Intensivpflegestation und Stationen mit schweren oder langfristigen Kranken, führen der oft unbefriedigende therapeutische Erfolg, das gesteigerte Tempo und der zu schnelle oder zu langsame Patientenwechsel zu deutlichen Spannungen und Übertragungsproblemen [8, 17].

Die Reaktionen der Patienten [13] schwankten anfänglich zwischen Angst und Aggression. Der Prozeß der „gegenseitigen Gewöhnung", des „Vertrautseins" durch die tägliche Anwesenheit und Mitarbeit wirkte sich natürlich auch auf die Patienten aus. Nach einer längeren Zeit von patienten- [2, 30] und teamzentrierter Arbeit waren auf dieser Abteilung viel weniger ängstliche, aggressive oder ablehnende Haltungen bei den Patienten als auf konsiliarisch betreuten Abteilungen zu beobachten. Öfter hatten die Patienten schon selbst lange vor der Hinzuziehung um eine Konsultation gebeten.

Die Objektivierung der oben beschriebenen Problematik ist schwierig. Als ein solcher Versuch wurden die Arztbriefe der Kollegen dieser Abteilung daraufhin ausgewertet, wieweit psychiatrisch-neurologisch-psychotherapeutische Fragestellungen, Diagnosen und Therapievorschläge in sie eingebaut und dem Weiterbehandler mitgeteilt wurden (s. Tabelle 4).

Zusammenfassung. Auf Grund einer 3jährigen psychiatrischen Tätigkeit (1967—1969) wurde versucht, die zu einer integrierten Mitarbeit führenden Maßnahmen und die sich ergebenden diagnostischen und therapeutischen Möglichkeiten zu skizzieren. Bei einer für alle Beteiligten befriedigenden Zusammenarbeit kam es schnell zu einer sehr weitgehenden, organisatorischen „äußeren" Integration. Die am Beispiel der erlebten psychiatrischen Konsultation dargestellten Probleme und Schwierigkeiten (Erkennen und Wertigkeit psychiatrisch-neurologischer Krankheitsbilder, affektive Widerstände bei positiven und negativen Übertragungsreaktionen, Unsicherheit und Ambivalenz gegenüber psychiatrischen, speziell psychotherapeutischen Mitbehandlungen u. a. m.) weisen darauf hin, daß es zur „inneren" Integration eines besseren Wissens, eines langen Lernprozesses und einer dauernden Bearbeitung der affektiven Widerstände bedarf. Bei allen Problemen scheint das beschriebene Modell einer integrierten psychiatrischen Mitarbeit im Allgemein-Krankenhaus gute Möglichkeiten einer besseren Kooperation am Krankenbett zwischen Innerer Medizin und Psychiatrie zu bieten.

Literatur

1. Allen, A., MacKinnon, H.: Ohio med. J. **51**, 1202 (1955).
2. Balint, M., Ball, D., Hare, M. L.: Psyche (Stuttg.) **23**, 532 (1969).
3. Bister, W.: Nervenarzt **39**, 217 (1968).
4. Bock, K.D., Arnold,O.H.: Mitt. Hochschulverband (Hamburg) **17**, 39 (1969).
5. Creutzfeld, W.: Med. Klin. **60**, 690 (1965).
6. Crisp, P.: Postgrad. med. J. **44**, 268 (1968).
7. Curtius, F.: Z. psycho-som. Med. **14**, 243 (1968).
8. Drobnes, S.: In: Internat. Congr. of Psychotherapy, S.345. Basel-New York: S. Karger 1955.
9. Drossel, H. J.: Berl. Ärztekammer **5**, 181 (1968).
10. Flegel, H.: Nervenarzt **39**, 227 (1968).
11. — Nervenarzt **37**, 160 (1966).
12. Gröning, U.: Landarzt **29**, 44 (1968).
13. Hale, M. L.: Virginia med. Mth. **94**, 342 (1967).
14. Kampmeier, R. H.: Sth. med. J. (Bgham, Ala.) **59**, 979 (1966).
15. — Med. Clin. N. Amer. **51**, 1409 (1967).
16. Klauber, J.: Psyche (Stuttg.) **15**, 363 (1961).
17. Koumans, A. J.: J. Amer. med. Ass. **194**, 633 (1965).
18. Kutter, P.: in Krankheit als psychisches Geschehen. Stuttgart: Klett 1964.
19. Langsam, C. L.: Ohio med. J. **57**, 1372 (1961).
20. Nelson, R., Rössing, P.: Krankenhaus **56**, 86 (1964).
21. Parmet, M.: J. med. Soc. N. J. **57**, 562 (1960).
22. Pfeiffer, E. F.: Jahresbericht 1967, Zentrum für Innere Medizin Universität Ulm, Manuskript Ulm 1968.
23. Pokorny, A. J.: Ment. Hosp. **14**, 87 (1963).
24. Radebold, H.: Zur Rehabilitation von Aphasikern. Rehabilitation **9**, 124 (1970).
25. — Ein Modell integrierter psychiatrisch-neurologischer Arbeit im Allgemein-Krankenhaus. (Im Druck).
26. Radenbach, K. L.: Dtsch. Ärztebl. **66**, 3075 (1969).
27. Richmann, A.: Canad. Hosp. **42**, 45 (1965).
28. Sattes, H.: Materia Med. Nordmark **18**, 1 (1966).
29. Schischitza, A.: Wien. Z. Nervenheilk. **19**, 185 (1962).
30. Schiff, S. K., Pilot, M. L.: Arch. gen. Psychiat. **1**, 349 (1959).
31. Schneider, P. B.: Acta psychother. (Basel) **12**, 161 (1964).
32. Schwab, A. J.: J. Amer. med. Ass. **205**, 65 (1968).
33. Schwab, M.: Ordnung für den Geschäftsbereich der Inneren Klinik und Poliklinik im Klinikum Steglitz. Manuskript Berlin 1968.
34. Tompkins, H. J.: Amer. J. Psychiat. **122**, 1011 (1966).
35. Ungerleider, J. T.: Arch. gen. Psychiat. **3**, 593 (1960).
36. Ward, C. H., Rickels, K.: Amer. J. Psychiat. **123**, 45 (1966).
37. Werkshop, H.: Amer. J. Orthopsychiat. **26**, 223, 241, 511 (1956).
38. Williams, L.: Psychosomatics **9**, 63 (1968).

Dr. Hartmut Radebold
Städtisches Behring-Krankenhaus
BRD-1000 Berlin 37
jetzt Universität Ulm, Nervenzentrum
Abteilung Psychotherapie
BRD-7900 Ulm, Schülinstr. 6
Deutschland

Tabelle 4. *Auswertung der Arztbriefe unter Berücksichtigung der Erwähnung wichtiger psychiatrisch-neurologischer Befunde*

Kollege	1. Jahr				2. Jahr			
	a	b	c	d	a	b	c	d
A	14	8	1	6	10	9	2	7
B	18	10	4	—	9	17	2	—
C	10	20	11	1				
D	21	8	4	1	22	13	2	—
E	2	12	8	1				
F	13	14	1	—				
G	11	13	6	3				
H	2	5	5	—				

^a Krankheit in Diagnose und Bericht erwähnt.
^b Krankheit in Diagnose oder Bericht erwähnt.
^c Krankheit in Diagnose und Bericht nicht erwähnt.
^d Krankheitsbezeichnung erheblich verändert.

ihrer Wertigkeit [16] wurden auch bei allen therapeutischen Maßnahmen deutlich sichtbar. Speziell depressive Syndrome mit Manifestierung im somatischen Bereich wurden nicht als solche erkannt oder für behandlungsbedürftig gehalten. Bei Leugnung ihrer depressiven Symptomatik lehnten diese Patienten daher eine Behandlung mit Psychopharmaka genauso ab wie die anderen, die solch eine Behandlung als Bestrafung empfanden: ,,Nun werden Sie mal hübsch ruhig". Aufgetretene Nebenwirkungen wurden sehr viel dramatischer und vergröbert geschildert und wahrgenommen. Bei entsprechender Einstellung des Kollegen wurde dann diese Therapie sehr häufig reduziert oder meist völlig abgesetzt. Bei Empfehlung einer psychotherapeutischen Behandlung wurden die Patienten entweder intensiv dazu gedrängt, oder es wurde ihnen mehr oder weniger bewußt abgeraten (Beispiel 4). Oft schien auch eine Konsultation mit dem Ergebnis, daß keine therapeutische Möglichkeit besteht, oder ein aus obigen Gründen mißglückter Therapieversuch dazu zu dienen, die bereits vorgefaßte Meinung des Kollegen ,,natürlich konnten Sie bei dem auch nichts tun" zu verstärken. Leider wurden besonders gern wegen ihrer auffallenden Verhaltensweisen und Symptome Patienten aus der Gruppe der Charakterneurosen, der chronifizierten psychosomatischen Syndrome, der Suchtpatienten und Hirnatrophiker vorgestellt.

Die Auswirkungen der oben geschilderten Problematik lassen sich zum Teil durch die Untersuchungsanforderungen einiger Abteilungen gut dokumentieren. Bei relativ stabiler Arztbesetzung schwankten die Anforderungen von Station zu Station stark. (s. Tabelle 1).

Tabelle 1
A. *Psychiatrisch-neurologische Untersuchungen auf einer chirurgischen Abteilung*

Station	1967	1968 (letzte 4 Mon.)	1969
A	2	15	20
B	4	8	18
C	1	22[a]	27
D (Wachstation)	2	5	17
E	2	11	9
	11	61	91

[a] Bedingt durch psychiatrisch-neurologische Kenntnisse eines Medizinalassistenten.

B. *Psychiatrisch-neurologische Untersuchungen auf einer internen Abteilung*

Station	1967[b]	1968[c]	1969[d]
A	12	14	10
B	10	21	2
C (Intensivstation)	14	29	9
D	7	23	1
E	2	14	5
	45	101	27

[b] Während der letzten 5 Monate 1967 neben einem ambulanten Konsiliararzt für Psychiatrie und Neurologie.
[c] Alleinige Konsiliartätigkeit für 3 Monate 1968.
[d] Beratung in psychotherapeutischen Fragen und Notfallssituationen, sonst Versorgung durch eine benachbarte psychiatrische Klinik.

Durch die Möglichkeit der integrierten Mitarbeit auf der Abteilung für langfristig interne Kranke waren diese Schwierigkeiten zu einem großen Teil auszugleichen (s. Tabelle 2), und gleichzeitig gelang es durch das Raster der Stationskonferenz die Anforderungszeiten (d. h. die Zeit von der Aufnahme bis zur Anforderung des Psychiaters bei primär eindeutigem Krankheitsbild) entscheidend zu verkürzen (s. Tabelle 3).

Psychotherapeutische Behandlung

Bei dieser längeren Mitarbeit (1967—1969) ergaben sich, speziell bei der psychotherapeutischen Mitbehandlung, andere Probleme. Noch mehr als im psychiatrischen Krankenhaus selbst waren Gegensätze innerer Art [3] bei der Praktizierung verschiedener Behandlungsformen sichtbar. Es bestand zumindest eine ausgeprägte Ambivalenz gegenüber allen psycho-

Tabelle 2. *Psychiatrisch-neurologische Untersuchungen auf der Internen Abteilung für Langzeitkranke*

Station	1967 (Gesamtzahl der Pat. 810)	1968 (Gesamtzahl der Pat. ca. 840)
A	57	60
B	61	41[a]
C	56	45[a]
D	61	51
E	68	54

[a] Hierbei wirkten sich die Vorerfahrungen der Stationsärzte auf Station B, C im psychiatrisch-neurologischen Bereich aus.

Tabelle 3. *Anforderungszeit in Tagen nach der Aufnahme*

Station	1967	1968
A	22	9
B	16	11
C	21	12
D	13	9
E	18	10

1967 zeigt deutlich die starken Schwankungen vor Einführung der Stationskonferenz bei gleicher Stationsbesetzung. Bei Station B, C 1968 wirken sich die eigenen psychiatrisch-neurologischen Bemühungen der Kollegen aus (s. Tabelle 2).

therapeutischen Verfahren, wenn nicht sogar eine Ablehnung, die wohl zum Teil mit der Unwissenheit und der Hilflosigkeit gegenüber einer dem Kollegen nicht zugänglichen Methode [30] zu erklären ist. Der psychotherapeutische Eingriff soll dem Patienten helfen, zwischenmenschliche Vorgänge zu erfassen und mitzuteilen. Bei Entfallen des bisherigen Angepaßtseins des Patienten [3] waren mehrfach heftige Gegenreaktionen zu beobachten. Neben Rivalitätsgefühlen, dem Empfinden der ,,unkontrollierten Mitbehandlung" und ,,des Hergebens des Patienten" rief das Erleben einer Methode, die neue und wesentliche Aufschlüsse über den Patienten vermittelt, offenbar eine hohe potentielle Beunruhigung dafür im Arzt [16] wach. Diese Empfindungen manifestierten sich sehr verschieden:

Beispiel 4. Eine Mitarbeiterin der Klinik war wegen spastischer Oberbauchbeschwerden, hinter denen sich eine ausgeprägte depressive Verstimmung verbarg, speziell mit der Bitte um meine Mitbehandlung verlegt worden. 14 Tage später fragte der verlegende Kollege die betreffende Patientin, ob sie sich denn vorstellen könnte, daß vom bloßen Gerede ihre Magenbeschwerden weggehen würden; er jedenfalls nicht.

Beispiel 5. Eine jugendliche hysterische Patientin mit Atemnotanfällen verstand es gut, ihre Probleme zeichnerisch in der Beschäftigungstherapie darzustellen. Fast alle Kollegen ließen sich während ihres Nachtdienstes die Bilder zeigen, ausführlich interpretieren und explorierten die Patientin zusätzlich.

Beispiel 6. Bei einem von mir mitbehandelten Patienten mit einer Polyarthritis fragte dieser bei der Visite nach der zukünftigen medikamentösen Behandlung: ,,Da fragen Sie mal Ihren Psychotherapeuten, der behandelt Sie ja sowieso".

Probleme mit Kollegen, Mitarbeitern und Patienten

Daraus resultierte immer wieder die Notwendigkeit der Bearbeitung dieser affektiven Regungen [30] mit den einzelnen Kollegen, auch um eine Abreaktion der manchmal starken Emotionen zu ermöglichen. Es ist offenbar nötig, die persönliche Anpassung der Ärzte so wenig wie möglich zu erschüttern, da sie keinen Schutz gegen die Identifikation mit den Problemen ihrer Patienten [16] besitzen. Oft spielt dabei auch die fast magische Vorstellung mit, daß der Psychiater die Macht hat, ,,einen zu durchschauen und Komplexe und Verklemmungen herauszubekommen". So stellte sich bald bei jeder Konsultation die Frage: Was hat der Kollege für Probleme und Schwierigkeiten und wieweit überschneiden sich diese mit denen seines Patienten [30]?

Gerne wurden in der Klinik auch andere Konflikte und Probleme auf den Psychiater abgeschoben, so z. B. Umgang mit schwierigen Angehörigen, Probleme der Mitteilung von

ersetzen soll und kann, ergaben sich folgende Arbeitsmöglichkeiten [25]:

1. Psychiatrisch-neurologische Erstuntersuchung mit „kleiner Differentialdiagnostik" und Einleitung der weiteren Diagnostik und Therapie, d.h. Überweisung, Verlegung und Hilfe bei allen Notfallsituationen auf Station und in der Ambulanz.
2. Genaue Diagnose und Differentialdiagnose neurotischer und psychosomatischer Zustandsbilder.
3. Verlaufskontrolle aller ungeklärten Krankheitsbilder.
4. Konsequente Mitbehandlung auf psychiatrisch-neurologischem Gebiet, speziell psychopharmakologisch.
5. Wahrnehmung spezieller Aufgabenbereiche, wie hier teamzentrierter Mitarbeit bei der Rehabilitation, Beratung der einzelnen Behandler, Mitbehandlung von Aphasikern [24].
6. Durchführung von psychoanalytisch orientierter, konfliktzentrierter Einzelpsychotherapie (10 bis maximal 40 Std), Gruppentherapie, autogenes Training.
7. Beratung von Kollegen und Patienten bezüglich psychotherapeutischer Behandlungsmöglichkeiten.

Durch die geschilderten Maßnahmen und Arbeitsmöglichkeiten war bei dem großen Interesse der Kollegen und der Bereitschaft zur Kooperation, speziell unter den jüngeren, bald eine „äußere", d. h. organisatorische Integration in den klinischen Alltag zu erreichen.

Schwierigkeiten machte vielmehr die „innere" Integration, nämlich die Anerkennung psychiatrisch-neurologischer Krankheitsbilder und die Notwendigkeit ihrer Behandlung.

Diese Probleme waren schon bei einer Konsiliartätigkeit in mehreren Kliniken (von der Universitäts-Nervenklinik Berlin aus) deutlich, sie zeigten sich jedoch hier bei der Mitarbeit besonders ausgeprägt (sie wurden auch in zahlreichen Diskussionen von den Kollegen immer wieder bestätigt).

Anlaß zur Konsultation und Auswahl der Patienten

Eine Indikation zur Konsultation war durch auffallende oder bedrohlich erscheinende psychiatrisch-neurologische Symptome gegeben. Schon die Bezeichnung „bedrohlich" spiegelt subjektive Momente wider. Von der Allgemeinheit [28] und auch von den Ärzten [7, 16, 30, 34] ist die Unsicherheit gegenüber psychischen Phänomenen und der Auseinandersetzung damit gut bekannt. Hinzutretende positive oder negative Gefühle von seiten der Ärzte, des Pflegepersonals und der anderen Mitarbeiter gegenüber dem Patienten und dessen Angehörigen bestimmten dann oft Anlaß und Auswahl der Patienten für eine psychiatrische Konsultation. Bei einer negativen Einstellung, sei es durch eine unbewußte Ablehnung, sei es auf Grund bewußter Antipathie, wurde der Psychiater besonders gern hinzugezogen.

Beispiel 1. Ein 18jähriger Junge onanierte auffallend unter der Bettdecke. Der Bestürzung der Schwestern folgte die Bitte um eine sofortige Konsultation. Die symptomatische Psychose nach einem 2 Tage zurückliegenden mittelschweren Schädel-Hirn-Trauma mit Desorientiertheit, Apathie und paranoiden Vorstellungen ergab vorher keine Indikation.

Beispiel 2. Eine sofortige Untersuchung wurde erbeten, „da der querulatorische Ehemann auf einer neurologischen Untersuchung bestand". Ein schwerer Verkehrsunfall vor 3 Wochen mit einem Peitschenschlag-Trauma der HWS und schweren, anhaltenden Kopfschmerzen, die noch dauernd geklagt wurden, führte vorher nicht zur Konsultation.

Beispiel 3. Bei einem 69jährigen seit langem apathisch-depressiven Patienten wurde der Psychiater hinzugezogen, „weil man für den Vater der Stationshilfe doch etwas tun muß".

Die affektive Seite wurde bei den drängenden Telefonanrufen der Kollegen noch deutlicher im Gegensatz zu den Anforderungen auf dem üblichen Konsiliarschein: „Wir haben hier so einen schwierigen Patienten", „hier queruliert dauernd einer rum", „hier hat einer nicht ganz glaubhaft Anfälle", „hier haben wir einen schönen Psychopathen für Sie", „unsere Schwestern meinten, solch einen Spinner müssen Sie sich mal ansehen".

Bei einer positiven Einstellung wurde oft die notwendige Konsultation entweder lange hinausgeschoben oder überhaupt nicht durchgeführt, manchmal sogar, wenn sie bei einer Stationskonferenz angesetzt oder vom Oberarzt/Chefarzt gewünscht war. Entweder wurde diese Tatsache dann unter Hinweis auf Zeitmangel, Überarbeitung, vorübergehende Besserung des Patienten rationalisiert, oder sie war einfach „vergessen" worden. Dazu gehörten Kommentare wie „aus Rücksicht auf seine Familie haben wir Sie nicht geholt", „so ein netter Patient, was soll denn der beim Psychiater". Bei längerem Vertrautsein mit dem Psychiater waren andere Reaktionen zu beobachten. „Für diesen armen Kerl müßte man doch noch etwas tun." Meist handelte es sich dann um bereits zur Hospitalisierung angemeldete Hirnatrophiker oder abgebaute Abusus-Patienten. Oft ließ sich auf Grund der Erfahrungen mit einem Kollegen voraussagen, welche Patienten angemeldet wurden, z. B. chronizierte depressive Syndrome im mittleren Lebensalter, jugendliche Alkoholiker u. a. m.

Hinter diffusen Anfragen verbargen sich oft private Probleme des Kollegen. Außerdem wurde Hilfe gegen Patienten gesucht, oder Konflikte mit Kollegen und Vorgesetzten waren deutlich. So diente die Konsultation auch als Mithilfe oder Bestätigung der eigenen Ansicht: „Der Chef meint, Sie sollten sich ihn noch einmal ansehen, ich glaube nicht, daß irgend etwas dabei herauskommt."

Erschwerend wirkte dabei das relativ geringe Wissen um Möglichkeiten und Methoden der Psychiatrie-Neurologie, auch schon beim Erkennen und Einordnen von psychopathologischen Auffälligkeiten und der Erhebung eines neurologischen Status [7].

Vorinformation

Die Vorinformationen waren in der Regel unzureichend und erstreckten sich keinesfalls auf auffällige Verhaltensweisen, Charakterzüge, Sozialstatus und Umwelt des Patienten, sondern beschränkten sich meist nur auf eine lapidare Frage auf dem Konsiliarschein: „Psychopathie ?", „Alkoholiker ?", „psychogen überlagertes Asthma ?", „Hirntumor ?". Bei einer reinen Konsiliaruntersuchung war der Kollege bei der durch die eigene Klinik bedingten spätnachmittäglichen Zeitpunkt der Untersuchung nicht mehr anwesend. Das Krankenblatt ergab wenig Hinweise auf psychiatrisch-neurologische Auffälligkeiten und meist speziell keinen über den akuten Anlaß zur Konsultation. Schwestern und andere Mitarbeiter konnten oft noch am meisten über die Verhaltensweisen und den Zustand des Patienten berichten.

Die Patienten waren in ca. 80% der Konsultationen auf den konsiliarisch betreuten Abteilungen uninformiert und reagierten oft mit massiver Abwehr oder Angst: „Ich bin doch nicht verrückt". Bei der entsprechenden Vorankündigung durch den Kollegen, „ich glaube, wir brauchen einmal einen Psychiater für Sie, damit Sie ein bißchen zur Ruhe kommen",empfanden sie es oft als Bestrafung. Relativ selten hatte der Kollege in einem ruhigen Zweiergespräch (d. h. nicht auf der Visite) die Gründe für die Hinzuziehung besprochen. Fast mit jedem neuanfangenden Kollegen mußte diese Schwierigkeit geklärt werden.

Untersuchung

Unter diesen Umständen konnte man sich oft kein klares Bild über den Patienten machen. Auffällige Verhaltensweisen, Charaktereigenschaften, Suchttendenzen u. a. m. wurden, wie gut bekannt, geleugnet, bagatellisiert oder verdrängt. Ohne eine ausführliche Außenanamnese war oft eine gezielte Exploration unmöglich.

Rückinformation

Auf dem Konsiliarschein wurden nun eine Diagnose, einige Untersuchungsbefunde mit einem Therapievorschlag vermerkt (nach eigenen Erfahrungen und nach der Kenntnis zahlreicher psychiatrischer Konsiliarbefunde). Dann brach normalerweise jeglicher Kontakt zwischen Internist und Psychiater ab, falls nicht einer von beiden an dem Krankheitsbild oder dem Patienten persönlich interessiert war. Eine Möglichkeit, die Verwertung des Untersuchungsergebnisses und den Erfolg der vorgeschlagenen diagnostischen und therapeutischen Maßnahmen zu verfolgen, bestand in der Regel nicht.

Verwertung des Untersuchungsergebnisses

Auch hierbei zeigte sich wieder verstärkt der affektive Einfluß auf die Entscheidung des behandelnden Kollegen. Bei einer negativen Einstellung zu den Patienten wurden die vorgeschlagenen Maßnahmen, speziell diagnostische Verfahren (z. B. Lumbalpunktionen), eine Verlegung oder Überweisung sehr schnell durchgeführt. Bei positiver Einstellung wurden diese vorgeschlagenen diagnostischen Verfahren oft aufgeschoben oder sogar erst dem weiteren Weiterbehandler für später angeraten. Sie waren „bei aller Aufregung vergessen worden". Öfter wurden sogar die konsiliarischen Untersuchungen im Arztbrief nicht erwähnt (s. Tabelle 4) oder aber die Diagnosen entscheidend verändert, z. B. wurde aus einer Neurose mit depressiven Zügen und Konversionsreaktionen ein „psychovegetatives Syndrom".

Das beschriebene weitgehende Abrücken von psychopathologischen Phänomenen [7] und die Ambivalenz gegenüber

ges Selbstwertgefühl, Müdigkeit und Konzentrationsschwächen gekennzeichnet. Ältere Menschen, die an einer Depression erkrankt sind, haben ein erhöhtes Risiko für kognitive und Funktionseinschränkungen, für somatische Erkrankungen (Djernes 2006) und Suizidalität (Blazer 2003; Fiske, Wetherell und Gatz 2009) sowie einen erhöhten Versorgungsbedarf (Palsson und Skoog 1997). Allerdings schwanken die Befunde zur Prävalenz depressiver Erkrankungen im höheren Lebensalter stark, was eine Abschätzung der Krankheitslast und des Betreuungsbedarfs erschwert. Während einige Studien erhöhte Prävalenzraten für Depressionen im höheren Lebensalter im Vergleich zum Erwachsenenalter berichten (Gostynski, Ajdacic-Gross, Gutzwiller, Michel und Herrmann 2002; Mojtabai und Olfson 2004), belegen andere Studien niedrigere Raten für depressive Erkrankungen (Alonso et al. 2004; Jeste, Blazer und First 2005; Jorm 2000).

Eine aktuelle Meta-Analyse von Volkert und Kollegen (2013) untersuchte die Prävalenzraten der häufigsten psychischen Störungen älterer Menschen (mindestens über 50 Jahre) in Europa und Nordamerika. In die Analyse wurden epidemiologische Studien, welche zwischen 2000 und 2011 publiziert wurden, eingeschlossen. Diese Meta-Analyse fand eine aktuelle Prävalenz (d.h. die Häufigkeit im Zeitraum von 12 Monaten) von 3,3 % für depressive Erkrankungen (▶Tab. 3.1). Depressionen wurden mittels kategorialer Diagnostik, d.h. unter Verwendung klinischer bzw. standardisierter Interviews, diagnostiziert. Dabei schwankten die Raten der in die Meta-Analyse eingeschlossenen Studien zwischen 1,1 (Preville et al. 2008) und 26,9 % (Bergdahl et al. 2005). Diese Unterschiede sind v.a. auf die Verwendung unterschiedlicher diagnostischer Instrumente und heterogener Stichproben zurückzuführen. Die Lebenszeitprävalenzen (d.h. die Häufigkeit innerhalb des gesamten Lebens) für Depressionen variieren ebenfalls stark zwischen 9,8 % (NCS-R[2]; Kessler et al. 2005) und 26,5 % (ESPRIT[3]; Ritchie et al. 2004). Die Meta-Analyse von Volkert et al. (2013), welche die NCS-R- und ESPRIT- Studien in die Analysen mit einschloss, ermittelte eine Lebenszeitprävalenz von 16,5 %. Auch hier können die Unterschiede möglicherweise auf den Einsatz unterschiedlicher diagnostischer Instrumente zurückzuführen sein. Insgesamt ist die Prävalenz für depressive im Vergleich zu anderen psychischen Erkrankungen im höheren Lebensalter als hoch anzusehen und deutet darauf hin, dass die Krankheitsbelastung auch im Alter sehr groß ist.

Alternativ oder ergänzend zur kategorialen Diagnose der Depression (Erfassung durch klinische bzw. standardisierte Interviews) werden in epidemiologischen Studien häufig Fragebögen (dimensionale Diagnostik) zur Untersuchung depressiver Syndrome verwendet. In der Meta-Analyse von Volkert et al. (2013) wurde mit 19,5 % eine deutlich höhere Prävalenz für die dimensional erfassten Depressionen im Vergleich zu kategorial erfassten Depressionen gefunden (▶Tab. 3.1). Große Unterschiede in den Prävalenzraten zwischen kategorialer und dimensionaler Depression werden erwartungsgemäß auch in anderen Reviews berichtet. So fanden zum Beispiel Riedel-Heller und Kollegen (2006) Prävalenzraten zwischen 3,1 % und 26,9 % für die kategorial erfasste Depression und zwischen 7,7 % und 58 % für dimensional untersuchte Depressionssyndrome. Diese Übersichtsarbeit schloss europäische epi-

---

[2] NCS-R = National Comorbidity Survey- Replication; Kessler et al. 2005
[3] ESPRIT = The Enquete de Santé Psychologique – Risques, Incidence et Traitement; Ritchie et al. 2004

Tab. 3.1: Übersicht der aktuellen und Lebenszeitprävalenz für affektive, Angst-, alkoholbezogene und psychotische Störungen bei älteren Menschen (50 Jahre und älter) aus der Meta-Analyse von Volkert et al. (2013)

Störung	Stichprobengröße	Anzahl der Studien	Effektstärke (95 % KI)
Affektive Störungen			
Depression A	25027	13	3.29 (3.07 – 3.51)
Depression L	3324	2	16.52 (15.50 – 17.54)
Dimens. Depression	37733	12	20.10 (19.69 – 20.51)
Bipolare Störung A	4661	1	0.53 (0.30 – 0.70)
Bipolare Störung L	3700	1	1.10 (0.76 – 1.43)
Dysthymie L	1837	1	1.30 (0.79 – 1.81)
Angststörungen			
Panikstörung A	26024	6	0.88 (0.76 – 0.99)
Panikstörung L	22762	4	2.63 (2.42 – 2.84)
Agoraphobie A	11448	3	0.53 (0.39 – 0.66)
Agoraphobie L	1837	1	1.00 (0.55 – 1.45)
Spezifische Phobie A	11561	3	4.52 (4.15 – 4.89)
Spezifische Phobie L	10042	2	6.66 (6.17 – 7.15)
Soziale Phobie A	31787	4	1.31 (1.19 – 1.46)
Soziale Phobie L	29912	3	5.07 (4.82 – 5.32)
GAS A	11838	3	2.30 (2.03 – 2.57)
GAS L	3700	2	6.36 (5.57 – 7.14)
Zwangsstörung A	4661	2	0.90 (0.63 – 1.17)
Zwangsstörung L	2155	2	0.97 (0.55 – 1.38)
Anpassungsstörung	570	1	1.10 (0.24 – 1.96)
PTBS A	1384	2	1.68 (1.00 – 2.36)
PTBS L	907	1	2.50 (1.48 – 3.52)
Alkoholbezogene Störungen			
Alkoholbezogene St. A	24946	4	0.96 (0.84 – 1.07)
Alkoholbezogene St. L	10042	2	11.71 (11.08 – 12.34)
Psychotische Störungen			
Psychose A	1863	1	1.70 (1.11 – 2.28)
Psychose L	1863	1	4.70 (3.74 – 5.66)

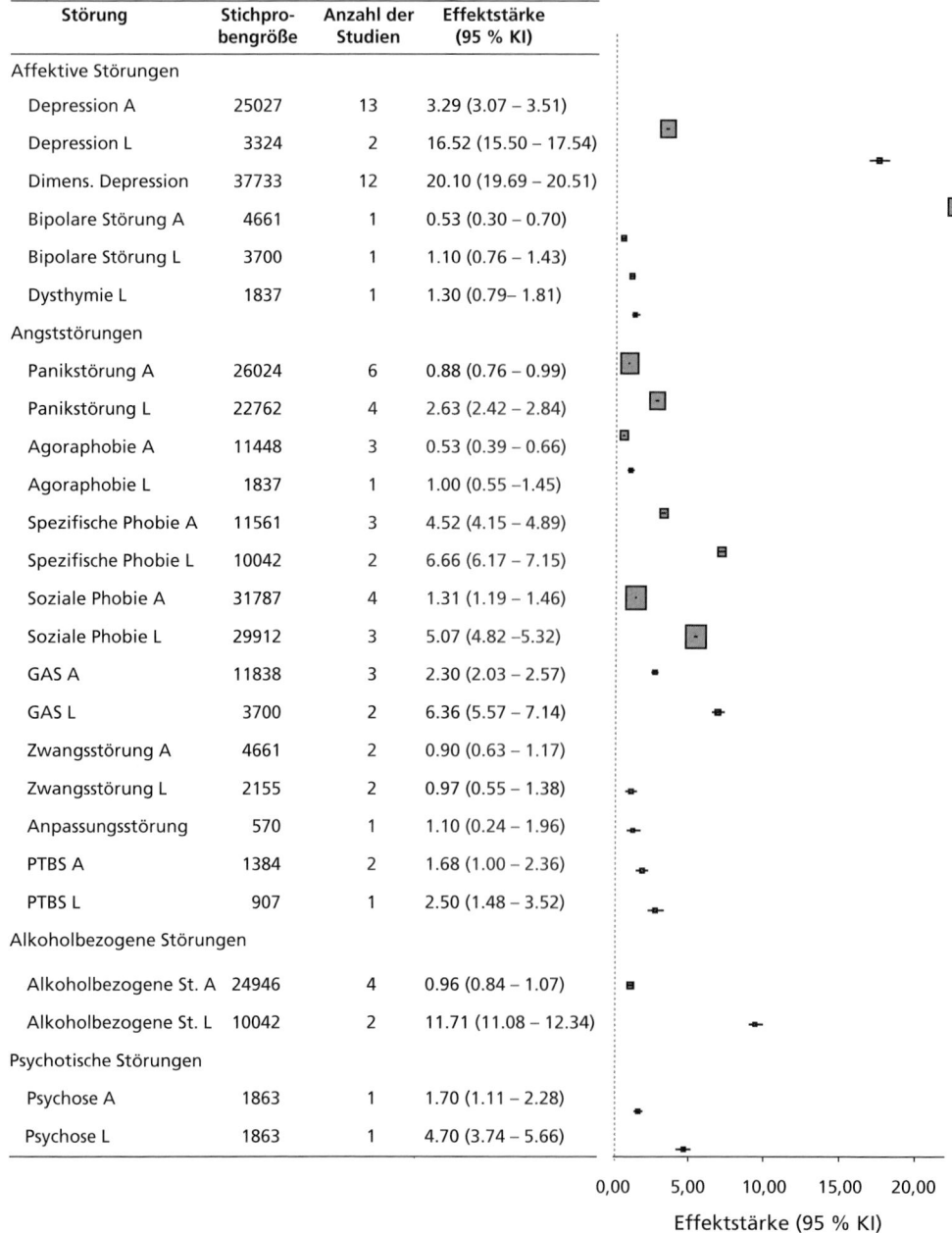

Effektstärke (95 % KI)

Anmerkung: A Aktuelle Prävalenz; L Lebenszeitprävalenz; GAS Generalisierte Angststörung; PTBS Posttraumatische Belastungsstörung; KI Konfidenzintervall

demiologische Studien ab 1990 ein, welche psychische Erkrankungen bei älteren Menschen (ab 65 Jahren) erhoben hatten. Daher muss beim Vergleich epidemiologischer Studien immer geprüft werden, ob eine dimensionale Messung oder ob eine kategoriale Einordnung depressiver Syndrome erfolgte.

Neben anderen Faktoren, die zur Variabilität oder möglichen Unterschätzung der Prävalenzraten beitragen können, ist es auch möglich, dass depressive Symptome bei älteren Menschen sich stärker in Form von somatischen Symptomen manifestieren (Fuentes und Cox 2000) bzw. mit diesen verwechselt werden (Drayer et al. 2005). Darüber hinaus ist es vorstellbar, dass die Auswirkungen einer Depression das tägliche Leben von älteren Menschen nicht so stark beeinträchtigen wie es bei jüngeren Menschen der Fall ist (Bickel 2003; Gottfries 1998; Lindesay 2008). Demzufolge sind die aktuell vorhandenen diagnostischen Kriterien und Instrumente möglicherweise nicht ausreichend für eine adäquate Erfassung depressiver Störungen im höheren Lebensalter geeignet und müssen für den Einsatz bei älteren Menschen adaptiert werden.

3.2.2 Dysthymie

Bei der Dysthymie (ICD-10: F34.1) handelt es sich um eine chronische, mindestens zwei Jahre andauernde depressive Verstimmung, die jedoch weniger schwer als eine depressive Erkrankung ist. Während für depressive Erkrankungen im höheren Alter noch vergleichsweise viele epidemiologische Studien vorliegen, gibt es für chronische Verstimmungen (Dysthymie) deutlich weniger Forschungsbefunde. Kessler et al. (2005) und Lobo et al. (1995) berichten vergleichbar niedrige Prävalenzraten für Dysthymie um 1,3 %. Eine niederländische Studie fand deutlich höhere Prävalenzraten um die 4,6 % (Beekman et al. 2004). Gleichzeitig fand diese Studie auch, dass das Risiko für eine Dysthymie mit steigendem Alter abnimmt und zusätzlich, neben anderen Risikofaktoren, mit der Anzahl der chronischen Erkrankungen assoziiert ist (Beekman et al. 2004).

3.2.3 Bipolare Störungen

Die bipolare Störung (ICD-10: F31) ist durch wenigstens zwei Episoden gekennzeichnet. In der einen Episode ist die Stimmung deutlich gehoben, der Antrieb und die Aktivität deutlich verstärkt (Hypomanie oder Manie), und in der anderen Episode ist die Stimmung deutlich gesenkt, der Antrieb und die Aktivität deutlich vermindert (Depression). In Bezug auf die Prävalenzraten für bipolare Störungen ist die Studienlage ähnlich rar wie für die Dysthymie. Volkert et al. (2013) fanden eine aktuelle Prävalenz von 0,5 % und von 1,1 % für die Lebenszeitprävalenz. Frühere Studien hingegen fanden deutlich niedrigere Raten zwischen 0,1 und 0,3 % (Hirschfeld, Calabrese und Weissman 2003; Unützer, Simon, Pabiniak, Bond und Katon 1998). Diese Befunde weisen darauf hin, dass die Prävalenzrate für bipolare Störungen bei älteren Menschen ähnlich zu der in der erwachsenen Allgemeinbevölkerung ist und bei ca. 1 % liegt (Regier et al. 1993). Diese Zahlen müssen jedoch mit Vorsicht betrachtet werden, da diese Störungen bei älteren Menschen bisher kaum beforscht wurden.

3.3 Neurotische und Belastungsstörungen

Ähnlich wie bei den depressiven Erkrankungen haben bisherige epidemiologische Studien heterogene Befunde in Bezug auf die Prävalenz einer Reihe von neurotischen und Belastungsstörungen im höheren Lebensalter, insbesondere Panikstörung, soziale Phobie, generalisierte Angststörung (GAS), posttraumatische Belastungsstörung (PTBS) und Zwangsstörung, gefunden. Die Raten variieren zwischen 7,0 % und 8,9 % (Byers, Yaffe, Covinsky, Friedman und Bruce 2010; Gum et al. 2009). Auf einzelne Störungen des Angstspektrums soll im Folgenden genauer eingegangen werden.

3.3.1 Panikstörung und Agoraphobie

Die Panikstörung (ICD-10: F41.0) ist gekennzeichnet durch wiederkehrende schwere Angstattacken, die sich nicht auf eine spezifische Situation oder besondere Umstände beschränken und nicht vorhersehbar sind. Zu den wesentlichen Symptomen zählen u. a. plötzlich auftretendes Herzklopfen, Brustschmerz, Erstickungsgefühle, Schwindel und Entfremdungsgefühle. Die Mehrzahl epidemiologischer Studien zu Panikstörungen (kategoriale Diagnostik) im höheren Lebensalter berichten Prävalenzraten zwischen 0,3 und 1,4 % (Cairney, Corna, Veldhuizen, Kurdyak und Streiner 2008; Gum et al. 2009; Ritchie et al. 2004). Der Review von Riedel-Heller et al. (2006) und die Meta-Analyse von Volkert et al. (2013) ermittelten vergleichbare Raten von 0,9 % für eine aktuelle Panikstörung und 2, 6 % für die Lebenszeitprävalenz.

Bei der Agoraphobie (F40.0) handelt es sich um eine relativ gut definierte Gruppe von Phobien, z. B. mit Befürchtungen das Haus zu verlassen, in Menschenmengen und auf öffentlichen Plätzen zu sein oder alleine mit dem Bus, der Bahn oder dem Flugzeug zu reisen. Befunde zur aktuellen Prävalenz der Agoraphobie sind ebenfalls heterogen und schwanken zwischen 0,5 und 0,8 % und liegen bei 1 % für die Lebenszeit (Manela, Katona und Livingston 1996; Volkert et al. 2013). Auch hier unterscheiden sich die Studien in Bezug auf die angewandte Methodik (z. B. Einsatz verschiedener diagnostischer Interviews, Stichprobenauswahl).

Darüber hinaus wird von Palmer et al. (1997) kritisch angemerkt, dass es schwierig ist, Angststörungen, insbesondere eine Agoraphobie, bei älteren Menschen zu diagnostizieren, da die Unterscheidung von übertriebenen, grundlosen Ängsten und normalen Sorgen, die mit dem Alterungsprozess assoziiert sind, schwierig ist. Eine Besonderheit stellt zum Beispiel die Sturzangst bei älteren Menschen dar: Ein systematischer Review von Scheffer und Kollegen (2008) berichtete eine Varianz in den Prävalenzraten der eingeschlossenen Studien zwischen 3 und 85 %. Dies führen die Autoren auf die Vielzahl der verschiedenen eingesetzten Messinstrumente zurück. Die Angst, zu fallen, aber auch mit dem Bus zu fahren oder in einer Menschenmenge zu sein, kann bei jüngeren Menschen als übertrieben angesehen werden. Für ältere Menschen kann diese Angst jedoch angesichts möglicherweise zunehmender eingeschränkter Mobilität, Seh- und Hörfähigkeit völlig angemessen sein.

3.3.2 Spezifische und soziale Phobien

Spezifische Phobien (ICD-10: F40.2) beziehen sich auf Ängste vor eng umschriebenen

Situationen, wie z. B. Nähe zu bestimmten Tieren, Höhen, Zahnarztbesuche oder den Anblick von Blut oder Verletzungen. Diese Ängste können zu Panikzuständen führen. Die Prävalenzen für spezifische Phobien schwanken ebenfalls stark. Volkert et al. (2013) berichten für die aktuelle Prävalenz (mittels kategorialer Diagnostik) Raten von 4,5 % und 6,7 % für die Lebensprävalenz, während Riedel-Heller et al. (2006) Raten zwischen 5,9 und 13,1 % im höheren Lebensalter beschreiben. Diese Varianz weist ebenfalls auf einen möglichen Einfluss der unterschiedlichen angewandten Instrumente und diagnostischen Kriterien (z. B. DSM-III-TR, DSM-IV) hin.

Soziale Phobien (ICD-10: F40.1) sind gekennzeichnet durch eine Furcht vor prüfender Betrachtung durch andere Menschen, welche zur Vermeidung sozialer Situationen führt. Auch hier können die Ängste u. a. zu Erröten, Zittern oder Übelkeit führen. Bisherige epidemiologische Studien zur aktuellen und Lebenszeitprävalenz der sozialen Phobie lieferten vergleichbare Zahlen um die 1,3 bzw. 5,1 % (Bryant, Jackson und Ames 2008; Riedel-Heller et al. 2006; Volkert et al. 2013). Diese im Vergleich zur Erwachsenenbevölkerung eher niedrigen Raten (Jacobi et al. 2014) könnten entweder eine tatsächliche Abnahme der Prävalenz mit zunehmendem Alter widerspiegeln oder aber damit zusammenhängen, dass ältere Menschen seltener sozialen Situationen ausgesetzt sind, und es somit für sie einfacher ist, diese zu vermeiden (Bryant et al. 2008; Lindesay 2008; Palmer et al. 1997).

3.3.3 Generalisierte Angststörung (GAS)

Die generalisierte Angststörung (ICD-10: F41.1) ist im Gegensatz zu den Phobien nicht auf bestimmte Umgebungsbedingungen beschränkt, sondern »frei flottierend«. Das heißt, sie ist generalisiert, anhaltend, und Symptome wie z. B. ständige Nervosität, Zittern, Schwitzen oder Herzklopfen sind variabel. Eine Reihe von Studien hat darauf hingewiesen, dass die GAS die häufigste Angsterkrankung im höheren Lebensalter darstellt (Beekman et al. 1998; Trollor, Anderson, Sachdev, Brodaty und Andrews 2007), gleichwohl sind auch hier die Befunde bezüglich der Prävalenzraten heterogen. Volkert et al. (2013) ermittelten für die aktuelle GAS Raten von nur 2,3 %, wobei einzelne Studien aktuelle Prävalenzen von bis zu 10,8 % gefunden haben (Ritchie et al. 2004). Auch für die Lebenszeitdiagnose gibt es, wenn auch nicht ganz so stark ausgeprägte Schwankungen zwischen 4,6 % (Riedel-Heller et al. 2006) und 6,4 % (Volkert et al. 2013). Darüber hinaus wird kontrovers diskutiert, ob die GAS eine alleinstehende Diagnose darstellt (Lenze et al. 2005), sich auf einem Kontinuum zur Depression befindet (Bryant et al. 2008), oder aber als Teil der Symptomatik für eine dementielle Entwicklung angesehen werden kann (Carmin, Wiegartz und Scher 2000). Der systematische Ausschluss von Probanden mit moderaten kognitiven Defiziten in der Mehrzahl der Studien kann eine mögliche Erklärung für die niedrigen GAS-Prävalenzraten darstellen.

3.3.4 Zwangsstörung

Wesentliche Merkmale der Zwangsstörung (ICD-10: F42) sind wiederkehrende Zwangsgedanken und -handlungen. Diese Ideen, Vorstellungen oder Impulse beschäftigen die Patienten immer wieder und werden als zu einem selbst zugehörig, jedoch meist als quälend, unwillkürlich und abstoßend erlebt. Zwangshandlungen oder -rituale sind Stereotypien, die ständig wiederholt werden. Auch sie werden als unangenehm und nicht nützlich erlebt. Häufig werden sie jedoch als Vorbeugung gegen ein objektiv unwahrscheinliches Ereignis, dass Schaden bringen könnte, wahrgenommen. Insgesamt liegt die Prävalenzrate für Zwangsstörungen im höheren Lebensalter vergleichsweise niedrig zwischen 0,6 und 1,8 % (Beekman et al. 1998; Ritchie et al. 2004; Wolitzky-Taylor, Castriotta, Lenze, Stanley und Craske 2010). Volkert et al. (2013) ermittelten eine Rate für aktuelle Zwangsstörung von 0,9 % und für die Lebenszeitprävalenz von ca. 1 %. Dies deckt sich mit dem Befund, dass Zwangsstörungen vermehrt ihren Beginn im jüngeren Alter mit häufig chronischem Verlauf haben, jedoch nur wenige Neuerkrankungen im höheren Alter auftreten (Bryant et al. 2008).

3.3.5 Anpassungsstörung und posttraumatische Belastungsstörung (PTBS)

Anpassungsstörungen und posttraumatische Belastungsstörungen (PTBS) unterscheiden sich von anderen Angsterkrankungen in der Symptomatik, dem Verlauf und einem oder zwei ursächlichen Faktoren. Anpassungsstörungen (ICD-10: F43.2) treten nach einer entscheidenden Lebensveränderung oder nach belastenden Lebensereignissen (wie z.B. Trennung, Trauerfall, Emigration, Ruhestand) auf und sind durch Zustände subjektiver Bedrängnis und emotionaler Beeinträchtigung gekennzeichnet. Es können eine depressive Stimmung, Angst oder Sorgen auftreten. Bisher gibt es nur eine sehr kleine Anzahl von Studien, die Anpassungsstörungen im höheren Lebensalter untersucht haben. Zwei bevölkerungsrepräsentative Studien in Deutschland und der Schweiz fanden Prävalenzraten zwischen 1,3 und 2,3 % (Maercker, Forstmeier, Enzler et al. 2008; Maercker et al. 2012). Beide Studien weisen methodische Unterschiede hinsichtlich der eingeschlossenen Altersgruppen und eingesetzten Instrumente auf, welche mögliche Erklärungen für die heterogenen Raten darstellen können.

Die PTBS (ICD-10: F.43.1) entsteht als eine verzögerte oder protrahierte Reaktion auf ein belastendes Ereignis (Trauma) mit außergewöhnlicher Bedrohung oder katastrophenartigem Ausmaß, welches bei fast jedem eine schwere Belastung auslösen würde. Zu den Symptomen gehören u.a. das Wiedererleben des Traumas (z.B. Albträume, Flashbacks), Gefühle von emotionaler Abgestumpftheit, Freudlosigkeit, Vermeidung von mit Erinnerungen an das Trauma verbundenen Situationen sowie eine übermäßige Schreckhaftigkeit und Schlafstörung. Die PTBS ist eine häufige Erkrankung bei Älteren, obwohl die Prävalenz generell als niedriger angesehen wird als bei Jüngeren oder Personen im mittleren Lebensalter (Böttche, Kuwert und Knaevelsrud 2012). Eine bevölkerungsrepräsentative Befragung in Deutschland fand einen fortschreitenden Anstieg der PTBS und partiellen PTBS mit zunehmendem Alter (Maercker, Forstmeier, Wagner, Glaesmer und Brahler 2008). Bei den über 60-Jährigen wurde gegenüber jüngeren Altersgruppen eine 2-bis 3-fach erhöhte Prävalenzrate für PTBS gefunden. Diese erhöhten Raten bei Älteren können mit den Kriegserfahrungen des 2. Weltkriegs in Zusammenhang gebracht werden (Brähler, Gunzelmann, Glaemer und Maercker 2006; Radebold 2012). In einer Schweizer Studie (Maercker, Forstmeier, Wagner et al. 2008) fand sich hingegen keine erhöhte Prävalenzrate bei Älteren, die Raten für das PTBS-Vollbild lagen bei 0,7 % und für die subsyndromale PTBS bei 4,2 %. Dies könnte darauf hinweisen, dass das direkte Erleben von Kriegsereignissen selbst nach mehr als 60 Jahren einen negativen Effekt auf das psychische Wohlbefinden hat. Das Erleben von Kriegstraumatisierungen bei deutschen Älteren ist außerdem mit weiteren Risiken für die psychische Gesundheit wie erhöhte Angstsymptomatik, Depression, Somatisierung und einer verstärkten Inanspruchnahme assoziiert (Glaesmer, Kallert, Brahler, Hofmeister und Gunzelmann 2010). Die Varianz in den Prävalenzraten der PTBS kann neben dem Einsatz von unterschiedlichen diagnostischen Instrumenten auch auf die retrospektive Erfassung traumatischer Ereignisse zurückgeführt werden. Darüber hinaus, wurde die Definition von PTBS mit der Zeit verändert und das Traumakriterium im DSM-IV deutlich erweitert.

Insgesamt ist aufgrund der dünnen Studienlage und starken Heterogenität der Prävalenzraten eine Beurteilung der Befunde für Angststörungen im höheren Lebensalter schwierig. Ähnlich wie bei depressiven Störungen wird auch hier argumentiert, dass es diagnostische Probleme bei älteren Menschen im Zusammenhang mit der somatischen Komorbidität gibt (Jeste et al. 2005). Die differenzierte Unterscheidung von körperlichen Erkrankungen (Fuentes und Cox 2000), Angststörungen und Depression (Fuentes und Cox 2000; Jacoby und Bergmann 1995) stellt eine diagnostische Herausforderung dar. Darüber hinaus wird die Verwendung von nicht speziell für ältere Menschen validierten diagnostischen Instrumenten kritisch beurteilt (Fuentes und Cox 1997). Die Anwendung von diagnostischen Hierarchien kann zu einer Unterschätzung der Prävalenzrate führen und die klinische Präsentation von Angststörungen im höheren Lebensalter bedarf genauerer Untersuchung (Krasucki, Howard und Mann 1999; Palmer et al. 1997).

3.4 Alkoholbezogene Störungen

Alkoholbezogene Störungen umfassen den Missbrauch und die Abhängigkeit von alkoholhaltigen Stoffen (ICD-10: F10). Auch in Bezug auf alkoholbezogene Störungen gibt es nur wenige Studien, die die Häufigkeit in der älteren Bevölkerung untersucht haben (Blazer und Wu 2009; O'Connell, Chin, Cunningham und Lawlor 2003; Riedel-Heller et al. 2006; Wittchen, Knäuper und Kessler 1994). Epidemiologische Untersuchungen haben einen generell eher niedrigeren Alkoholkonsum für ältere Menschen über 65 Jahren im Vergleich zu jüngeren Erwachsenen gefunden (Johnson 2000). In westlichen Ländern wird der Anteil der Menschen, die in den letzten 12 Monaten Alkohol konsumiert haben, auf 60 % geschätzt (Schukit 2009; Blazer und Wu 2009; Riedel-Heller et al. 2006). Volkert et al. (2013) fanden Prävalenzraten für aktuelle alkoholbezogene Störungen (Missbrauch und Abhängigkeit) von 1 % und eine wesentlich höhere Rate für die Lebenszeit von 11,7 %. Ähnliche Ergebnisse wurden bereits in früheren Studien gefunden. Gleichzeitig sind alkoholbezogene Störungen im Alter sehr ernst zu nehmen, da die mit der Störung assoziierten Risiken mit steigendem Alter aufgrund abnehmender körperlicher Alkoholtoleranz und zunehmenden Risikofaktoren wie z.B. belastenden Lebensereignissen, körperlichen Erkrankungen, verlangsamtem Metabolismus und sozialer Exklusion zunehmen (Chin, O'Connell und Cunningham 2004; Schukit 2009).

3.5 Psychotische Störungen

Zu den Hauptsymptomen psychotischer Störungen (inkl. Schizophrenie; ICD-10: F20) gehören Veränderungen in der Wahrnehmung, im Denken, Fühlen und Verhalten bis hin zu einem Verlust des Realitätsbezugs (z. B. Stimmen hören, Verfolgungswahn, Gedankeneingebung, reduziertes emotionales Erleben). Sehr wenige Studien haben die Häufigkeit von psychotischen Störungen bei älteren Menschen untersucht. Ritchie und Kollegen (2004) berichten Prävalenzraten für eine aktuelle Psychose von 1,7 % und von 4,7 % für die Lebenszeitprävalenz, welche mit früheren Ergebnissen übereinstimmen (Livingston, Kitchen, Manela, Katona und Copeland 2001; Lyketsos et al. 2000). Da die Symptome sehr heterogen sind und nur wenige empirische Ergebnisse vorliegen, bleibt es unklar, ob die Prävalenzraten im höheren Lebensalter ansteigen. Einige Studie gehen jedoch davon aus, dass die Zahlen im Zusammenhang mit dementiellen Erkrankungen zunehmen (Leroi, Voulgari, Breitner und Lyketsos 2003; Lyketsos et al. 2000).

3.6 Kritische Beurteilung der Studien

Bei den meisten Befunden zu unterschiedlichen Störungsbildern fällt auf, dass die Prävalenzraten stark variieren. Dies kann auf unterschiedliche Faktoren zurückzuführen sein. Zum einen stammen die Studien aus unterschiedlichen Regionen und Kulturkreisen. Je nach Land und Kultur können Prävalenzraten variieren. Zweitens wurden unterschiedliche Untersuchungsmethoden, insbesondere hinsichtlich der Stichprobenauswahl und der diagnostischen Instrumente, verwendet. Drittens bildet die Diagnostik mittels international standardisierter Klassifikationssysteme klinisch relevante Symptome psychischer Erkrankungen im Alter (insbesondere depressive und Angsterkrankungen) nicht vollständig ab. Es gibt Hinweise darauf, dass standardisierte diagnostische Interviews zu psychischen Störungen bei älteren Menschen eher zu einer Unterschätzung der Häufigkeit führen, weil die Symptome eher körperlichen Erkrankungen zugeschrieben werden (Knäuper und Wittchen 1994; O'Connor und Parslow 2009). Beispielsweise bestehen diagnostische Schwierigkeiten, eine realistische Sturzangst aufgrund von körperlichen Beeinträchtigungen von einer übertriebenen Sturzangst zu unterscheiden. Insofern besteht dringender Forschungsbedarf, die Sturzangst mit geeigneten einheitlichen Messinstrumenten epidemiologisch zu untersuchen (Scheffer et al. 2008; WHO 2008). Des Weiteren ist es möglich, dass ältere Menschen bei langen Befragungen dazu tendieren, Symptomfragen aufgrund der mit der Befragung verbunden Anstrengung häufiger zu verneinen (Knäuper und Wittchen 1994).

Viertens stellen Institutionalisierung, funktionale Abhängigkeit und sensorische Beeinträchtigungen Herausforderungen bei der Gewinnung einer älteren Stichprobe dar (Riedel-Heller, Busse und Angermeyer 2000). Demzufolge wird die Prävalenzrate psychischer Erkrankungen bei älteren Menschen in bisherigen Studien möglicherweise unterschätzt.

3.7 Zusammenfassung und Ausblick

Zusammenfassend zeigen die vorgestellten Studien, dass psychische Erkrankungen im höheren Lebensalter sehr verbreitet sind, jedoch in Anbetracht des demografischen Wandels dringend weiterer Forschungsbedarf besteht. Insbesondere gibt es bislang wenig systematische Erkenntnisse in Bezug auf Angststörungen, wie soziale Phobien, Zwangs-, Anpassungs- und posttraumatische Belastungsstörungen, aber auch alkoholbezogene und psychotische Störungen.

Im Vergleich zur Prävalenz psychischer Erkrankungen im Erwachsenenalter deuten einige Befunde darauf hin, dass die Prävalenz für die Mehrzahl der Störungen im höheren Lebensalter niedriger ist. Zum Beispiel liegt die 12-Monats-Prävalenz der Depression in einer repräsentativen Stichprobe aus der deutschen Erwachsenen Allgemeinbevölkerung bei 6 % (Jacobi et al. 2014) im Vergleich zu 3 % im höheren Alter (Volkert et al. 2013). Ähnliche Werte wurden in Bezug auf generalisierte Angststörungen beschrieben: 2,2 % bei Erwachsenen (Jacobi et al. 2014) und 2,3 % bei Älteren (Volkert et al. 2013). Deutlich höhere Prävalenzen wurden nur in Bezug auf posttraumatische Belastungsstörungen im höheren Lebensalter gefunden: 2,3 % bei Erwachsenen (Jacobi et al. 2014) und 3,4 % bei Älteren (Maercker, Forstmeier, Wagner et al. 2008). Jedoch muss auch hier noch einmal einschränkend erwähnt werden, dass aufgrund der oben genannten methodischen Limitationen bisheriger epidemiologischer Studien eher eine Unterschätzung der Prävalenz psychischer Erkrankungen im höheren Lebensalter anzunehmen ist.

Demzufolge ist es dringend notwendig, die Erfassung psychischer Erkrankungen und die Methodik epidemiologischer Untersuchungen zu verbessern, um Herausforderungen und Problemen des höheren Lebensalters besser gerecht zu werden und diese reliabel und valide erfassen zu können (wie z. B. somatische Erkrankungen und eingeschränkte Mobilität) sowie vergleichbare Daten zu generieren (z. B. Repräsentativität von Stichproben, Anwendung diagnostischer Kriterien). Des Weiteren bedarf es einer Anpassung der diagnostischen Kriterien nach DSM-V und ICD-10 an altersbedinge Veränderungen. Es besteht ein hoher Bedarf an alterssensitiven diagnostischen Instrumenten, wie sie aktuell im Projekt »MentDis_ICF65+« (www.mentdiselderly.eu) entwickelt und überprüft werden.

Das »MentDis_ICF65+«-Projekt hat das Ziel, die Prävalenz und Inzidenz psychischer Erkrankungen sowie die Symptomschwere, Lebensqualität, Aktivitäten und Partizipation und die Inanspruchnahme von Gesundheitsleistungen bei älteren Menschen (65 bis 84 Jahre) in verschiedenen europäischen Ländern zu untersuchen. Die Studie wurde in Hamburg (Deutschland), Ferrara (Italien), London (Großbritannien), Madrid (Spanien), Genf (Schweiz) und Jerusalem (Israel) durchgeführt und umfasste eine nach Alter und Geschlecht stratifizierte Gesamtstichprobe von über 3.000 älteren Menschen aus der Allgemeinbevölkerung (Andreas et al. 2013). Im Rahmen der Studie wurde insbesondere ein speziell für die Altersgruppe adaptiertes diagnostisches Instrument (CIDI65+, Composite International Diagnostic Interview; Wittchen et al. in Revision) entwickelt und eingesetzt. Das Projekt bietet die Chance, eine genauere Schätzung der Prävalenz psychischer Erkrankungen im höheren Lebensalter zu erreichen. Dies ist ein wichtiger Meilenstein, um dem fortschreitenden demografischen Wandel gerecht zu werden und die Gesundheitsversorgung für ältere Menschen anpassen und verbessern zu können.

Literatur

Alonso J, Angermeyer MC, Bernert S, Bruffaerts R, Brugha T, Bryson H, Girolamo Gd, Graaf Rd, Demyttenaere K, Gasquet I (2004) Prevalence of mental disorders in Europe: results from the European Study of the Epidemiology of Mental Disorders (ESEMeD) project. Acta Psychiatrica Scandinavica 109(s420): 21–27.

American Psychiatric Association (2000) Diagnostic and statistical manual of mental disorders. (4th ed., text rev.) Washington, DC: Author.

Andreas S, Härter M, Volkert J, Hausberg M, Sehner S, Wegscheider K, Rabung S, Ausin B, Canuto A, Da Ronch C, Grassi L, Hershkovitz Y, Lelliott P, Munoz M, Quirk A, Rotenstein O, Santos-Olmo AB, Shalev A, Siegert J, Weber K, Wittchen H.-U, Koch U, Schulz H (2013) The MentDis_ICF65+ study protocol: prevalence, 1-year incidence and symptom severity of mental disorders in the elderly and their relationship to impairment, functioning (ICF) and service utilisation. BMC Psychiatry 13(1): 62.

Beekman A, Bremmer MA, Deeg DJ, Van Balkom AJ, Smit JH, De Beurs E, Van Dyck R, Van Tilburg W (1998) Anxiety disorders in later life: a report from the Longitudinal Aging Study Amsterdam. International Journal of Geriatric Psychiatry 13(10): 717–726.

Beekman A, Deeg D, Smit J, Comijs H, Braam A, De Beurs E, Van Tilburg W (2004) Dysthymia in later life: a study in the community. Journal of Affective Disorders 81(3): 191–199.

Bergdahl E, Gustavsson J, Kallin K, von Heideken Wågert P, Lundman B, Bucht G, Gustafson Y (2005) Depression among the oldest old: the Umeå 85+ study. International Psychogeriatrics 17(04): 557–575.

Bickel H (2003) Epidemiologie psychischer Störungen im Alter. 2. Aufl. Stuttgart, New York: Thieme Verlag.

Blazer D (2003) Depression in late life: review and commentary. The Journals of Gerontology Series A: Biological Sciences and Medical Sciences 58(3): M249–M265.

Blazer DG, Wu LT (2009) The epidemiology of at-risk and binge drinking among middle-aged and elderly community adults: National Survey on Drug Use and Health. The American Journal of Psychiatry 166(10): 237–245.

Böttche M, Kuwert P, Knaevelsrud C (2012) Posttraumatic stress disorder in older adults: An overview of characteristics and treatment approaches. International Journal of Geriatric Psychiatry 27(3): 230–239.

Brähler E, Gunzelmann T, Glaemer H, Maercker A (2006) Posttraumatische Belastungsstörungen bei deutschen Seniorinnen und Senioren – Ergebnisse einer Repräsentativbefragung. Unveröff. Manuskript.

Bryant C, Jackson H, Ames D (2008) The prevalence of anxiety in older adults: Methodological issues and a review of the literature. Journal of Affective Disorders 109(3): 233–250.

Byers A, Yaffe K, Covinsky K, Friedman M, Bruce M (2010) High occurrence of mood and anxiety disorders among older adults: The National Comorbidity Survey Replication. Archives of General Psychiatry 67(5): 489–496.

Cairney J, Corna LM, Veldhuizen S, Kurdyak P, Streiner DL (2008) The social epidemiology of affective and anxiety disorders in later life in Canada. The Canadian Journal of Psychiatry / La Revue canadienne de psychiatrie 53(2): 104–111.

Carmin CN, Wiegartz PS, Scher C (2000) Anxiety disorders in the elderly. Current Psychiatry Reports 2(1): 13–19.

Chin AH, O'Connell H, Cunningham C (2004) Alcohol use disorders and the elderly. Geriatric Medicine 34: 44–49.

Crimmins EM (2004) Trends in the health of the elderly. Annu. Rev. Public Health 25: 79–98.

Djernes J (2006) Prevalence and predictors of depression in populations of elderly: a review. Acta Psychiatrica Scandinavica 113(5): 372–387.

Drayer RA, Mulsant BH, Lenze EJ, Rollman BL, Dew MA, Kelleher K, Karp JF, Begley A, Schulberg HC, Reynolds CF (2005) Somatic symptoms of depression in elderly patients with medical comorbidities. International Journal of Geriatric Psychiatry 20(10): 973–982.

Eurostat (2009) Europe in Figures – Eurostat Yearbook. Luxembourg: Office for Official Publications of the European Communities.

Ferri CP, Prince M, Brayne C, Brodaty H, Fratiglioni L, Ganguli M, Hall K, Hasegawa K, Hendrie H, Huang Y (2005) Global prevalence of dementia: a Delphi consensus study. Lancet 366: 2112–2117

Fiske A, Wetherell J, Gatz M (2009) Depression in older adults. Annual Review of Clinical Psychology 5: 363.

Fuentes K, Cox B (2000) Assessment of anxiety in older adults: a community-based survey and comparison with younger adults. Behaviour Research and Therapy 38(3): 297–309.

Fuentes K, Cox BJ (1997) Prevalence of anxiety disorders in elderly adults: A critical analysis. Journal of Behavior Therapy and Experimental Psychiatry 28(4): 269–279.

Glaesmer H, Kallert TW, Brahler E, Hofmeister D, Gunzelmann T (2010) The prevalence of depressive symptomatology in the German elderly population and the impact of methodical aspects on the identified prevalence. Psychiatrische Praxis 37(2): 71–77.

Gostynski M, Ajdacic-Gross V, Gutzwiller F, Michel J.-P, Herrmann F (2002) Depression bei Betagten in der Schweiz. Der Nervenarzt 73(9): 851–860.

Gottfries C (1998) Is there a difference between elderly and younger patients with regard to the symptomatology and aetiology of depression? International Clinical Psychopharmacology 13(Suppl 5): S13–S18.

Gum AM, Petkus A, McDougal SJ, Present M, King-Kallimanis B, Schonfeld L (2009) Behavioral health needs and problem recognition by older adults receiving home-based aging services. International Journal of Geriatric Psychiatry 24(4): 400–408.

Hirschfeld RM, Calabrese JR, Weissman MM (2003) Screening for bipolar disorder in the community. Journal of Clinical Psychiatry 34: 53–59.

Jacobi F, Höfler M, Strehle J, Mack S, Gerschler A, Scholl L, Busch M, Maske U, Hapke U, Gaebel W (2014) Psychische Störungen in der Allgemeinbevölkerung. Der Nervenarzt 85(1): 77–87.

Jacoby R, Bergmann K (1995) Assessment and diagnosis. In: Lindesay J (Ed.) Neurotic disorders in the elderly. Oxford, UK: Oxford University Press. pp. 31–45.

Jeste DV, Blazer DG, First M (2005) Aging-related diagnostic variations: need for diagnostic criteria appropriate for elderly psychiatric patients. Biological Psychiatry 58(4): 265–271.

Johnson I (2000) Alcohol problems in old age: a review of recent epidemiological research. International Journal of Geriatric Psychiatry 15(7): 575–581.

Jorm AF (2000) Does old age reduce the risk of anxiety and depression? A review of epidemiological studies across the adult life span. Psychological Medicine 30(1): 11–22.

Kessler RC, Berglund P, Demler O, Jin R, Merikangas KR, Walters EE (2005) Lifetime prevalence and age-of-onset distributions of DSM-IV disorders in the National Comorbidity Survey Replication. Archives of General Psychiatry 62(6): 593–602.

Knäuper B, Wittchen HU (1994) Diagnosing major depression in the elderly: Evidence for response bias in standardized diagnostic interviews? Journal of Psychiatric Research 28(2): 147–164.

Krasucki C, Howard R, Mann A (1999) Anxiety and its treatment in the elderly. 11(1), 25–45.

Lenze E, Mulsant B, Mohlman J, Shear K, Dew M, Schulz R (2005) Generalised Anxiety Disorder in late life. American Journal of Geriatric Psychiatry 13: 77–80.

Leroi I, Voulgari A, Breitner J, Lyketsos CG (2003) The epidemiology of psychosis in dementia. The American Journal of Geriatric Psychiatry 11(1): 83–91.

Lindesay J (2008) Prospects for the classification of mental disorders of the elderly. European Psychiatry 23(7): 477–480.

Livingston G, Kitchen G, Manela M, Katona C, Copeland J (2001) Persecutory symptoms and perceptual disturbance in a community sample of older people: the Islington study. International Journal of Geriatric Psychiatry 16(5): 462–468.

Lobo A, Saz P, Marcos G, Dia JL (1995) The prevalence of dementia and depression in the elderly community in a southern European population: The Zaragoza study. Archives of General Psychiatry 52(6): 497–506.

Lutz W, Scherbov S (1999) First probabilistic population projections for the European Union. Compendium of Family Studies in Austria: 123–139.

Lyketsos CG, Steinberg M, Tschanz JT, Norton MC, Steffens DC, Breitner JC (2000) Mental and behavioral disturbances in dementia: findings from the Cache County Study on Memory in Aging. American Journal of Psychiatry 157(5): 708–714.

Maercker A, Forstmeier S, Enzler A, Krusi G, Horler E, Maier C, Ehlert U, Maercker A, Forstmeier S, Enzler A, Krusi G, Horler E, Maier C, Ehlert U (2008) Adjustment disorders, posttraumatic stress disorder, and depressive disorders in old age: findings from a community survey. Comprehensive Psychiatry 49(2): 113–120.

Maercker A, Forstmeier S, Pielmaier L, Spangenberg L, Brähler E, Glaesmer H (2012) Adjustment disorders: prevalence in a representative nationwide survey in Germany. Social Psychiatry and Psychiatric Epidemiology 47(11): 1745–1752.

Maercker A, Forstmeier S, Wagner B, Glaesmer H, Brähler E (2008) Post-traumatic stress disorder in Germany. Results of a nationwide epidemiological study. Der Nervenarzt 79(5): 577–586.

Manela M, Katona C, Livingston G (1996) How common are the anxiety disorders in old age? International Journal of Geriatric Psychiatry 11(1): 65–70.

Mehnert A, Volkert J, Wlodarczyk O, Andreas S (2011) Psychische Komorbidität bei Menschen mit chronischen Erkrankungen im höheren Lebensalter unter besonderer Berücksichtigung von Krebserkrankungen. Bundesgesundheitsblatt Gesundheitsforschung Gesundheitsschutz 54 (1): 75–82.

Mojtabai R, Olfson M (2004) Major depression in community-dwelling middle-aged and older adults: prevalence and 2-and 4-year follow-up symptoms. Psychological Medicine 34(4): 623–634.

National Institute on Aging (2007) Why Population Aging Matters- A Global Perspective. (http://www.wepapers.com/Papers/57713/¬files/swf/55001To60000/57713.swf, Zugriff am 07.07.2014).

O'Connell H, Chin AV, Cunningham C, Lawlor B (2003) Alcohol use disorders in elderly people-redefining an age old problem in old age. BMJ: British Medical Journal 327(7416): 664–667.

O'Connor DW, Parslow R (2009) Different responses to K-10 and CIDI suggest that complex structured psychiatric interviews underestimate rates of mental disorder in old people. Psychological Medicine 39(9): 1527.

Palmer BW, Jeste DV, Sheikh JI (1997) Anxiety disorders in the elderly: DSM-IV and other barriers to diagnosis and treatment. Journal of Affective Disorders 46(3): 183–190.

Palsson S, Skoog I (1997) The epidemiology of affective disorders in the elderly: a review. International Clinical Psychopharmacology 12: S3–S14.

Preville M, Boyer R, Grenier S, Dube M, Voyer P, Punti R, Baril MC, Streiner DL, Cairney J, Brassard J (2008) The epidemiology of psychiatric disorders in Quebec's older adult population. Canadian Journal of Psychiatry. Revue Canadienne de Psychiatrie 53(12): 822–832.

Radebold H (2012) Zeitgeschichtliche Erfahrungen und ihre Folgen: Notwendige weitere Perspektive bei der Psychotherapie Älterer! Wege zum Menschen 64(2): 155–164.

Regier DA, Farmer ME, Rae DS, Myers JK, Kramer M, Robins LN, George LK, Karno M, Locke BZ (1993) One-month prevalence of mental disorders in the United States and sociodemographic characteristics: The Epidemiologic Catchment Area study. Acta Psychiatrica Scandinavica 88(1): 35–47.

Riedel-Heller SG, Busse A, Angermeyer MC (2006) The state of mental health in old-age across the ›old‹ European Union – A systematic review. Acta Psychiatrica Scandinavica 113(5): 388–401.

Riedel-Heller SG, Busse A, Angermeyer MC (2000) Are Cognitively Impaired Individuals Adequately Represented in Community Surveys? Recruitment Challenges and Strategies to Facilitate Participation in Community Surveys of Older Adults. A Review. European Journal of Epidemiology 16(9): 827–835.

Ritchie K, Artero S, Beluche I, Ancelin ML, Mann A, Dupuy AM, Malafosse A, Boulenger JP (2004) Prevalence of DSM—IV psychiatric disorder in the French elderly population. The British Journal of Psychiatry 184(2): 147–152.

Rothman KJ (2012) Epidemiology: an introduction: Oxford: Oxford University Press.

Scheffer AC, Schuurmans MJ, Van Dijk N, Van der Hooft T, De Rooij SE (2008) Fear of falling: measurement strategy, prevalence, risk factors and consequences among older persons. Age and Ageing 37(1): 19–24.

Schukit MA (2009) Alcohol-use disorders. The Lancet 373(9662): 492–501.

Statistisches Bundesamt (2006) Bevölkerung Deutschlands bis 2050 – 11. koordinierte Bevölkerungsvorausberechnung. (https://www.¬destatis.de/, Zugriff am 22.05.2014).

Trollor JN, Anderson TM, Sachdev PS, Brodaty H, Andrews G (2007) Prevalence of mental disorders in the elderly: The Australian National Mental Health and Well-being Survey. American Journal of Geriatric Psychiatry 15(6): 455–466.

Unützer J, Simon G, Pabiniak C, Bond K, Katon W (1998) The treated prevalence of bipolar disorder in a large staff-model HMO. Psychiatric Services 49(8): 1072–1078.

Volkert J, Schulz H, Härter M, Wlodarczyk O, Andreas S (2013) The prevalence of mental disorders in older people in Western countries–a meta-analysis. Ageing Research Reviews 12(1): 339–353.

Wittchen HU, Knäuper B, Kessler RC (1994) Lifetime risk of depression. [Review]. British Journal of Psychiatry – Supplementum(26): 16–22.

Wittchen HU, Strehle J, Gerschler A, Volkert J, Dehoust M, Sehner S, Wegscheider K, Ausin B, Canuto A, Crawford M, DaRonch C,

Grassi L, Hershkowitz Y, Munoz M, Quirk A, Rotenstein O, Santos-Olmo A, Shalev A, Weber K, Schulz H, Härter M, Andreas S (in Revision) Measuring Symptoms and Diagnosing Mental Disorders in the Elderly Community: The Test-Retest Reliability of the CIDI65+. Unveröff. Manuskript.

Wolitzky-Taylor KB, Castriotta N, Lenze EJ, Stanley MA, Craske MG (2010) Anxiety disorders in older adults: A comprehensive review. Depression and Anxiety 27(2): 190–211.

World Health Organization (1992) The ICD-10 classification of mental and behavioural disorders. Clinical descriptions and guidelines. Geneva: World Health Organization.

World Health Organization (2004) Prevalence, severity, and unmet need for treatment of mental disorders in the World Health Organization World Mental Health Surveys. JAMA: Journal of the American Medical Association 291(21): 2581–2590.

World Health Organization. Ageing and Life Course Unit (2008) WHO global report on falls prevention in older age. World Health Organization.

Teil II Indikationen zur Psychotherapie bei Multimorbidität

4 Erhalt der sozialen Teilhabe

Gabriela Stoppe

4.1 Begriffliche Abgrenzung

Soziale Beziehungen und soziale Integration ist für Menschen aller Altersgruppen in allen Regionen der Welt wichtig. Dabei versteht sich soziale Integration als ein Prozess des Aufbaus von Werten, Beziehung und Institutionen für eine Gesellschaft, in der alle, ungeachtet von Rasse, Geschlecht, Alter, Herkunft oder Religion, ihre Rechte und Verantwortung gleichberechtigt mit anderen voll ausüben können. Dabei ist nicht nur die vielleicht auch von außen messbare Quantität sozialer Beziehungen relevant, sondern auch deren Qualität. Dies bedeutet, dass ihre emotionalen und stützenden, aber auch zerstörerischen Qualitäten bedeutsam sind.

Soziale Teilhabe ist als Gegenbegriff zu Einsamkeit gewählt. Der Begriff wird auch von der United Nations Economic Commission for Europe (UNECE) in einem Papier verwendet, auf das im Folgenden noch häufiger Bezug genommen wird (UNECE 2010). Es verweist auf die Probleme und das Recht des Anteilhabens an der Gesellschaft und am sozialen Leben auch derjenigen, deren Partizipation aus Gründen der Exklusion, der Herkunft oder der Diskriminierung gefährdet bzw. eingeschränkt ist.

Unter sozialer Isolation versteht man einen Mangel an sozialer Beziehung und/oder Kontakten, der sich auch in der Außenbaubeobachtung bzw. durch die Einschätzung der sozialen Beziehung einer Person feststellen lässt.

Einsamkeit versteht sich hingegen vor allem als das Ergebnis einer subjektiven Bewertung. Sie kann definiert werden als das quälende Bewusstsein eines inneren Abstands zu den anderen Menschen und die damit einhergehende Sehnsucht nach Verbundenheit in befriedigenden und sinngebenden Beziehungen. Beim Thema Einsamkeit bedeutet dies also, dass nicht unbedingt die Anzahl der Kontakte das Wichtigste ist, sondern das subjektive Gefühl des Alleingelassenseins bzw. der fehlenden Geborgenheit (Tesch-Römer 2010).

Die selbstgewählte und »leidensfreie« Einsamkeit wäre damit keine Einsamkeit im Sinne dieser Definition. Vielmehr handelt es sich hierbei um freiwilliges Alleinsein, wie es im Leben immer wieder auch gesucht wird, zum Beispiel aus Gründen der Selbstreflexion oder Spiritualität. Heutzutage ist das Eingeständnis von Einsamkeit oft auch mit Scham verbunden. Die fehlende oder leise Klage der Betroffenen sollte deshalb nicht dazu verführen, Freiwilligkeit anzunehmen. Dies gilt meines Erachtens vor allem bei alten Menschen. Klage und subjektives Leiden hat auch mit den eigenen Erwartungen zu tun. Oft konnte ich beobachten, wie alte Menschen in Gesellschaft »aufleben«, auf Fragen jedoch bestreiten, einsam zu sein. Die Selbstreflexion stößt somit dann an Grenzen, wenn Scham, aber auch akzeptierte Normen und Stereotype das Eingeständnis inneren Leidens erschweren.

4.2 Häufigkeit und Folgen von Einsamkeit

Subjektiv erlebte Einsamkeit ist so ungesund wie Rauchen oder Übergewicht. Ältere Menschen, die sich einsam fühlen, leiden häufiger unter Bluthochdruck, depressiven Symptomen, schlafen schlechter, bewegen sich weniger und erkranken eher an einer Demenz (Luo et al. 2012; Hawkley und Cacioppo 2010; Wilson et al. 2007). Dies zeigte auch die Schweizer Gesundheitsbefragung von 2007 (Bundesamt für Statistik 2010, 2013). Personen, die sich ziemlich oder sehr häufig einsam fühlten, litten dreimal so häufig unter starken körperlichen Beschwerden und doppelt so häufig unter psychischen Belastungen.

Einsamkeit ist weit verbreitet: 27 % der Befragten fühlten sich manchmal und 3 % ziemlich oder sehr häufig einsam. Frauen waren doppelt so häufig betroffen wie Männer (35 zu 15 %). Interessant ist der Altersverlauf: So fühlen sich jüngere Menschen häufiger einsam als Menschen im späteren bzw. mittleren Leben. Etwa ab dem 75. Lebensjahr betrifft sie wieder mehr Menschen, und wieder vor allem Frauen. Unklar ist, ob dies tatsächlich ein zwangsläufiger Prozess im Sinne einer Entwicklungsvariante ist, oder ob nicht vielmehr aktuell jüngere und ältere Menschen unter den gegenwärtigen kulturellen Umständen mehr »leiden« – beispielsweise als Folge einer hohen Bewertung der Erwerbstätigkeit. Weder das eine noch das andere kann gegenwärtig durch Studiendaten belegt werden. Immerhin zeigen Längsschnittstudien, dass Einsamkeit kein unheilbares Schicksal ist (Victor und Bowling 2012).

4.3 Risikogruppen

Wer sind nun die Risikogruppen für Einsamkeit? In der Literatur findet man eine Vielzahl von Kennzeichen, die hier aufgeführt sind (Dellenbach und Angst 2011; Soom Ammann und Salis Gross 2011):

- Verwitwete
- Finanziell Benachteiligte
- Pflegende Angehörige
- Zuhause lebende Pflegeabhängige
- Gebrechliche, körperlich fragile Personen
- Seh- und Hörbehinderte
- Frisch Pensionierte
- Getrennte/Geschiedene
- Psychisch Kranke
- Menschen mit Migrationshintergrund

In dieser Liste fehlen psychologische Faktoren, insbesondere der Persönlichkeit, sofern sie nicht als Krankheit einzuordnen sind. Betrachten wir die empirischen Untersuchungen zum Alter, so zeigt die Berliner Altersstudie interessante Befunde zur gesellschaftlichen Beteiligung. Danach spielte neben den sozioökonomischen Ausgangsbedingungen die Intelligenz und die Extraversion eine wesentliche Rolle für die gesellschaftliche Beteiligung über die Lebensspannen hinweg. In den letzten Lebensjahren spielt dann vor allem die funktionelle Gesundheit eine wichtige Rolle (Mass und Staudinger 1996, ▶ Abb. 4.1).

Für die ältere Generation kann Einsamkeit durchaus auf der individuellen Ebene

4 Erhalt der sozialen Teilhabe

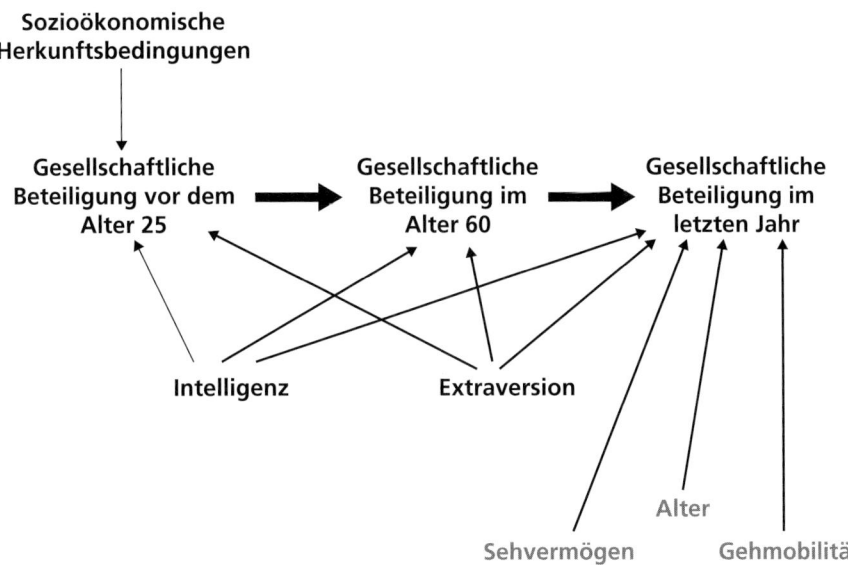

Abb. 4.1: Kontinuität gesellschaftlicher Beteiligung nach der Berliner Altersstudie (nach Mass und Staudinger 1996)

diskutiert und behandelt werden. Dies gilt insbesondere dann, wenn die Einsamkeit die Folge oder das Symptom psychischer Erkrankungen oder gar pathologischer Trauerprozesse ist. Aber es spielt auch die gesamtgesellschaftliche Situation eine Rolle, zumal sie die Umgebungsbedingungen stellt, in dem die Psychotherapie stattfindet. Demzufolge stellt die o. g. UNECE als wesentliche Handlungsebenen die funktionelle Integration, die Infrastruktur und die intergenerationellen Beziehungen in den Mittelpunkt (▶ Abb. 4.2).

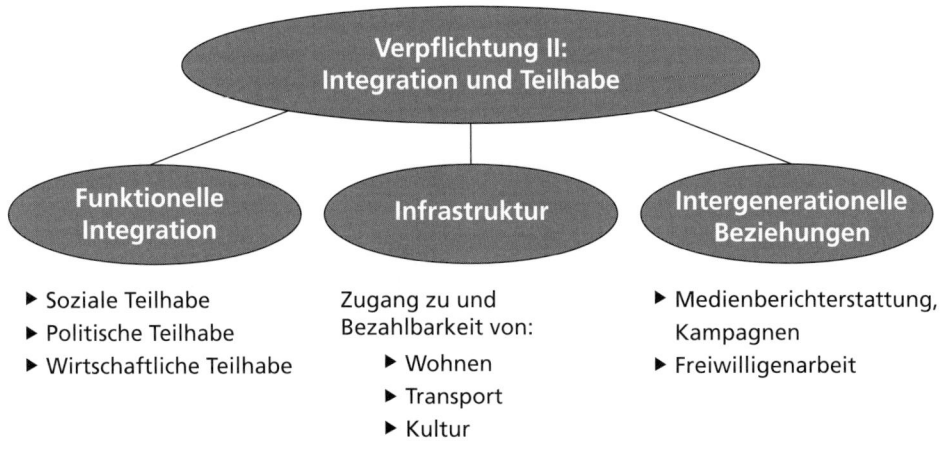

Abb. 4.2: Handlungsebenen nach UNECE (2010)

4.4 Handlungsebenen

Die Abbildung 4.2 zeigt die verschiedenen Ebenen für gesellschaftlich relevante Handlungen an (UNECE 2010). Sie zeigt deutlich, dass eine Intervention in der individuellen Psychotherapie nur begrenzt wirken kann, wenn jemand z. B. sehbehindert ist und mangels angemessener Transportmöglichkeiten in der Teilhabe massiv beeinträchtigt ist. Hier braucht es weitere Maßnahmen, weshalb ich der Meinung bin, dass die Indikation für Psychotherapie im Alter ein umfassendes biopsycho-soziales Assessment voraussetzt.

Folgende Schlüsselelemente für die Umsetzung sind zu nennen:

- Beiträge von älteren Menschen anerkennen
- Kontakt mit Familien und Freunden ermöglichen
- Freiwillige Arbeit in der Gemeinschaft ermöglichen
- Ermächtigung zur Verfolgung der eigenen Interessen
- Gruppenaktivitäten anbieten, u.a. zu den Themenbereichen Sport, Gesundheit und Ernährung
- Gleichaltrige Freiwillige, um die Bildung neuer sozialer Kontakte zu erleichtern
- Älteren Menschen den Verbleib in der eigenen Wohnung ermöglichen
- Dienste für Menschen in entlegenen Gebieten

Generell werden Hol- und Bring-Angebote unterschieden. Typische Hol-Angebote sind Bildung, Bewegung und Vernetzung, während Bring-Angebote zum Beispiel aufsuchende Diagnostik, Krankenpflege oder auch Mahlzeitenlieferungen beinhalten. Angebote, die von Gemeinden oder anderen Anbietern entwickelt werden, sollten genau auf die Zielgruppen abgestimmt werden. Sie sollten die Personen direkt ansprechen, erreichbar und zugänglich sein und einen festen verbindlichen Rahmen bieten. Dies gilt auch ganz besonders für die Maßnahmen zur Prävention, Erkennung, Behandlung und Rehabilitation psychischer Erkrankungen. Hier gibt es massive Versorgungsmängel und gleichzeitig gute Praxismodelle (Stoppe 2011, 2012).

4.5 Praktische Beispiele

Im Folgenden sollen drei Beispiele Möglichkeiten aufzeigen, wie soziale Integration befördert wird. Die Beispiele gehen dabei wichtige Themen der psychischen Gesundheit direkt an.

4.5.1 Prävention der Depression und Angst im Alter

Depression und Angst sind auch im Alter die häufigsten psychischen Erkrankungen. Sie sind häufig mit körperlichen Erkrankungen verbunden und befördern verringerte Mobilität und Zerstörung des sozialen Netzes. Zur Prävention dieser affektiven Störung liegt inzwischen eine Reihe von qualitativ hochwertigen Studien vor. Danach ist eine allgemeine bzw. primäre Prävention eher nicht wirksam. Hingegen sind Risikogruppen oder solche mit noch nicht krankheitswertigen Symptomen eine wichtige Zielgruppe, weil bei ihnen Prävention sehr wirksam ist. So kann das Eintreten einer Depression um 25–50 % verringert werden (Baldwin 2010; Beekman et al. 2010).

Ein Beispiel hierfür ist eine Studie aus den Niederlanden, die in der ambulanten hausärztlichen Versorgung durchgeführt wurde. Patienten erhielten nach dem Zufallsprinzip entweder die übliche Behandlung oder eine Intervention. Diese Prävention bzw. Therapie bestand aus aufmerksamer Beobachtung (»watchful waiting«), einer minimal unterstützten kognitiv-behavioralen Selbsthilfe, der Vermittlung von Problemlösestrategien sowie Psychopharmakotherapie, wenn nötig. Auch ein Jahr nach der nur wenige Wochen dauernden Intervention fand sich noch eine Wirksamkeit. Die kumulative Neuerkrankungshäufigkeit an Depressionen konnte um 50 % reduziert werden (NNT: 5; van't Veer-Tazelaar et al. 2011).

Ein weiteres Beispiel ist die Prävention von Depression bei alten Menschen mit altersbedingter Makuladegeneration (AMD). Dabei handelt es sich um die häufigste Ursache für eine schwere, beidseitige Sehbehinderung und betrifft etwa jede fünfte Person zwischen 65 und 74 Jahren und etwa jede dritte Person jenseits von 75 Jahren (Fine et al. 2000). In Anbetracht des exponentiellen Häufigkeitsanstiegs im dritten und vierten Lebensalter wird – analog zu den Demenzen – von einer Verdoppelung der Fälle in den nächsten beiden Dekaden ausgegangen (Rohrschneider 2012). Die Häufigkeitsangaben für Depressionen schwanken zwischen 23 und 44 %, liegen also beim 2- bis 3-fachen der Werte in der Normalbevölkerung (Augustin et al. 2007; Mathew et al. 2011). Psychosoziale Interventionen zeigten eine Verbesserung der Lebensqualität, wenn sie eine bestimmte Dauer hatten (6 bis 8 Stunden) und mehrere Komponenten enthielten (Problemlösetraining, Information zur Krankheit, Entspannungsübungen; Wahl et al. 2008).

4.5.2 Entlastung von Angehörigen von Demenzkranken durch Freiwilligenarbeit

Diese Ansätze sind insofern reizvoll, weil sie Effekte auf die Demenzkranken selbst, deren Angehörige und auch die Freiwilligen haben. Freiwilligenarbeit scheint positive Effekte auf die Gesundheit der freiwillig Engagierten zu haben, wobei bei dieser Interpretation Vorsicht geboten ist, weil Freiwillige a priori meist schon gesünder und gebildeter als die Vergleichsbevölkerung sind. Dabei ist von besonderer Bedeutung, dass sich die Freiwilligen als hilfreich erfahren und selbst an subjektiver Kontrolle über ihre Lebensumstände gewinnen.

Demenzerkrankungen sind eine der großen gesundheitlichen Herausforderungen für Gesellschaften (WHO 2012). Pflegende tragen den größten Anteil der Versorgung von Demenzkranken. Sie nehmen dafür ein höheres eigenes Risiko in Kauf, seelische, körperliche, soziale und ökonomische Schäden zu erleiden (Pinquart und Sörensen 2003; Schulz und Matire 2004; Cuijpers 2005; Vitaliano et al. 2011). Es ist bekannt, dass ihre »Leistungsfähigkeit« das Überleben und die Heimeinweisungsrate beeinflusst. So gibt es sorgfältige Untersuchungen, welche Risikofaktoren auf Seiten der Pflegenden und der Demenzkranken das Heimeinweisungsrisiko erhöht (Luppa et al. 2011; Sörensen et al. 2006). Die Unterstützung von Angehörigen ist somit ein Gebot. In vielen Untersuchungen konnte ein Nutzen von Interventionsprogrammen nachgewiesen werden. So konnte man zeigen, dass es positive Auswirkungen auf Belastungssymptome wie Depressivität, körperliche Beschwerden und Angst gibt. Wenn es den Pflegenden gut geht, geht es auch den Demenzkranken besser. Zumindest zeigen diese weniger depressive Zeichen und weniger Verhaltensstörungen. Es zeigt sich jedoch gleichfalls, dass die Pflegenden durch die Maßnahmen sozial besser integriert bleiben und dass es ihnen gelingt, soziale Unterstützung besser in Anspruch zu nehmen (Brodaty et al. 2003; Schulz und Matire 2004; Akkerman und Oswald 2004).

Immer wieder zeigte sich, dass multimodale Interventionen besonders hilfreich sind, vor allem dann, wenn sie den Pflegenden »ein paar Stunden Urlaub« ermöglichen. Ein Beispiel sei der von mir selbst begründete Laienhilfsdienst in Göttingen, der inzwischen zwölf Jahre existiert und weiter ausgebaut werden soll. Diese Nachhaltigkeit beruht möglicherweise auf der Planung zu Beginn. So wurde bereits für die Vermittlung und Schulung der Freiwilligen ein Verbund begründet, zu dem die Gedächtnissprechstunde der psychiatrischen Universitätsklinik, die lokale Alzheimer Vereinigung, die Krankenkassen bzw. ein Träger der sozialen Wohlfahrt (hier der Diakonie Verband) gehörte. Von mehr als 180 Interessentinnen und Interessenten nahmen dann über 60 Personen an einer 40-stündigen Schulung teil. Nach erfolgreichem Abschluss erhielten sie ein Zertifikat. Inhalt der Schulung und auch ihre Aufgaben sind im Folgenden zusammengefasst:

Inhalte der Schulung:

- Darstellung der Situation pflegender Angehöriger, Belastung, Überforderung und Gewalt
- Krankheitsbild Demenz
- Umgang mit dementen Menschen
- Aktivitäten des täglichen Lebens (ATLs)
- Pflegeversicherung, Rolle des MDK, etc.
- Betreuungsrecht
- Ernährung
- Kommunikation und Gesprächsführung

Aufgaben der freiwilligen Helfer/-innen:

- Gespräche, Spiele und Spaziergänge mit den Erkrankten und/oder den Angehörigen
- Betreuung der Demenzkranken in deren Wohnung
- Begleitung der Demenzkranken zu Arztterminen, zur Physiotherapie, bei Kaffeebesuchen, Friedhofsgängen, Kirchgängen etc.
- Falls erforderlich: einfache Hilfestellung beim Anziehen, Toilettengängen und Nahrungsaufnahme
- Besorgungsdienste, die nicht anderweitig organisiert werden können
- Die Vermittlung von einfachen Gedächtnisstrategien wie z. B. das Führen eines Terminkalenders, Anbringen von Merkzetteln etc.
- Die systematische Beschäftigung mit biografischen Inhalten zur Erhaltung selbstbezogenen Wissens und aktuell bedeutender Erinnerungen (Fotobücher, Life Story Books)
- Die Beratung beziehungsweise Vermittlung von Hilfestellungen für die Demenzkranken beziehungsweise ihre Angehörigen in den die Erkrankung betreffenden Belangen (Verbindung zur Alzheimergesellschaft, die Kenntnis über lokale Beratungsstellen, mobile Hilfsangeboten etc.)

Wichtig war, dass eine professionelle Altenpflegerin über einen Hausbesuch zunächst die Notwendigkeit professioneller Pflege und den möglichen Einsatz von freiwilligen Helfern überprüfte. Anschließend übernahm sie es, die richtigen Freiwilligen zu den richtigen Betroffenen zuzuordnen. Zudem ist es wichtig, dass die freiwilligen Helfer stets die Möglichkeit einer Ansprache und Hilfe haben. Auch Nachschulung und Supervisionen machen Sinn (Stoppe und Stiens 2009).

4.5.3 TAVOLATA

Dieses Projekt kommt aus der Schweiz und ist benannt nach dem italienischen Wort für Tafel (tavola). Die Idee entstand im Sommer

2009 und wurde anschließend im Jahr 2011 an verschiedenen Orten der Schweiz umgesetzt. Inzwischen gibt es über 50 Gruppen. Das Prinzip ist, dass ein bis zwei Gründerpersonen, denen als Unterstützung ein Einführungskurs angeboten und die Spielregeln vermittelt werden, die Organisation in die Hand nehmen und Kontakt zu möglichen Mitgliedern im Quartier suchen. Das Prinzip ist es dann, dass man sich regelmässig zum Essen bzw. zur Zubereitung des Essens trifft und diese (eigentlich uralte Form) sozialen Austauschs befördert. Bei Interesse findet man mehr im Internet (www.tavola‐ta.net).

4.6 Schlussbemerkung

»Wenn niemand mehr auf einen wartet und niemand mehr etwas von einem erwartet, dann ist man im sozialen Sinne tot«. Dieser Jürg Willi zugeordnete Ausspruch bringt auf den Punkt, was es zu verhindern gilt. Gelingt der Erhalt der sozialen Teilhabe über eine verantwortliche Gestaltung der Beziehungen zwischen den Generationen und der Gesellschaft im Ganzen, so fördert dies die Gesundheit und das Wohlbefinden aller. Diese soziale Dimension darf im psychotherapeutischen Alltag nicht missachtet werden, auch wenn es oft darum geht, den Einzelnen mit seinem Leben und seiner Situation zu versöhnen. Die Forschung zeigt auch, dass die Möglichkeiten zu sozialer Teilhabe in jungen Jahren entwickelt werden, sodass auch hier die Prävention nicht erst im Alter beginnen muss. Die Checkliste in Tabelle 4.1 mag hilfreich sein.

Tab. 4.1: Checkliste für soziale Teilhabe nach UNECE (2010)

Checkliste: Integration und Teilhabe		
Hauptbereiche	Umsetzungsbereiche	Schlüsselelemente
Funktionelle Integration	Soziale Teilhabe	Beiträge von älteren Menschen anerkennen
		Kontakte mit Familie und Freunden ermöglichen
		Freiwillige Arbeit in der Gemeinschaft ermöglichen
		Ermächtigung zur Verfolgung der eigenen Interessen
		Gruppenaktivitäten anbieten, u. a. zu dem Themenbereichen Sport, Gesundheit und Ernährung
		Gleichaltrige Freiwillige, um die Bildung neuer sozialer Kontakte zu erleichtern
		Älteren Menschen den Verbleib in der eigenen Wohnung ermöglichen
		Dienste für Menschen in entlegenen Gebieten

Tab. 4.1: Checkliste für soziale Teilhabe nach UNECE (2010) – Fortsetzung

Checkliste: Integration und Teilhabe		
Hauptbereiche	Umsetzungsbereiche	Schlüsselelemente
Funktionelle Integration	Politische Teilhabe	Freiwilligenorganisationen älterer Menschen oder Arbeitnehmerorganisationen
		NGOs (lokal und international)
		Politische Parteien
		Regierungseigene Koordinationsstellen für Altersfragen
	Wirtschaftliche Teilhabe	Ältere Menschen und der Arbeitsmarkt
		Ältere Menschen als Konsumenten
Infrastruktur	Verkehrsmittel	Zugänglichkeit
		Leistbarkeit
	Wohnen	Subventionen
		Zugänglichkeit von Einrichtungen, Umgestaltung
		Mobile Dienste, um unabhängiges Wohnen zu ermöglichen
		Unterstützung für pflegende Familien
	Kultur	Subventionierte Teilhabe, Zugänglichkeit
		Zugang zu Kommunikationsmitteln
Intergenerationelle Beziehungen	Entstigmatisierung	Medienberichterstattung, Kampagnen
	Freiwillige Arbeit	*Für* ältere Menschen
		Von älteren Menschen

Literatur

Akkerman RL, Ostwald SK (2004) Reducing anxiety in Alzheimer's disease family caregivers: the effectiveness of a nine-week cognitive-behavioral intervention. Am J Alzheimer's Dis Other Dement 19: 117–123.

Augustin A, Sahel JA, Bandello F, Dardennes R, Maurel F, Negrini C, Hieke K, Berdeaux G (2007) Anxiety and depression prevalence rates in age-related macular degeneration. Invest Ophthalmol Vis Sci 48: 1498–1503.

Baldwin RC (2010) Preventing late-life depression: a clinical update. Int Psychogeriatr 22: 1216–24.

Beekman AT, Smit F, Stek ML, Reynolds CF 3rd, Cuijpers PC (2010) Preventing depression in high-risk groups. Curr Opin Psychiatry 23: 8–11.

Brodaty H, Green A, Koschera A (2003) Meta-analysis of psychosocial interventions for caregivers of people with dementia. J Am Geriat Soc 51: 657–664.

Bundesamt für Statistik (2010) Gesundheit und Gesundheitsverhalten in der Schweiz 2007. Schweizerische Gesundheitsbefragung. Neuchâtel: Bundesamt für Statistik.

Bundesamt für Statistik (2013) Integration – Indikatoren: Gesundheit – Einsamkeitsgefühl. Neuchâtel: Bundesamt für Statistik.

Cuijpers P (2005) Depressive disorders in caregivers of dementia patients: a systematic review. Aging Ment Hlth 9: 325–330.

Dellenbach M, Angst S (2011) Förderung der psychischen Gesundheit im Alter. Teilprojekt im Rahmen des Projektes »Best Practice Gesundheitsförderung im Alter«. Zürich: Zentrum für Gerontologie.

Fine SL, Berger JW, Maguire MG, Ho AC (2000) Age-related macular degeneration. N Engl J Med 342: 483–492.

Hawkley LC, Cacioppo JT (2010) Loneliness Matters: A Theoretical and Empirical Review of Consequences and Mechanisms. Ann Behav Med 40: 218–227.

Luo Y, Hawkley LC, Waite LJ, Cacioppo JT (2012) Loneliness, health, and mortality in old age: A national longitudinal study. Soc Sci Medicine 74: 907–914.

Luppa M, Luck T, Brähler E, König HH, Riedel-Heller S (2008) Prediction of institutionalization in dementia. A systematic review. Dement Geriatr Cogn Disord 26: 65–78.

Maas I, Staudinger UM (1996) Lebensverlauf und Altern: Kontinuität und Diskontinuität der gesellschaftlichen Beteiligung, des Lebensinvestments und ökonomischer Ressourcen. In: Mayer KU, Baltes PB (Hrsg.) Die Berliner Altersstudie. Berlin: Akademie Verlag. S. 543–572.

Mathew RS, Delbaere K, Lord SR, Beaumont P, Vaegan, Madigan MC (2011) Depressive symptoms and quality of life in people with age- related macular degeneration. Ophthalmic Physiol Opt 31: 375–380.

Pinquart M, Sörensen S (2003) Differences between caregivers and noncaregivers in psychological health and physical health: a meta-analysis. Psychol Aging 18: 250–267.

Pinquart M, Sorensen S (2006) Helping caregivers of persons with dementia. Which interventions works and how large are their effects? Internat Psychogeriat 8: 577–595.

Rohrschneider K (2012) Blindness in Germany – comparison between retrospective data and predictions for the future. Ophthalmologe 109: 369–376.

Schulz R, Martire LM (2004) Family caregiving of persons with dementia: prevalence, health effects, and support strategies. Am J Geriat Psychiatry 12: 240–249.

Soom Ammann E, Salis Gross C (2011) Schwer erreichbare und benachteiligte Zielgruppen. Teilprojekt im Rahmen des Projektes »Best Practice Gesundheitsförderung im Alter«. Bern: Public Health Services.

Stoppe G (Hrsg.) (2011) Die Versorgung psychisch kranker alter Menschen. Ergebnisse und Forderungen und die Versorgungsforschung. Fuchs C, Kurth BM, Scriba PC (Reihen-Hrsg.) Report Versorgungsforschung, Band 3. Köln: Deutscher Ärzte-Verlag.

Stoppe G (2012) Psychische Gesundheit im Alter: Lasst uns mehr dafür tun! SAEZ 93: 1413–1415.

Stoppe G, Stiens G (Hrsg.) (2009) Niedrigschwellige Betreuung von Demenzkranken: Grundlagen und Unterrichtsmaterialien. Stuttgart: Kohlhammer.

Tesch-Römer C (2010) Soziale Beziehungen alter Menschen. Stuttgart: Kohlhammer.

UNECE (2010) Integration und Teilhabe älterer Menschen in der Gesellschaft. UNECE Kurzdossier zum Thema Altern Nr. 4. (http://www.unece.org/fileadmin/DAM/pau/_docs/age/2010/Policy-Briefs/4-Policybrief_Participation_Ger.pdf; Zugriff am 20.12.13).

van't Veer-Tazelaar PJ, van Marwijk HW, van Oppen P, van der Horst HE, Smit F, Cuijpers P, Beekman AT (2011) Prevention of late-life anxiety and depression has sustained effects over 24 months: a pragmatic randomized trial. Am J Geriatr Psychiatry 19: 230–239.

Victor CR, Bowling A (2012) A longitudinal analysis of loneliness among older people in Great Britain. J Psychology 146: 313–331.

Vitaliano PP, Murphy M, Young HM, Echeverria D, Borson S (2011) Does caring for a spouse with dementia promote cognitive decline? A hypothesis and proposed mechanisms. J Am Geriatr Soc 59: 900–908.

Wahl HW, Heyl V, Langer N (2008) Lebensqualität bei Seheinschränkungen im Alter: das Beispiel altersabhängige Makuladegeneration. Ophthalmologe 105: 735–743.

Wilson R, Krueger K, Arnold S, Schneider J (2007) Loneliness and risk of alzheimer disease. Arch Gen Psychiatry 64: 234–240.

World Health Organization (2012) Dementia: a public health priority. Geneva: World Health Organization.

5 Grundlagen der Psychotherapie Hochaltriger – zur These sekundärer Strukturdefizite

Meinolf Peters

5.1 Das hohe Alter – ›Hoffnung mit Trauerflor‹

Erik H. Erikson (1973) hatte ein hoffnungsvolles Bild vom Alter entworfen, in dem er die Aussöhnung mit der Vergangenheit als Basis von Integrität und damit stabiler Identität beschrieb. Dieses Bild wurde später von seiner Frau Joan Erikson (1997) mit Blick auf das hohe Alter relativiert. Joan Erikson richtete, selbst inzwischen hochaltrig geworden, einen ernüchterten Blick auf diesen Lebensabschnitt. Sie schrieb, dass sich in dieser Zeit alle zuvor durchlaufenen Stufen wiederholen, es jedoch immer schwieriger werde, die positive Seite der polar formulierten Entwicklungsaufgaben zu erreichen. Integrität als Ziel des Alters schrumpfe im hohen Alter auf die Fähigkeit, trotz physischen, geistigen und sozialen Abbaus die Dinge zusammenzuhalten. Damit war der Begriff der Integrität entzaubert.

Auch die gerontologische Forschung zeichnet ein differenzierteres Bild des hohen Alters. Die Befunde der Berliner Altersstudie (BASE) bestätigen zwar einerseits die Möglichkeit, auch im hohen Alter ein großes Maß an Wohlbefinden und Selbständigkeit aufrechtzuerhalten, gleichermaßen wird aber deutlich, dass die Reservekapazitäten zunehmend erschöpft sind und die Resilienzfaktoren an Wirksamkeit verlieren. Somit wächst die Gefahr, zur Gruppe derjenigen zu gehören, deren körperlicher Zustand schlecht ist und die Einschränkungen im Wohlbefinden aufweist. Baltes (1996) revidierte denn auch sein positives Bild vom Alter und spricht nunmehr vom Alter als ›Hoffnung mit Trauerflor‹.

Ist damit nicht auch Skepsis im Hinblick auf die Behandlungsmöglichkeiten Hochaltriger gerechtfertigt? Mir scheint eine andere Schlussfolgerung nahezuliegen: Mit der Entwicklung der grundlagenwissenschaftlichen Forschung haben wir inzwischen ein sehr viel genaueres Bild von den Veränderungen in diesem letzten Lebensabschnitt gewonnen. Diese Forschung kann zur Rahmensetzung herangezogen werden, um innerhalb des Rahmens psychotherapeutische Möglichkeiten neu zu diskutieren. Eine solche Rahmensetzung hat auch die vorliegende Arbeit zum Ziel (zur klinischen Anwendung vgl. Peters 2014a).

5.2 Psychische Erkrankungen im hohen Alter – zur Vernachlässigung struktureller Defizite

Die Einschätzung der Prävalenzraten psychischer Erkrankungen im Alter ist durch ein hohes Maß an Unsicherheit gekennzeichnet. Während ältere Studien ein Absinken der Prävalenzraten im Alter nachzuweisen meinen, liegen die Prävalenzraten in neueren Studien oft höher, zudem fällt eine große Häufigkeit an sogenannten subdiagnostischen Störungen auf. Als ein Problem erweist sich die Unzulänglichkeit der diagnostischen Kriterien, bei denen bislang altersspezifische Aspekte unberücksichtig geblieben sind (Maerker 2002). Dieses Fehlen macht sich auch im klinischen Alltag negativ bemerkbar, weil sich manche Störungsbilder aufgrund eines Symptomwandels nur schwer in die Diagnoseschemata einfügen. Ein besonderes Problem bei der klinischen Diagnostik stellt auch die oft große Anzahl an Beschwerden und Symptomen dar sowie zunehmend unschärfer werdende klinische Bilder. So ist es häufig schwierig, körperliche von psychischen Symptomen zu unterscheiden, und auch die verschiedenen psychischen Krankheitsbilder gehen eher als in jüngeren Jahren ineinander über, beispielsweise bei Depressionen und Angststörungen, die im Alter eine hohe Komorbidität aufweisen. So stellt denn auch Kessler (2014) fest, dass die psychische Situation im hohen Alter stärker als in anderen Altersphasen als Konfiguration eines hoch komplexen und dynamischen Entwicklungsprozesses zu verstehen ist, der auch in den klinischen Bildern sichtbar wird. In der Behandlung Älterer ist der Kliniker demzufolge häufig mit einer komplexen Situation konfrontiert, die er ansonsten nur bei strukturell gestörten Patienten wie etwa Borderline--Patienten vorfindet. Diese Situation verkompliziert sich weiter dadurch, dass bei Älteren – wiederum ähnlich wie bei Borderline-Patienten – ein stabilisierendes soziales Umfeld häufig nicht mehr oder nur noch eingeschränkt vorhanden ist (›social frailty‹, Woo et al. 2005). Aus dieser klinischen Beobachtung lässt sich die Notwendigkeit ableiten, die Betrachtungsebene zu wechseln und das klinisch-therapeutische Augenmerk von der Symptomebene auf die strukturelle Ebene zu verlagern. Daraus folgt die hier zu entwickelnde und zu begründende These, dass insbesondere bei hochaltrigen Patienten strukturelle Defizite von erheblicher Bedeutung sind.

Die hier vorgestellten Überlegungen gehen vom Strukturbegriff aus, wie er in der psychoanalytischen Tradition entwickelt und in der Operationalisierten Psychodynamischen Diagnostik (OPD)) präzisiert wurde (Arbeitskreis OPD 1996). Unter Struktur wird dort das ganzheitliche Gefüge von psychischen Dispositionen verstanden; sie umfasst alles das, was im Erleben und Verhalten des Einzelnen regelhaft, repetitiv abläuft. Insofern begründet Struktur den zeitüberdauernden persönlichen Stil, in dem der Einzelne immer wieder sein intrapsychisches und interpersonelles Gleichgewicht herstellt und das Selbst sowie seine Beziehungen zu den inneren und äußeren Objekten reguliert. Eine gut integrierte Struktur zeichnet sich durch die flexible und kreative Verfügbarkeit über regulierende und adaptiv wirkende Funktionen aus. Davon zu unterscheiden sind eine mäßig, gering oder desintegrierte Struktur, bei denen diese Funktionen nur eingeschränkt oder gar nicht zur Verfügung stehen.

Um eine klinische These und einen therapeutischen Ansatz auf der Basis der psychodynamischen Strukturtheorie entwickeln und begründen zu können, bedarf es einer empirischen Fundierung. Da Untersuchungen, die sich direkt auf die Strukturtheorie beziehen, nicht vorliegen, wird hier Bezug genommen auf die grundlagenwissenschaftliche Forschung zur Entwicklung im hohen Alter. Davon abgeleitet werden sollen dann eine klinische Hypothese und therapeutische Möglichkeiten.

5.3 Veränderungen im hohen Alter – empirische Fundierung eines klinischen Ansatzes

5.3.1 Körperliche Veränderungen – der ›mind-body‹-Dualismus

Der körperliche Altersabbau führt im hohen Alter zu zunehmenden Einschränkungen der körperlichen Reservekapazitäten, was den Organismus insgesamt anfälliger für störende Einflüsse werden lässt und die Balance von Anforderungen und Kapazitäten gefährdet. Exemplarisch kann auf eine verminderte Gang- und Standsicherheit hingewiesen werden (Wahl und Heyl 2007), der gewissermaßen eine Symbolkraft im Hinblick auf strukturelle Aspekte zukommt. Diese sind aber in besonderer Weise dann betroffen, wenn im hohen Alter ein Zustand von körperlicher Schwäche und Gebrechlichkeit eintritt, der heute im Konzept der ›Frailty‹ beschrieben wird (Rockwood et al. 2007). Damit ist ein Syndrom – keine Krankheit – gemeint, das aus ganzheitlicher Sicht eine strukturelle Schwäche des Körpers beschreibt (Woo et al. 2005). Bereits Freud (1923) hatte das Selbst vor allem auch als körperliches Selbst konzipiert. Dort aber, wo der Körper fundamental in Mitleidenschaft gezogen ist, ist auch ein negativer Effekt auf das Selbst zu erwarten. Fillit und Butler (2009) beschreiben den Übergang in einen Zustand der Gebrechlichkeit als ›frailty identity crisis‹, die weitgehende Veränderungen im Leben und der Identität erfordert.

Körperliche Veränderungen sollten sich auch in den Affekten bemerkbar machen, die ja eine körperliche Mitbeteiligung aufweisen und im Hinblick auf strukturelle Fähigkeiten von besonderer Bedeutung sind. Studien zur Affektwahrnehmung und -regulation bei Älteren stellen heute ein bedeutendes Forschungsfeld dar (Kessler und Staudinger 2010).

Empirisch belegt ist die Schwierigkeit Älterer, Affekte zu identifizieren, insbesondere negative Emotionen (McDowell et al. 1994). Welche Erklärung bietet sich dafür? Die ›Embodiment theory‹ geht von einem reziproken Verhältnis zwischen peripheren körperlichen und zentralnervösen Prozessen aus. Empirisch konnte nun gezeigt werden, dass sich dieser Austausch im Alter abschwächt (Mendes 2010). Dies macht sich in dreierlei Hinsicht bemerkbar:

1. Proprioception: Die Körperhaltung ändert sich je nach vorherrschenden Affekten und ist beispielsweise bei Angst anders als bei Ärger. Diese Form der körperlichen Rückmeldung verschlechtert sich aufgrund altersbedingter Veränderungen im peripheren Nervensystem (Goble et al. 2009).
2. Interoception: Die Affektwahrnehmung wird durch Rückmeldungen beteiligter Organe, z.B. Herzschlag, unterstützt. Auch die Interoception verschlechtert sich mit ansteigendem Alter, wofür auch neuropathische Veränderungen verantwortlich sind.
3. Physiologische Reaktivität: Die physiologische Reaktion ist Teil des affektiven Erlebens, die bei unterschiedlichen Affekten, z.B. Ärger, bei Älteren aber schwächer ausfällt (Levenson et al. 1991). Allerdings scheint dies nicht auf alle Affekte zuzutreffen (z.B. nicht auf Trauer).

Diese geringere Beteiligung des Körpers hat zur These der partiellen körperlichen ›Entbettung‹ der Affekte im Alter geführt. Dies hat zur Folge, dass Ältere mehr auf von außen aufgenommene Informationen angewiesen sind, d.h., mehr von der Valenz der Situation ausgehen, um ihren derzeitigen Affektzustand adäquat einzuschätzen zu können. Dadurch entsteht nicht nur eine wachsende Umweltabhängigkeit, sondern auch ein stärkeres Angewiesensein auf kognitive Fähigkeiten, die jedoch zunehmend beschränkt sind. Eine Überforderung entsteht dann, wenn die Situation nicht eindeutig ist und nicht mit Hilfe auf Erfahrung und Wissen beruhender kristalliner Fähigkeiten bewältigt werden kann. Da fluide Fähigkeiten im hohen Alter zunehmend begrenzt sind (▶ Kap. 5.3.2), ist der Umgang mit komplexen, affektiv intensiven Situationen, deren Bewältigung eine Beteiligung dieser Fähigkeiten erfordert, dann nur eingeschränkt möglich (Labouvi-Vief et al. 2010). Ältere reagieren auf diese Veränderungen, indem sie Situationen meiden, die in ihrer emotionalen Valenz uneindeutig, bzw. besonders komplex sind (z. B. auch Psychotherapie). Indem negative Affekte vermieden und bevorzugt positive Affekte wahrgenommen und gespeichert werden (›Positivitätseffekt‹), kann affektive Stabilität sichergestellt werden (Carstensen 2007), allerdings um den Preis, die Vielfalt der Affekte einzuschränken.

5.3.2 Kognitive Veränderungen – Defizite in ›Theory-of-mind‹-Fähigkeiten

Zunehmende kognitive Defizite im hohen Alter sind vielfach belegt, die altersbedingten Veränderungen des ZNS sind ausgeprägter als die der meisten anderen Organe (Raz und Nagel 2007). Betroffen sind nicht allein verschiedene Gedächtniskomponenten, sondern vor allem auch die exekutiven Funktionen, die mit Veränderungen im präfrontalen Kortex einhergehen, wo Abbauprozesse deutlicher auftreten als in andern Bereichen des Gehirns. Die exekutiven Funktionen werden mit der fluiden Intelligenz in Verbindung gebracht, deren Abbau im Alter seit langem erwiesen ist. Im Wesentlichen sind folgende vier Funktionen gemeint: willentliches und planvolles Handeln, Aufmerksamkeit und Interferenzkontrolle, Arbeitsgedächtnis sowie im metakognitiven Sinne die Regulation von Kognition und Emotion.

In neuerer Zeit ist insbesondere die Bedeutung des Arbeitsgedächtnisses in den Fokus gerückt, wobei weniger die Reduktion der Ressourcen des Arbeitsgedächtnisses als vielmehr eine nachlassende Effizienz kognitiver Hemmungsmechanismen im Vordergrund stehen. Das Phänomen der kognitiven Hemmung beschreibt Vergessen nicht als passiven, sondern aktiven, notwendigen Prozess, eine in der Psychoanalyse seit jeher vertretene Auffassung. Gedächtnisinhalte werden rechtzeitig gelöscht bzw. gehemmt, damit das Arbeitsgedächtnis in die Lage versetzt wird, neue Informationen aufnehmen und verarbeiten zu können. Diese Fähigkeit scheint im Alter nachzulassen, d. h., es gibt gewissermaßen einen Informationsüberhang, was dazu führt, das neu eintreffende Informationen sich mit zuvor aufgenommenen leichter mischen können (Interferenzneigung). Dieser Effekt konnte in zahlreichen experimentellen Studien nachgewiesen werden (Behrendt 2002). Dadurch kommt es zu zahlreichen störenden Einflüssen (Intrusionen) und einer unzuverlässigeren, weniger präzisen und weniger flexiblen Informationsverarbeitung, die die Autoren von einer ›mentalen Unordnung‹ sprechen lässt. Es wird angenommen, dass diesem Phänomen eine grundlegende Bedeutung zukommt und dass es zahlreiche der einzelnen Funktionsveränderungen zu erklären vermag. Diese ›mentale Unordnung‹ wird besonders deutlich bei leichten kognitiven Beeinträchtigungen, die den Zwischenbereich zwischen normalem kognitivem Altern und Demenz beschreiben (Schröder und Pantel 2011). Auch liegen inzwischen Studien vor, die sozial unangepasstes Verhalten Älterer auf Inhibitionsdefizite zurückführen (von Hippel et al. 2005).

Von diesen kognitiven Veränderungen ist nicht nur die Fähigkeit zur Affektregulation betroffen, sondern auch die ›theory-of-mind‹-Fähigkeit, d. h. die Fähigkeit, Gefühle, Wünsche und Intentionen anderer zu erschließen. Diese Fähigkeit ist für die Gestaltung von Beziehungen und die Regulation von Affekten von besonderer Bedeutung und findet in der mentalisierungsbasierten Therapie Berücksichtigung. Inzwischen liegen mehrere experimentelle Studien vor, die belegen, dass Ältere weniger in der Lage sind, in sozialen Situationen, die in Form von Geschichten vorgegeben werden, richtige Vorhersagen über das Verhalten anderer zu treffen, d. h. mentale Zustände anderer zu erfassen (German und Hehmann 2006; Maylor et al. 2002; McKinnon und Moscovitch 2007; Sullivan und Ruffmann 2004; vgl. auch die Meta-Analyse von Henry et al. 2013). Auch konnte eine Abnahme in der Fähigkeit zur Perspektivenübernahme (Pratt et al. 1996) sowie der – allerdings nur kognitiven – Empathiefähigkeit gezeigt werden (Bailey et al. 2013).

5.3.3 Soziale Belastungen und Verluste – die Zunahme unsicher-vermeidender Bindungen

Im hohen Alter steht die unhinterfragte Sicherheit von Kontinuität und Kohärenz des Lebens mehr und mehr in Frage. Jederzeit können Ereignisse eintreten, die das bisher tragende Lebensgerüst zunichte machen. Das Leben wird unvorhersehbarer, d. h. Kontingenzerfahrungen im Sinne von zufällig eintretenden, nicht beeinflussbaren, willkürlich erscheinenden Ereignissen nehmen zu und damit die Erfahrung der Unverfügbarkeit des Lebens. So berichtet Höpflinger (2011) von Befunden, denen zufolge 80- bis 84-Jährige innerhalb von fünf Jahren eine Häufung kritischer Lebensereignisse aufzuweisen hatten: Gut ein Viertel verstarb innerhalb von fünf Jahren, fast die Hälfte der überlebenden Personen erfuhr den Tod des Partners bzw. der Partnerin, gut 60 % erlebten einen Krankenhausaufenthalt. Auch operative Eingriffe wie Augenoperationen nehmen deutlich zu, ebenso Hüftfrakturen, die zu den gefürchteten Risiken des hohen Alters zählen. Lediglich 50 % der betroffenen Patienten erreichen danach den früheren funktionellen Zustand, ein Viertel bleibt immobil, etwa die Hälfte kann das Haus nicht mehr selbständig verlassen (Gosch und Pils 2011), die Gefahr der Institutionalisierung ist beträchtlich. Diese erfolgt dann aus einer Notsituation heraus, und die unvorbereitete und unfreiwillige Unterbringung in einem Pflegeheim führt zu einem ›Sturz aus der Wirklichkeit‹ (Gerdes 1984, zit. nach Filipp und Aymanns 2005). Manche dieser Einschnitte und Verluste im hohen Alter haben einen traumatischen Charakter, ohne das die Traumaperspektive bislang auf diesen Lebensabschnitt angewandt wurde. Dennoch vermuten Cook und O'Donnell (2005), dass die Folgen erlebter Traumata oftmals eine ›versteckte Variable‹ im Leben älterer Menschen darstellen. Die Zunahme an Vermeidungsverhalten als Symptom der PTSB bei Älteren (Böttche et al. 2012) lässt das Trauma rasch zu einer verborgenen Dimension werden. Aus der Traumafolgeforschung aber ist bekannt, dass Traumata sich insbesondere auch in strukturellen Defiziten niederschlagen können.

Die Zunahme von Lebensungewissheit, Bedrohungen und erlebten Verlusten führt offenbar zu einer defensiveren Haltung insbesondere im Umgang mit der sozialen Welt. Bei der Ausdehnung der Bindungsforschung auf das Alter (Überblick von Asche et al. 2013) wurde eine Abnahme von sicheren Bindungen ebenso festgestellt wie eine noch stärkere Abnahme präokkupiert-verstrickter Bindungen (Maggai et al. 2000). Besonders hervorzuheben aber ist die starke Zunahme von Älteren mit distanziert-abweisenden Bindungsmustern (auf 40–70 %), was als Reaktion auf die Verluste und Bedrohungen dieser Zeit erklärt wurde. Diese Älteren weisen ein hohes Maß an Verdrängung auf und neigen zur Idealisierung ihrer Kindheit, an die sie sich allerdings kaum erinnern können. Sie beschreiben mehr positive und wenig negative Affekte wie Angst oder Ärger, so dass bei ihnen ein hohes Maß an Verdrängung und Konfliktvermeidung angenommen wird. In einer experimentell hergestellten Konfliktsituation wiesen sie dann jedoch eine erhöhte Herzrate auf, was als Dissoziation von selbsterlebten Affekten und physiologischen Reaktionen interpretiert wurde (Jain und Labouvie-Vief 2010).

5.4 Zur wachsenden Vulnerabilität und Fragilität im hohen Alter

Das hohe Alter hebt die Möglichkeit, ein psychisches Gleichgewicht, eine hohe Lebenszufriedenheit und ein Leben in Selbständigkeit zu erhalten, nicht zwangsläufig auf. Doch es ist eine schrumpfende, zunehmend selektive Gruppe von besonders widerstandsfähigen Hochaltrigen, denen ein solches Leben beschieden ist. Für die Mehrheit ist das hohe Alter eine streßähnliche Anforderungssituation, die beträchtliche Anpassungsleistungen erfordert (Baltes und Smith 2003). Die psychologische Widerstandsfähigkeit scheint im hohen Alter an eine Grenze zu stoßen, so das Resümee der Berliner Altersstudie (Smith und Baltes 1994). Die Autoren konzipieren ein Schwellenmodell: Bei stetiger Zunahme der Anforderungen und ohne die Möglichkeit zu ausreichender Kompensation durch externe Ressourcen werde der Zusammenbruch des Bewältigungssystems immer wahrscheinlicher. Baltes und Smith (2003) sehen die wachsende Gefahr eines Zustandes, den sie als ›psychologische Mortalität‹ bezeichnen. Diese sei durch den Zusammenbruch der psychologischen Widerstandsfähigkeit gekennzeichnet, d. h. einen Verlust der Intentionalität, der Identität, der psychischen Autonomie und des Kontrollerlebens. Die Befunde zeigen, dass der Anteil derer, die in relativ guter Gesundheit, sozial aktiv und mit guter geistiger Leistungsfähigkeit im hohen Alter leben, immer kleiner wird.

Diese Beschreibung findet eine Bestätigung in der von Labouvie-Vief entwickelten dynamischen Integrationstheorie (Labouvie-Vief et al. 2010), in der sie neben der Dimension der Affektoptimierung das Konstrukt der kognitiv-affektiven Komplexität definiert hat. Sie geht davon aus, dass sich Affekte – ausgehend von einer biologischen Basis – im Leben immer mehr kognitiv »anreichern« und differenzierter werden. Hohe kognitiv-affektive Komplexität bedeutet, über eine Sprache für Affekte zu verfügen und diese in komplexer, nicht stereotyper und nicht polarisierender Form zum Ausdruck bringen zu können, zwischen Selbst und anderen zu differenzieren, intra- und interindividuelle Konflikte zu tolerieren und die Einzigartigkeit individueller Erfahrungen anerkennen zu können (Labouvie-Vief et al. 2010; Labouvie-Vief und Medler 2002; zus. Kessler und Staudinger 2010; Kessler 2014). Das Konstrukt beschreibt somit Aspekte, die in ganz ähnlicher Form in strukturbezogenen psychodynamischen Modellen zu finden sind.

Bei der empirischen Überprüfung des Konzeptes zeigten klinisch nicht auffällige Ältere deutlich schlechtere Ergebnisse in den Maßen zur kognitiv-affektiven Komplexität im Vergleich zu jüngeren und Personen mittleren Alters. Der Anteil derer, die ein hohes Komplexitätsniveau aufrechterhalten konnten, sank bei Älteren deutlich ab. Folgender Befund ist nun besonders hervor zu heben: Während Personen mittleren Alters sowohl ein hohes Maß an kognitiv-affektiver Komplexität als auch eine hohe Fähigkeit zur Affektoptimierung zeigen, driften diese beiden Dimensionen bei Älteren auseinander: Während die Häufigkeit positiver Affekte erhalten blieb und die negativer Affekte sogar sank, also die Optimierung der Affekte weiterhin gelingt, wurde in der kognitiv-affektiven Komplexität ein Abfall deutlich. Labouvie-Vief deutet dies nun so, dass bei Älteren die Fähigkeit zur Affektoptimierung nicht allein als Ausdruck einer emotionalen Kompetenz zu interpretieren sei, wie es andere Autoren vorschlagen (Carstensen 2007), sondern als Kompensationsversuch für die nachlassende kognitiv-affektive Komplexität. Die Regression auf ein hedonistisches Muster, d. h. auf das Lust-Unlust-Prinzip im Freudschen Verständnis und das Ziel der Aufrechterhaltung von Wohlbefinden, sei als protektive Strategie – man kann auch von Abwehrmechanismus sprechen – angesichts nachlassender Ressourcen, wie sie zuvor beschrieben wurden, zu sehen. Bei gesunkener kognitiv-affektiver Komplexität können negative Affekte, deren Integration zur Weiterentwicklung der Persönlichkeit durchaus erforderlich ist, weniger toleriert werden. Sie werden von Älteren als aversiver wahrgenommen als von Jüngeren (Labouvie-Vief et al. 2010). Es kommt tendenziell zu einer Entdifferenzierung der Persönlichkeitsorganisation, die die Fähigkeit zum Umgang mit Belastungen und interpersonellen und intrapersonellen Konflikten bei einer wachsenden Gruppe Älterer reduziert.

5.5 Der klinische Kontext: zur These sekundärer Strukturdefizite

Die Grundlagenforschung zeichnet ein Bild vom hohen Alter, demzufolge Menschen in diesem Lebensabschnitt ihr Leben mehr defensiv ausrichten, ihren affektiven Erlebensspielraum einschränken und das Anforderungsniveau ihres alltäglichen Lebens der reduzierten kognitiv-affektiven Komplexität anpassen. Wie kann nun eine Brücke geschlagen werden hin zur klinischen Praxis? Unterstützt von den berichteten Befunden möchte ich im Rahmen des psychodynamischen Therapieansatzes die These formulieren, dass sich die Folgen der beschriebenen Einschränkungen im klinischen Kontext als strukturelle Beeinträchtigungen zeigen. Zur Beschreibung dieser Beeinträchtigungen möchte ich den Begriff der sekundären Strukturdefizite vorschlagen. Unter primären Strukturdefiziten verstehe ich jene Defizite, die in Folge von Entwicklungsdefiziten und traumatischen Erfahrungen in frühen Entwicklungsphasen auftreten und häufig zu Persönlichkeitsstörungen führen. Die hier beschriebenen Defizite aber sind Folge des Alternsprozesses und deshalb als sekundär zu bezeichnen, auch wenn sie sich phänotypisch nicht grundsätzlich von den primären Defiziten unterscheiden.

Normalerweise ist es auch Hochaltrigen möglich, durch innere und äußere Anpassungen eine beachtliche Stabilität in ihrem Leben herzustellen, so dass sich eine latente strukturelle Vulnerabilität nicht durchgängig bemerkbar macht. Es ist also nicht ausgeschlossen, dass trotz dieser Anfälligkeit ein erhebliches Maß an Stabilität und Wohlbefinden erhalten bleibt. Ältere haben normalerweise ihr Leben so eingerichtet, dass sich eine Passung von Innen und Außen, von Bewältigungsmöglichkeiten und Lebensanforderungen einpendelt. Das Leben reduziert und zentriert sich und wird durch sich wiederholende alltägliche Abläufe strukturiert, so dass strukturelle Defizite nicht nur durch innere Anpassung, sondern auch von außen kompensiert werden. Treten aber trotz der defensiven Ausrichtung des Lebens besondere Belastungen auf, machen sich vorhandene strukturelle Defizite bemerkbar und die Gefahr einer strukturellen Krise erhöht sich. Es kommt gewissermaßen zu einem ›breakdown‹ (Jain und Labouvie-Vief 2010), der die Identität des betagten Menschen bedroht, sein fundamentales Sicherheitsgefühl in Frage stellt und den Umgang mit Affekten erschwert.

Im Falle einer psychischen Erkrankung bei Hochaltrigen ist mit erhöhter Wahrscheinlichkeit davon auszugehen, dass diese mit strukturellen Defiziten einhergeht. Strukturelle Defizite werden von Rudolf (2007) wie folgt beschrieben: Generell ist der psychische Binnenraum reduziert, ein mentalisierender Umgang mit dem psychischen Inneren und das Herstellen einer Verbindung zur äußeren Welt ist erschwert. Affekte können weniger differenziert und reguliert werden, in Beziehungen kommt es zu Misstrauen, Verstrickung, Empathiemangel und kommunikativen Missverständnissen. Daraus resultiert das Gefühl, die Welt, so wie sie ist, und sich selbst nicht aushalten zu können, was zu sozialem Rückzug und Erstarrung oder auch agierendem Verhalten führen kann. Strukturelle Defizite, so Rudolf (2006), führen auch zu einem dysfunktionalen Beziehungsangebot, das sich ebenfalls in ähnlicher Form oftmals bei hochaltrigen Patienten findet:

- Affekterleben: Affektausdruck uneindeutig, reduziert; Vorherrschen maladaptiver Emotionen wie Verzweiflung, Verwirrung, Enttäuschung, Gekränktheit etc.
- Selbsterleben: orientierungslos, labilisiert, ungesteuert, emotional überflutet oder entleert
- Objekterleben: Einschränkung von realistischen Objektwahrnehmungen, Empathie, Kontaktfähigkeit, Verständigung, positiver Beziehungserwartung
- Bedürfnislatenz: unausgesprochene, große passive Erwartungen
- Bewältigungsstil: Tendenz zur Vermeidung, Zurückweisung, Entwertung, Verstrickung

Die vorn berichteten grundlagenwissenschaftlichen Arbeiten rechtfertigen die These, dass strukturelle Defizite, wie sie aus der psychodynamischen Strukturtheorie bekannt sind, bei Älteren virulent sind und im Falle von Belastungen das klinische Bild prägen. Auch wenn die Ursachen hierfür primär im Alternsprozess selbst zu suchen sind, so ist doch nicht auszuschließen, dass durch eine altersbedingte strukturelle Schwächung lebenslange neurotische Konflikte oder bereits zuvor bestehende strukturelle Defizite im Sinne einer Persönlichkeitsstörung erneut verstärkt oder frühe Traumata reaktiviert werden, wie es jetzt im Zusammenhang mit den Folgen von Kriegserfahrungen diskutiert wird (Radebold 2006). Hier aber wird die These vertreten, dass solche Defizite auch bei Hochaltrigen auftreten können, die sie zuvor nicht aufwiesen, sondern ihr Leben gut bewältigen konnten. Damit ist eine Parallele hergestellt zum Konzept des Aktualkonfliktes, welches insbesondere auf die jüngeren Älteren zu beziehen ist und ein konflikthaftes Erleben älterer Patienten beschreibt, das nicht auf einen repetitiven neurotischen Konflikt zurückzuführen ist, sondern auf die Belastungen des Alters selbst (Heuft et al. 2006). Allerdings ist dieses Konzept auf begrenzte Konflikte und eng umschriebene Störungsformen beschränkt.

5.6 Was folgt für die Psychotherapie?

Vorliegende Evaluationsstudien zeigen schlechtere Ergebnisse bei hochaltrigen Patienten (zus. Peters 2014b) und scheinen den bisherigen therapeutischen Nihilismus in Bezug auf diese Altersgruppe zu rechtfertigen. Die hier entwickelte These erlaubt jedoch eine andere Schlussfolgerung: Die Veränderungen im hohen Alter machen stärkere Modifikationen in der therapeutischen Haltung, dem Vorgehen und der Zielsetzung erforderlich. Die hier entwickelte These sekundärer Strukturdefizite schafft die Voraussetzungen, bestehende psychodynamisch fundierte Behandlungskonzepte wie die strukturbezogene Psychotherapie nach Rudolf (2006) oder auch die mentalisierungsbasierte Psychotherapie (Schulz-Venrath 2013) für die Behandlung Hochaltriger nutzbar zu machen. In diesen Ansätzen relativieren sich etablierte psychodynamische Konzepte wie das der Abstinenz, der gleichschwebenden Aufmerksamkeit oder der Deutung als dominierende Interventionsstrategie. Ausgehend von einer aktiv-unterstützenden therapeutischen Haltung, die dem Aufbau einer sicheren Bindung dient, rückt das Ziel der Schaffung von Sicherheit, Kohärenz, Selbstwirksamkeit und Spannungsreduktion in den Vordergrund. Rudolf (2006) schlägt ein breites Repertoire an Interventionsmöglichkeiten vor (vgl. auch Peters 2014a), die durch weitere therapeutische Methoden wie Körperwahrnehmung und -therapie, achtsamkeitsbasierte Verfahren oder imaginative Therapiemethoden (Reddemann et al. 2013) ergänzt werden können. Allen gemeinsam ist, dass der Fokus stärker auf die Befindlichkeit im Hier-und-Jetzt gerichtet wird, was dann der Schilderung Joan Eriksons (1997) entsprechen würde, die aus sehr persönlicher Sicht dargelegt hatte, wie im hohen Alter die Bewältigung des Alltags selbst in den Vordergrund tritt. Dieser Erfahrung kann durch eine solche Fokusveränderung Rechnung getragen werden.

Damit soll nun keineswegs einem pessimistischen Bild vom hohen Alter das Wort geredet werden. Auch die Entwicklungskonzepte, die von einer Reifung und Vervollkommnung der Persönlichkeit im hohen Alter ausgehen, sind keineswegs obsolet geworden. Die skizzierte Entwicklung gilt nicht für alle Älteren gleichermaßen, in den Studien zum sozialen Verständnis zeigten ca. 13–30 % der Älteren keine Einschränkungen (Sullivan und Ruffmann 2004). Labouvie-Vief et al. (2010) haben ein Modell entworfen, dem zufolge diese Vorstellungen von Entwicklung nicht ausschließlich für einen kleinen Teil von Älteren mit guter Gesundheit und hoher Bildung gültig bleiben, sondern durchaus für einen größeren Teil der Älteren – sie verweisen an dieser Stelle auf die Arbeit von C. G. Jung – innerhalb eines Schwellenmodells Gültigkeit bewahren. Kann das Leben mithilfe kristalliner, d. h. durch Wissen und Erfahrung gewonnener Fähigkeiten bewältigt werden, ist eine Auseinandersetzung mit der eigenen Biografie, mit Lebenserfahrungen und Lebenssinn durchaus möglich. Sind hingegen mehr fluide Fähigkeiten gefordert, wird rasch eine Schwelle überschritten und Grenzen spürbar. Für die Psychotherapie bedeutet dies, dass komplexere Themen erst dann thematisch relevant werden, wenn genügend Sicherheit hergestellt und ein ausreichendes Maß an Wohlbefinden gewährleistet ist. Kessler und Staudinger (2007) zeigten, dass Gespräche mit Adoleszenten zu einer Anhebung der affektiv-kognitiven Komplexität bei Älteren führten; die Erfahrung von Generativität ermögliche also eine zumindest momentane Verbesserung des Strukturniveaus. Auch wenn es sich dabei nicht um eine Therapiestudie handelte, können die Ergebnisse doch als indirekter Beleg dafür herangezogen werden, dass das Strukturniveau auch bei Hochaltrigen beeinflussbar ist. Gelingt dies, besteht auch die Chance, dass negative Affekte und Konflikte eher toleriert und in die Reflexion einbezogen werden können. Dann können auch existenzielle Themen, die in der Behandlung Älterer von größerer Bedeutung sind (Peters 2014c), in der Therapie Hochaltriger thematisch relevant werden.

Literatur

Arbeitskreis OPD (1996) Operationalisierte Psychodynamische Diagnostik. Grundlagen und Manual. Bern: Huber.

Assche Van L, Luyten P, Bruffaerts R, Persoons Ph, van den Ven L, Vandenbulcke M (2013) Attachment in old age: Theoretical assumptions, empirical findings and implications for clinical practice. Clinical Psychology Review 33: 67–81.

Baily PE, Henry JD, Von Hippel W (2013) Empathy and social functioning in late adulthood. Aging & Mental Health 12: 499–503.

Baltes PB, Smith J (2003) New frontiers in the future of aging: From successful aging of the young old to the dilemmas of the fourth age. Gerontology 49: 123–135.

Behrendt J (2002) Kognitive Hemmung – Experimente mit dem Directed-Forgetting-Paradigma. Dissertation, Göttingen.

Böttche M, Kuwert Ph, Knaevelsrud Ch (2012) Posttraumatic stress disorder in older adults: an overview of characteristics and treatment approaches. International Journal of Geriatric Psychiatry 27: 230–239.

Carstensen L (2007) Growing Old or Living Long: Take Your Pick. Issues in Science and Technology: 1–15.

Cook JM, O'Donnell C (2005) Assessment and Psychological Treatment of Posttraumatic Stress Disorder in Older Adult. Journal of Geriatric Psychiatry and Neurology 18: 61–71.

Erikson EH (1973) Identität und Lebenszyklus. Frankfurt: Suhrkamp.

Erikson EH, Erikson JM (1997) The Life Cycle Completed. (Extended version with new chapters on the ninth stage of development by Joan M Erikson). New York: Norton.

Filipp S-H, Aymanns P (2005) Verlust und Verlustverarbeitung. In: Filipp SH, Staudinger U (Hrsg.) Entwicklungspsychologie des mittleren und höheren Erwachsenenalters. Göttingen: Hogrefe. S. 764–805.

Fillit H, Butler RN (2009) The Frailty Identity Crisis. J Am Geriatr Soc 57: 348–352.

Freud S (1923) Das Ich und das Es. GW 13. Frankfurt: Fischer. S. 237–289.

German TP, Hehman JA (2006) Representational and executive selection resources in ‹theory of mind›: Evidence from compromised belief-desire reasoning in old age. Cognition 101: 129–152.

Goble DJ, Coxon JP, Wendroth N, Van Impe A, Swinnen StP (2009) Proprioceptive sensibility in the elderly: Degeneration, functional consequences and plastic-adaptive processes. Neuroscience and Biobehavioral Reviews 33: 271–278.

Gosch M, Pils K (2011) Alterstraumatologie – neue Wege, neue Chancen. Zeitschrift für Gerontologie und Geriatrie 44(6): 361–363.

Henry JD, Philips LH, Ruffman T, Bailey PE (2013). A Meta-Analysis Review of Age Differences in Theory of Mind. Psychology and Aging 28(3): 826–839.

Heuft G, Kruse A, Radebold H (2006) Lehrbuch der Gerontopsychosomatik und Alterspsychotherapie. (2. Auflage). Heidelberg: UTB.

Hippel von W, Dunlop SM (2005). Aging, Inhibition and Social Inappropiateness. Psychology and Aging 20(3): 519–523.

Höpflinger F (2011) Die Hochaltrigen – eine neue Größe im Gefüge der Intergenerationalität. In: HG Petzold, E. Horn, L Müller (Hrsg.) Hochaltrigkeit. Herausforderung für persönliche Lebensführung und biopsychosoziale Arbeit. Wiesbaden: VS-Verlag für Sozialwissenschaften. S. 37–55.

Jain E, Labouvie-Vief G (2010) Compensatory effects of emotion avoidance in adult development. Biological Psychology 84: 497–513.

Kessler E-M, Staudinger U (2007). Intergenerational Potential: Effects of Social Interaction Between Older Adults and Adolescents. Psychology and Aging 22: 690–704.

Kessler E-M, Staudinger UM (2010) Emotional resilience and beyond: a synthesis of findings from lifespan psychology and psychopathology. In: Fry PS, Corey CLM (Eds.) New Frontiers of Resilient Aging: Life-Strengths and Well-Being in Late Life. Cambridge: Cambridge University Press. S. 258–282.

Kessler E-M (2014) Psychotherapie mit sehr alten Menschen – Überlegungen aus Sicht der Lebensspannenpsychologie. Psychotherapie im Alter 11: 145–161.

Labouvie-Vief G, Medler M (2002) Affect optimization and affect complexity: Modes and styles of regulation in adulthood. Psychology and Aging 17(4): 571–587.

Labouvie-Vief G, Grühn D, Studer J (2010) Dynamic Integration of Emotion and Cognition: Equilibrium Regulation in Development and Aging. In: Lamb M, Freund A (Eds.) The handbook of Life-Span Development: Social and Emotional Development, Vol 2. New Jersey: John Wiley & Sons. S. 79–115.

Levenson RW, Friesen W, Ekman P, Carstensen L (1991) Emotion, physilogy, and expression in old age. Psychology and Aging 6(1): 28–35.

Maerker A (2002) Alterspsychotherapie und klinische Gerontopsychologie. Berlin: Springer.

Maggi C, Hunziker J, Mesias W, Culver LC (2000) Adult attachment styles and emotional biases. International Journal of Behavioral Development 24(3): 301–309.

Maylor E, Moulson JM, Muncer A-M, Taylor LA (2002) Does performance on theory of mind tasks decline in old age? British Journal of Psychology 93: 465–485.

McDowell CL, Harrison D, Demaree HA (1994) Is Right Hemisphere Decline in the Perception of Emotion a Funktion of Aging? Intern J Neuroscience 79: 1–11.

McKinnon MC, Moscovitch M (2007) Domain-general contributions to social reasoning: Theory of mind and deontic reasoning re-explored. Cognition 102: 179–218.

Mendes WB (2010) Weakened Links Between Mind and Body in Older Age: The Case for maturational Dualism in the Experience of Emotion. Emotion Review 2(3): 240–244.

Peters M (2014a) Strukturbezogene Psychotherapie mit hochaltrigen Patienten. Psychotherapie im Alter 11: 163–175.

Peters M (2014b). Psychotherapie älterer Patienten – Auf dem Weg zu neuen Ufern. Psychotherapeutenjournal 13: 24–30.

Peters M (2014c) Hat die Alterspsychotherapie ein spezifisches thematisches Profil? (in Vorb.).

Pratt MW, Diessner R, Pratt A, Hunsberger B, Pancer SM (1996) Moral and Social Reasoning and Perspective Taking in Later Life: A Longitudinal Study. Psychology and Aging 11: 66–73.

Radebold H (2006) Die dunklen Schatten unserer Vergangenheit. Stuttgart: Klett-Cotta.

Raz N, Nagel IE (2007) Der Einfluss des Hirnalterungsprozesses auf die Kognition: Eine Integration struktureller und funktioneller Forschungsergebnisse. In: Brandstädter J, Lindenberger U (Hrsg.) Entwicklungspsychologie der Lebensspanne. Stuttgart: Kohlhammer. S. 97–130.

Reddemann L, Kindermann L-S, Leve V (2013) Imagination als heilsame Kraft im Alter. Stuttgart: Klett-Cotta.

Rockwood K, Mitnitski A (2007) Frailty in Relation to the Accumulation of Deficits. Journal of Gerontology: Medical Sciences 62A: 722–727.

Rudolf G (2006) Strukturbezogene Psychotherapie. (2. Auflage). Stuttgart: Schattauer.

Rudolf G (2007) Strukturbezogene Psychotherapie. Konzept und Behandlungspraxis. Ärztliche Psychotherapie 3: 142–148.

Schroder J, Pantel J (2011) Die leichte kognitive Beeinträchtigung. Stuttgart: Schattauer.

Schultz-Venrath U (2013) Lehrbuch Mentalisieren. Stuttgart: Klett-Cotta.

Smith J, Baltes PB (1994) Altern aus psychologischer Perspektive: Trends und Profile im hohen Alter. In. Mayer KU, Baltes PB (Hrsg.) Die Berliner Altersstudie. Berlin: Akademie-Verlag. S. 221–251.

Sullivan S, Ruffman T (2004) Social understanding: How does it fare with advancing years? British Journal of Psychology 95: 1–18.

Wahl H-W, Heyl V (2007) Sensorik und Sensumotorik. In: Brandstädter J, Lindenberger U (Hrsg.) Entwicklungspsychologie der Lebensspanne. Stuttgart: Kohlhammer. S. 130–162.

Woo J, Goggins W, Sham A, Ho SC (2005) Social Determinants of Frailty. Gerontology 51: 402–408.

6 »Es ist besser, Schmerz zu empfinden als gar nichts zu fühlen« – der ältere depressive Mensch in der psychotherapeutischen Praxis

Eike Hinze

6.1 Der ältere depressive Patient in der psychoanalytischen Praxis

Das Zitat im Titel stammt von einer über 70-jährigen Patientin. Es stellte ihr Fazit einer langjährigen, hochfrequenten Psychoanalyse dar. Sie kam mit einer schweren Depression und war am Ende ihrer Behandlung in der Lage, über Verluste in ihrem Leben und über Unwiederbringliches zu trauern. Die depressive Symptomatik hatte sich zurückgebildet. Ihr seelisches Leben war reicher und freier geworden. Sie konnte wieder intensiver erleben, aber eben auch Schmerz.

Dieses Beispiel zeigt, wie lohnend es sein kann, sich mit einem älteren depressiven Patienten auf einen langdauernden therapeutischen Prozess einzulassen. Die meisten älteren Patienten, die einen Psychotherapeuten aufsuchen, kommen mit einem depressiven Erscheinungsbild. Dabei ist es alterstypisch, dass ein vollständig ausgebildetes psychopathologisches Bild einer Depression oft nicht vorliegt (Lindner 2013) und die Symptomatik durch vielfältige somatoforme Beschwerden und Ängste begleitet sein kann. Aber wie in jüngeren Jahren neigen depressive Verstimmungen auch im Alter oft zu einer ausgesprochenen Chronizität. Das Ziel einer analytischen Behandlung ist daher nicht nur die Besserung der akuten Symptomatik, sondern vor allem auch eine größere Widerstandskraft gegenüber künftigen Rückfällen.

Indikationsstellung und Wahl des Behandlungssettings können gerade bei einem alten Patienten nicht schematisch erfolgen. Die Gruppe älterer Patienten in einer psychotherapeutischen Praxis stellt keine uniforme Menge dar, sondern man muss mit einer großen interindividuellen Schwankungsbreite rechnen. Die Wechselfälle des Lebens haben ganz unterschiedliche Charaktere herausmodelliert. Die Indikation erarbeite ich in meiner Praxis zu Beginn der Therapie zusammen mit den Patienten. Es kann sich eine Analyse anbieten oder eine zweistündige analytische Psychotherapie im Sitzen. Auch eine längerfristige Behandlung mit einer Wochenstunde kann unter den gegebenen Umständen die geeignete Methode darstellen. In dieser gemeinsam mit dem Patienten erfolgenden Entscheidungsfindung lasse ich mir genügend Zeit, um dem komplexen Geflecht von Persönlichkeit, Psychodynamik, sozialen Bedingungen und Motivation gerecht zu werden. Im Laufe der Behandlung erfolgt dann im Wechselspiel von Übertragung und Gegenübertragung eine Auseinandersetzung darüber und schließlich auch Klärung, welche Rahmenbedingungen das Alter für die Behandlungsziele setzt. Daraus ergibt sich dann auch die Behandlungsdauer. Im Allgemeinen gehe ich davon aus, dass der therapeutische Prozess mit einem älteren depressiven Patienten seine Zeit braucht.

6.2 Psychopathologie und Psychodynamik der Depression im Alter

Die klinisch-diagnostische Einteilung von Depressionen entsprechend der ICD-10 oder dem amerikanischen DSM-IV bzw. der neuen Version V ist auch bei jüngeren depressiven Patienten unbefriedigend. Sie kommt der heute oft vorherrschenden Auffassung entgegen, Depressionen lediglich eindimensional als Stoffwechselstörungen des Gehirns zu betrachten. Psychodynamische Faktoren spielen in ihr keine Rolle. Es stellt sich aber die Frage, ob nicht die meisten Depressionen auch älterer Patienten in ihrer Pathodynamik verstehbar sind. Sicher ist das nicht dergestalt möglich, dass von einer einheitlichen Psychodynamik aller Depressionen ausgegangen werden kann. Freuds Arbeit über Trauer und Melancholie (1917) ist oft dahingehend falsch verstanden worden. Die Arbeit zeigt aber sehr deutlich, wie Verlusterlebnisse die innere Welt eines Menschen beeinflussen und den Grundstock für depressives Erleben legen können. Gleichzeitig hat Freud die Trauer mit der Depression verglichen und auch davon abgegrenzt. Gerade bei alten Menschen ist es wichtig, eine protrahierte Trauer-Reaktion von einer depressiven Störung zu unterscheiden, die im Gegensatz zur ersteren mit tiefgreifenden Selbstveränderungen einhergeht.

Wie sieht nun das gegenwärtige Verständnis der Psychodynamik von Depressionen aus? Im Mittelpunkt des depressiven Erlebens steht immer ein Zustand von Hoffnungslosigkeit und Hilflosigkeit gegenüber nicht erreichten Zielen. Wie es zu diesem Zustand kommt, kann auf sehr unterschiedlichen Wegen erfolgen. Hugo Bleichmar (2013) hat dies in einem Diagramm verdeutlicht (▶ Abb. 6.1). Es können Faktoren aus dem gegenwärtigen Leben

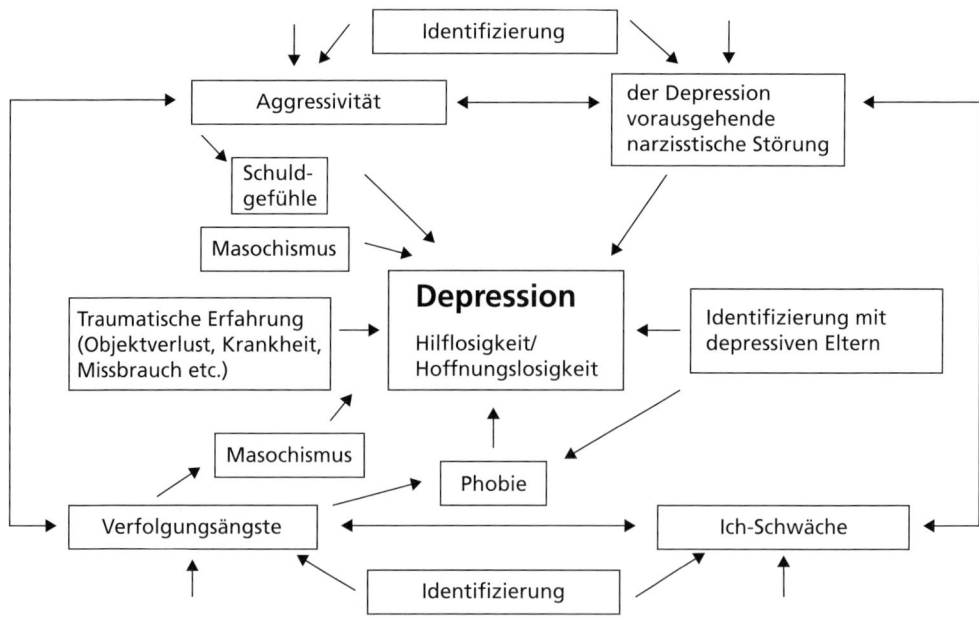

Abb. 6.1: Entstehungspfade der Depression (Bleichmar 2013)

und spezifische Vulnerabilitäten, die sich in den frühen Phasen der Persönlichkeitsentwicklung niedergeschlagen haben, dazu beitragen. Gewiss wird man nicht bei allen älteren Depressiven eine entsprechende Psychodynamik erkennen können. Manchmal scheint der biologische Faktor in diesem psychosomatischen Krankheitsbild zu dominieren. Insofern stellt auch nicht jede depressive Erkrankung bei einem älteren Menschen eine Indikation zur Psychotherapie dar. Falls man aber eine solche Indikation gestellt hat, ist es wichtig, nicht mit einer vorgefassten »Lehrbuch«-Meinung über die einheitliche Psychopathologie von Depressionen an einen Patienten heranzutreten, sondern sich von dem leiten zu lassen, was der Patient, oft anfangs ihm durchaus unbewusst, in den Mittelpunkt des therapeutischen Dialogs stellt. Das können aktuelle traumatische und Verlusterlebnisse sein. Das können aber z. B. auch aktuelle Objektbeziehungen und deren frühe Vorläufer und frühe Internalisierungen sein.

6.3 Psychotherapeutische Settings

Einige Fallgeschichten aus meiner Praxis mögen das bisher Gesagte anschaulicher machen. Sie heben natürlich nur einzelne Aspekte aus langdauernden Behandlungen hervor und sind aus Diskretionsgründen verfremdet. Es handelt sich um sechs Patienten, die mit einem depressiven Bild zu mir in die Praxis kamen.

> Da ist Herr A., der im Alter von 70 Jahren zu mir kam. Er stammt aus dem überseeischen Ausland und wurde zunehmend depressiv, nachdem er die Konflikte in seiner Großfamilie im Heimatland nicht mehr beeinflussen und klären konnte. Hinzu kamen eine schwere körperliche Erkrankung und das Grübeln über Konflikte in seiner deutschen Familie. Er machte frühzeitig klar, dass er nicht seine lebensgeschichtliche Entwicklung in den Mittelpunkt stellen wolle, sondern seine aktuellen Konflikte. Die tiefenpsychologisch fundierte Psychotherapie (TFP) kam zu einem erfolgreichen Ende.

> Der ebenfalls 70-jährige Herr B. hat eine TFP begonnen. Schwere Erkrankungen seit seinem beginnenden Ruhestand hatten ihn depressiv werden lassen. Er denkt vermehrt über sein Leben nach, in dem er sich stark an den Eltern und anderen Bezugspersonen orientiert hat. Wird es ihm in der verbleibenden Zeit gelingen, mehr zu seinen genuinen Interessen zu finden? Es ist noch nicht klar, welche Tiefendimension die Behandlung erreichen wird und ob gegebenenfalls die Umwandlung in eine analytische Psychotherapie ratsam sein wird.

> Der 67-jährige Herr C. beginnt eine analytische Psychotherapie mit zwei Wochenstunden. Er war zunehmend depressiv geworden, nachdem er unter für ihn sehr kränkenden Umständen aus seiner Berufstätigkeit ausgeschieden war. Er war bereits früher in seinem Leben psychoanalytisch behandelt worden und wies deutliche Zeichen einer narzisstischen Persönlichkeit auf.

> Mit der 64-jährigen Frau D. wird eine Psychoanalyse mit drei Wochenstunden vereinbart. Sie hatte begonnen, sich aus der symbiotischen Verstrickung mit ihrem Sohn zu lösen, sah

sich dabei mit den Bruchstücken ihres bisherigen Lebens, einer traumatischen Kindheit und schweren Schuldgefühlen konfrontiert und war darüber depressiv geworden.

Die 70-jährige Frau E. führt im Wochenabstand klärende Gespräche, die ihr helfen, mit ihrer seit Jahrzehnten bestehenden bipolaren Erkrankung besser umzugehen als früher.

Herr F., jetzt 74 Jahre alt, befindet sich seit mehreren Jahren in einer tiefenpsychologisch fundierten Psychotherapie. Er wollte Fragen seiner Kindheit im Krieg und in der Nachkriegszeit klären und den Geschehnissen auf der Flucht aus dem Osten und ihren Folgen für ihn auf den Grund gehen. In den Vorgesprächen stellte sich heraus, dass er unter ungelösten Konflikten in der Ehe mit einer Frau litt, die er sich seinerzeit nach dem Vorbild seiner Mutter ausgesucht hatte. Auch der Verlust seines Vaters im Krieg hatte lange Schatten auf seinen Lebensweg geworfen.

6.4 Klinische Diskussion

Dies sind sehr unterschiedliche Menschen in ihrem siebten Lebensjahrzehnt bzw. am Übergang in ihr achtes, die eine langdauernde depressive Verstimmung mit dem vorherrschenden Gefühl von Hilflosigkeit und Ohnmacht ihrer Lebenssituation gegenüber in meine Praxis geführt hat. Verschiedene Pfade in ihrer Psychodynamik waren in die depressive Endstrecke eingemündet. Jeweils für die aktuelle Lebenssituation spezifische Belastungskonstellationen waren dabei auf dem Boden individueller Persönlichkeitsentwicklungen wirksam geworden. Entsprechend vereinbarte ich mit den Patienten individuelle Behandlungsarrangements.

Bei Herrn A. habe ich mich von seinem Wunsch und Behandlungsauftrag leiten lassen und bearbeitete mit ihm vorwiegend die aktuelle Lebenssituation. Er konnte dieses Vorgehen in einer TFP gut nutzen. Mit Herrn C. vereinbarte ich eine Therapie im Sitzen, um seine charakterologisch fixierte Abwehr, durch pausenloses Reden von der Realität abzudriften, besser durcharbeiten zu können. Eine eigentlich angezeigte höhere Stundenfrequenz wurde nicht vereinbart, um bei den begrenzten finanziellen Mitteln des Patienten eine ausreichend lange Behandlung im Krankenkassenrahmen zu ermöglichen. Die Indikation einer Psychoanalyse bei Frau D. war eindeutig gegeben, um die Störungen in ihren frühen Objektbeziehungen analysieren zu können. Das sehr langfristige niederfrequente Setting schien bei Herrn F. das einzige Mittel zu sein, um angesichts seiner tiefen Angst vor Regression eine genügend intensive Bearbeitung seiner Psychopathologie zu gewährleisten. Auch bei Frau E. ist ein langfristig geplantes niederfrequentes Setting für eine psychische Stabilisierung unerlässlich.

Mit Ausnahme von Frau E., die natürlich unter einer psychopharmakologischen Dauermedikation lebte, war nur bei einem Patienten eine vorübergehende Gabe von Antidepressiva notwendig. Ich sehe keine störende Interferenz von Psycho- und Pharmakotherapie, lasse letztere aber von einem niedergelassenen Psychiater durchführen. Gelegentlich sehe ich Patienten, denen bereits vom Hausarzt Antidepressiva verordnet wurden. Ich bin aber der Auffassung, dass eine solche differenzierte und spezifische Behandlung in die Hände eines Psychiaters gehört.

Hochbetagte Patienten über 80 Jahren kommen nur selten in eine psychotherapeutische Praxis. Beeindruckt war ich von der Fähigkeit einiger sehr alter Patienten, einen begrenzten Behandlungsauftrag zu definieren und nach dessen erfolgreicher Bearbeitung die Therapie wieder zu verlassen. Bei solch alten Patienten ist man natürlich mit deren zunehmenden körperlichen Problemen konfrontiert, unter denen hier nur die Neigung zu Stürzen und Schwierigkeiten mit Darm- bzw. Blasenkontinenz hervorgehoben werden sollen. Der Therapeut muss sich sehr direkt mit der Hinfälligkeit im Alter auseinandersetzen und seine Gegenübertragung sorgfältig beachten.

Begegnungen mit alten Patienten sind immer auch Begegnungen mit der Zeitgeschichte. Heute treffen wir nicht mehr die Patienten, die als Erwachsene den zweiten Weltkrieg durchlebt haben, sondern vornehmlich die sogenannten »Kriegskinder«.

> Wie intensiv und dramatisch die Zeitgeschichte in der Begegnung mit einem älteren Patienten wiederbelebt werden kann, zeigt die folgende Schilderung eines ersten Kontaktes mit einem betagten Patienten. Der stattliche, hochgewachsene Mann erstarrt innerlich, als er mich an der Tür zum ersten Mal erblickt. Ich erscheine ihm im Vergleich mit ihm selbst zu groß und kräftig. Nun bin ich vielleicht zwei, drei Zentimeter größer als er, aber sicher nicht kräftiger gebaut als er, eher im Gegenteil etwas schmaler. Als sog. »Halbjude« hatte er die Nazizeit überlebt und dabei auch darunter gelitten, von seinen arischen Freunden gemieden zu werden und nicht in der HJ bleiben zu dürfen. Er hatte sich minderwertig, klein und ausgestoßen gefühlt. Und dieses schmerzhafte Erleben seiner Jugendzeit war in der Sekunde unserer ersten Begegnung wieder belebt worden. Natürlich blieb die Wiederkehr der schrecklichen Vergangenheit nicht auf diesen Aspekt beschränkt. Aber die kleine Begebenheit kann verdeutlichen, welchen Herausforderungen ein solches analytisches Paar – jeder Partner in seiner eigenen, aber schicksalhaft miteinander verflochtenen Familiengeschichte befangen – sich ausgesetzt sieht. Eine solche Herausforderung kann helfen, den analytischen Prozess zu vertiefen. Sie kann aber auch Ängste auslösen, sich mit der Zeitgeschichte und der eigenen familiären Verwobenheit auseinanderzusetzen, und damit den therapeutischen Dialog blockieren.

Der Fokus eines solchen Wiederauflebens der Zeitgeschichte in psychotherapeutischen Begegnungen wird sich in den aufeinanderfolgenden Therapeutengenerationen verschieben. Einerseits werden dadurch immer wieder faszinierende Einblicke in die Prägekraft geschichtlicher Prozesse auf individuelle Entwicklungen ermöglicht. Die Psychotherapie wird aus der ihr so oft anhaftenden Zeitlosigkeit herausgeholt und erhält eine geschichtliche Dimension. Andererseits können sich beträchtliche Probleme für die Gegenübertragung ergeben, insbesondere wenn Patient und Therapeut gleichermaßen in einer traumatischen Vergangenheit wurzeln. Nicht verarbeitete, leidvolle persönliche Erfahrungen oder traumatische familiäre Hintergründe können im Therapeuten aufflackern und ihn in seiner therapeutischen Haltung verwirren, wenn er einem als Kind in Krieg und Nachkriegszeit geprägten bzw. traumatisierten Patienten begegnet.

Die Fallvignette führt mitten hinein in das Feld der Gegenübertragung. Probleme mit der Gegenübertragung sind es auch heute noch, die viele Psychotherapeuten zögern lassen, einen älteren Menschen in Behandlung zu nehmen. Vier Aspekte der Gegenübertragung seien hier hervorgehoben.

In der Begegnung mit einem älteren Patienten wird man mit Ängsten vor dem eigenen Altern, vor Sterben und Tod konfrontiert. Das mag besonders bedrückend für einen älteren Therapeuten sein. Aber auch jüngere können auf belastende Ängste und Phantasien stoßen. Man wird an das Älterwerden der Eltern und deren Niedergang am Lebensende erinnert. Und auch das eigene Alter kann schon früh seine Schatten auf das Erleben werfen.

Ein anderer, ganz wesentlicher Widerstand bei Therapeuten und Analytikern betrifft eine spezifische Besonderheit dieser Behandlungen, die unter Umständen recht heftige Gegenübertragungsreaktionen auslösen kann. In der therapeutischen Begegnung mit einem älteren Menschen ist man einem *starken regressiven Sog* ausgesetzt, die überwunden geglaubten Imagines der eigenen Frühzeit wiederzubeleben. Man stößt dann nicht auf den Sohn Ödipus im Patienten, sondern auf dessen Eltern Lajos und Jokaste. Die Versuchung ist dann groß, die Wiederkehr der eigenen Kindheit auf verschiedene Weise abzuwehren, auch durch Agieren in der Gegenübertragung. Die elterlichen Repräsentanzen verschmelzen nur allzu leicht mit denen des Patienten. Dabei können sich Gegenübertragung im engeren Sinne als eine Reaktion auf die Übertragung des Patienten und die eigene Übertragung auf eben diesen zuweilen auf eine schwer zu entwirrende Weise vermengen. Die Abgrenzung von einem jüngeren Patienten, dem man sich in Lebenserfahrung und bisheriger Lebensbewältigung überlegen fühlen kann, fällt leichter.

Man kann sich umgekehrt einmal fragen, welchen Gewinn ein in seinem Berufsleben langsam alternder Therapeut aus der Möglichkeit ziehen könnte, gleichbleibend *junge Patienten* zu behandeln. Vermögen nicht vielleicht die jungen Patienten als eine Art Analysenkinder die Illusion des Therapeuten von ewiger Jugend und Fruchtbarkeit zu fördern und sein Erleben von Omnipotenz zu stärken? Und kann man nicht als älterer Analytiker einem jüngeren Patienten gegenüber leichter im Rahmen einer komplementären Gegenübertragungsidentifizierung in die Rolle der Eltern schlüpfen und sich damit nicht mehr als das kleine, unglückliche, neidische etc. Kind fühlen?

Ein Patient, der älter ist als sein Analytiker, hat diesem nicht nur die Anzahl seiner Lebensjahre voraus, sondern auch *Lebenserfahrung*. Ich bin auf diese Weise Patienten begegnet, die Lebenssituationen in einer Weise bewältigt haben, die mir Bewunderung abnötigte. Oft war ich sehr zweifelnd, ob ich solchen Belastungen selbst standgehalten hätte. Das mag wiederum eine narzisstische Balance zwischen Therapeut und Patient schaffen, die manchen Analytiker abschreckt.

All dies bezieht sich ganz allgemein auf die Behandlung aller älteren Patienten. Sie kommen aber zumeist mit einem depressiven klinischen Bild. Besonders belastend kann es sein, wenn so ein älterer depressiver Patient seine düstere depressive Sicht über das Alter vor dem Therapeuten ausbreitet. »*Das Alter ist obszön!*« »*Sagen Sie doch, Herr Doktor, was gibt es denn Positives über das Alter zu sagen!*« Hier gilt es, die Übertragung und Gegenübertragung im Blick zu behalten und sich nicht unreflektiert von derlei Urteilen überwältigen zu lassen oder mit einer Reaktionsbildung gewaltsam dagegen zu halten. Ein letztes Wort sei noch der häufig geäußerten Meinung gewidmet, es sei oft schwierig, eine beginnende Demenz von einer Depression zu differenzieren. Nach meiner Erfahrung trifft dies auf ambulante Patienten, die eine Praxis aufsuchen, nicht zu. Sicher ist es aber ratsam, sich mit dem Erscheinungsbild hirnorganischer Störungen bei alten Menschen vertraut zu machen.

Eine kurze Behandlungsgeschichte mag zum Schluss das bisher Gesagte anschaulich machen.

Die 70-jährige Frau X. suchte Hilfe wegen einer sich verdichtenden depressiven Verstimmung mit psychosomatischen Symptomen. Ein Jahr zuvor war ihre sehr betagte Mutter gestorben. Aber Frau X. sah keinen Zusammenhang zwischen ihrer Symptomatik und diesem Ereignis. Wir vereinbarten eine analytische Psychotherapie mit zwei Wochenstunden im Sitzen. Frau X. ist eine lebhafte, intelligente Frau mit deutlichem Übergewicht. Ihr Leben begann unter recht traumatischen Umständen. Ihre Mutter entwickelte offenbar eine postpartale Depression und konnte keine rechte emotionale Bindung an das Kind entwickeln. Sie bemerkte nicht, dass ihre Tochter an ihrer Brust fast verhungert wäre. Diese dramatische Situation bildete den Kern einer unbewussten Phantasie, die ihr späteres Leben in ständigen Wiederholungen prägte. Sie erlebt sich als eine, die nie satt wird und deren Wünsche gefährlich für ihr Gegenüber sind. Unbewusst phantasiert sie sich als schlecht und gierig. In ihrer Abwehr identifiziert sie sich aber mit einer guten, idealen Brust, die unerschöpflich andere Menschen füttern und befriedigen kann. Häufig brachte sie mir Süßigkeiten und Kuchen mit. Als junges Mädchen erlebte sie die Schrecken des Kriegsendes und wurde Zeugin von Morden und Vergewaltigungen. Unbewusst muss sie diese Ereignisse als Bestätigung ihrer Überzeugung von Schuld und Sühne erlebt haben. Wieder richtete sich ihre Abwehr nach außen. Sie wurde sehr tüchtig und entwickelte sich zur Stütze ihrer in der Nachkriegszeit darbenden Familie. Erwachsen geworden führte sie ein Leben, das mit Pflichten angefüllt war. Sie half, wo sie konnte, war immer für andere da und fühlte sich doch im Grunde immer unbefriedigt.

In der Behandlung war sie kooperativ und sehr bemüht. Die negative Übertragung zeigte sich anfangs nur in einer Verstärkung ihrer psychosomatischen Beschwerden während Behandlungsunterbrechungen. Eine Übertragungs-Gegenübertragungs-Kollusion bahnte sich an. Ich lebte in der Nachkriegszeit in einer für diese Zeit typischen Familie, ohne Männer, aber mit vielen Frauen und Tanten, und entwickelte dabei die Fähigkeit, mich mit diesen älteren Frauen immer gutzustellen. In der Behandlung spürte ich zunehmend eine Neigung, mit der so netten und kooperativen Frau X. dieses Verhaltensrepertoire wieder aufleben zu lassen. Langsam wurde mir aber klar, dass sich eine Übertragungs-Gegenübertragungs-Konstellation entwickelte, durch die eine Aktualisierung der frühen Mutter-Kind-Beziehung mit einem hungrigen, verzweifelten Baby auf der einen und einer versagenden Mutter auf der anderen Seite abgewehrt werden sollte. Die Deutung und Durcharbeitung dieser Situation bewirkte eine entscheidende Wendung im therapeutischen Prozess. Frau X. gewann in der Folgezeit immer mehr Zugang zu ihrer negativen Übertragung. Die Beziehungen zu anderen Menschen gewannen an Tiefe, und sie konnte besser die eigene Ambivalenz ertragen. Sie entwickelte ein realistischeres Bild ihrer Lebensgeschichte und fühlte sich innerlich reicher und kreativer. Die Behandlung konnte nach einigen Jahren zu einem befriedigenden Ende geführt werden. Interessant an der geschilderten, drohenden Kollusion zwischen Patientin und Analytiker ist, dass sie durch eine in der gleichen zeitgeschichtlichen Matrix wurzelnden Entwicklung beider gefördert wurde. Die Behandlung älterer Patienten schärft den Blick für das Einwirken der Zeitgeschichte auf individuelle Entwicklungen und den therapeutischen Prozess.

Literatur

Bleichmar H (2013) Verschiedene Pfade, die in die Depression führen. In: Leuzinger-Bohleber M, Bahrke U, Negele A (Hrsg.) Chronische Depression. Göttingen: Vandenhoeck & Ruprecht. S. 82–97.

Freud S (1917) Trauer und Melancholie. G.W., Band X. S. 427–446.

Lindner R (2013) Psychotherapie mit älteren depressiven Patienten. In: Leuzinger-Bohleber M, Bahrke U, Negele A (Hrsg.) Chronische Depression. Göttingen: Vandenhoeck & Ruprecht. S. 198 – 213.

7 Psychotherapeutische Ansätze bei Demenz

Daniel Kopf

Demenz ist ein Syndrom, in dessen Mittelpunkt ein fortschreitender Abbau kognitiver Leistungsfähigkeit, insbesondere des Gedächtnisses und des Lernens, steht. Um diese Kernsymptome gruppieren sich in individuell wechselnder Reihenfolge und Intensität weitere kognitive Einschränkungen wie Orientierungsstörungen, Störungen des Sprachverständnisses, der Urteilsfähigkeit (und oft Krankheitseinsicht), des Rechnens oder der Handlungsplanung (exekutive Funktionen). Psychische und Verhaltensveränderungen begleiten die Erkrankung in verschiedenen Stadien in wechselnder Symptomatik und umfassen Störungen des Antriebs mit Apathie oder Agitation, Depressivität, Angst, Störungen der Impulskontrolle, z. B. mit Aggressivität, Hyperoralität oder Hypersexualität, und schließlich psychotische Symptome wie Wahn, Halluzinationen, situative Verkennungen o. ä. Manchmal zu Beginn, regelmäßig im Spätstadium der Erkrankung treten körperliche Folgen auf wie motorische Störungen, Sturzneigung, Gewichtsverlust, Inkontinenz und Infektionsneigung mit schließlich vollständiger Pflegebedürftigkeit und unheilbar tödlichem Ausgang.

7.1 Pathogenese der Demenz und Lernprozesse

Dem klinisch-neuropsychologisch definierten Syndrom der Demenz liegen verschiedene Krankheitsbilder mit charakteristischen pathologisch-anatomisch beschreibbaren Erkrankungen des Gehirns zugrunde. Die Demenzformen werden unterteilt in neurodegenerative und vaskuläre Demenzformen und Mischformen. Bei neurodegenerativen Demenzformen werden Nervenzellen infolge komplexer Stoffwechselstörungen geschädigt, bilden dabei toxische, nicht mehr weiter verwertbare Stoffwechselabbauprodukte, die zu charakteristischen Ablagerungen und zum Untergang weiterer Nervenzellen führen. Den vaskulären Demenzformen liegen Störungen der Durchblutung hirnversorgender Blutgefäße zu Grunde. Bei der häufigsten Form der Demenz, dem Morbus Alzheimer, stellte bereits die Erstbeschreibung die Verbindung zwischen der neuropsychologischen Symptomatik und den morphologischen Veränderungen des Gehirns her. In einer Zeit, in der sich psychodynamische Modelle für das Verständnis psychischer Störungen etablierten, trug die Erstbeschreibung des M. Alzheimer wesentlich zur Entstehung eines viele Jahrzehnte dominierenden dichotomen Konzepts bei, das psychische Störungen in pathoanatomisch begründbare und psychodynamisch verstandene Krankheiten unterteilte. Entsprechend konzentrierte sich die Entwicklung der Psychotherapie auf die letztere Gruppe der Krankheitsbilder.

Diese scharfe Grenze wurde durch neue Befunde der letzten Jahrzehnte etwas durchlässiger: Einerseits wurden auch bei seither eher psychodynamisch verstandenen Krankheitsbildern neurobiologische Veränderungen als Kofaktoren in der Pathogenese beschrieben, andererseits konnte gezeigt werden, dass auch lernpsychologische und psychotherapeutische Interventionen bleibende neurobiologische und sogar strukturelle Veränderungen im Gehirn auslösen können.

Trotz dieser neuen Sichtweise unterscheidet sich die Demenz wesentlich von anderen gerontopsychiatrischen Krankheitsbildern, in denen psychotherapeutische Interventionen angewendet werden. Nicht nur für verhaltenstherapeutische Verfahren gilt, dass Lernprozesse und emotionale Regulationsmechanismen für die Wirksamkeit einer Psychotherapie essentiell sind. Dies setzt synaptische Plastizität voraus – und genau die nachlassende Fähigkeit zur Neubildung von Synapsen liegt im Zentrum der Pathogenese des M. Alzheimer, gefolgt vom Untergang von Nervenzellen und schließlich von Atrophie und Funktionsverlust spezieller Hirnregionen, insbesondere des Hippocampus, der für die Einspeicherung von neuen Gedächtnisinhalten zuständig ist, oder limbischen Strukturen, die eine wichtige Rolle in der Emotionsregulation spielen. Schließlich beeinträchtigt die Demenz das Sprachverständnis, den Wortschatz und die sprachliche Flüssigkeit, womit zentrale Zugangswege für psychotherapeutische Interventionen erschwert sind.

7.2 Ansatzpunkte und Anforderungen an psychotherapeutische Verfahren

Die Hoffnung, durch psychotherapeutische Verfahren, z.B. Lerntraining, die Störung der synaptischen Plastizität zu beheben und den Untergang von Neuronen zu stoppen, haben sich bislang allenfalls in sehr frühen, präsymptomatischen Stadien der Demenz teilweise erfüllt. Durch Anpassung der Interventionen an die eingeschränkte Lernfähigkeit der Betroffenen können alltagsrelevante Kompensationsstrategien eingeübt werden. Geht man von einer erhöhten Vulnerabilität des Gehirns bei beginnender Demenz aus, können Verfahren, die zur Stressreduktion beitragen, möglicherweise den Krankheitsverlauf günstig beeinflussen.

Neben den kognitiven Faktoren sind die psychologischen und Verhaltenssymptome wie Depressivität, Angst, Rückzug, Apathie, Aggressivität, Wahn, Halluzinationen und situative Verkennung teilweise psychologischen Interventionen zugänglich.

Vereinzelte Autoren stellen dem primär biologischen Konzept tiefpsychologische Pathogenesemodelle gegenüber, die beispielsweise das Vergessen als Abspaltung nicht integrierbarer Gedächtnisinhalte begreifen. Zwar werden solche Modelle der Gesamtheit der gesicherten biologischen und neuropsychologischen Befunde nicht gerecht, für einzelne Phänomene können sie plausible Erklärungen liefern und wurden zum Ausgangspunkt wirksamer psychotherapeutischer Interventionen und Pflegekonzepte. Daneben stellt die Demenz ein Krankheitsbild mit extremer Belastung pflegender Angehöriger dar. Es besteht daher ein hoher Bedarf an Interventionen zur Reduktion der Belastung des Umfelds, die indirekt dann den Patienten selbst wieder zugutekommen. Teilweise kann dies erreicht werden, indem das unmittelbare Umfeld der Patienten so gestaltet wird, dass diese sich trotz der Einschränkung der Orientierung und anderer kognitiver Funktionen zurechtfinden und somit angstfrei und sicher leben können.

Ansatzpunkte für psychologische und psychotherapeutische Interventionen sind daher:

- Psychoedukation im Frühstadium der Demenz mit Vermittlung von Coping-Strategien im Umgang mit demenzbedingten Defiziten und Einüben von Kompensationsstrategien
- Behandlung von psychologischen Symptomen und Verhaltensauffälligkeiten
- Milieugestaltung und -therapie
- Betreuung und Beratung von familiären und professionellen Betreuungspersonen

Da sprachgebundene Interventionen vor allem im Spätstadium der Demenz nicht mehr eingesetzt werden können, verschwimmen die Grenzen klassischer Psychotherapie zu anderen Verfahren. Wirksame Interventionskonzepte gelingen am besten im *teamorientierten Einsatz* von

- Psychotherapie in schulenübergreifenden Ansätzen
- Ergotherapie
- Künstlerischen Therapieformen
- Körperzentrierten Therapieformen (z. B. Physiotherapie, physikalische Therapie, Logopädie)
- Pflege
- Sozialarbeit
- Laienhelfer

Angesichts der epidemiologischen Herausforderungen müssen neben dem Überschreiten der Grenzen zwischen Berufsgruppen auch die Grenzen der Individuums-zentrierten Therapieansätze überschritten werden, indem *kommunale Netzwerke* gebildet werden, die neben Gesundheits- und Pflegeeinrichtungen auch Einzelhandel, Nahverkehr, Polizei, Kultur und andere Bereiche des öffentlichen Lebens einschließen.

Im Folgenden sollen einzelne Therapieansätze steckbriefartig beschrieben und bewertet werden.

7.3 Verfahren zur Verbesserung von kognitiven Funktionen und Alltagsaktivitäten

7.3.1 Kognitives Training

Bei Menschen mit kognitiven Einschränkungen hat sich das sogenannte fehlerfreie Lernen/»Errorless Learning« anderen Strategien gegenüber als überlegen gezeigt. Die Theorie geht davon aus, dass das explizite Lernen die Grundlage für das Erkennen von Fehlern und deren Korrektur in weiteren Lerndurchgängen ist. Das explizite Lernen ist aber bei der Alzheimer-Demenz frühzeitig gestört.

Um dieses Hindernis für erfolgreiches Lernen zu umgehen, werden verschiedene Strategien eingesetzt (nach de Werd et al. 2013):

- Aufteilen des Lerninhalts in kleine Lernschritte
- Geplanter Aufbau der Lernschritte mit genauen Instruktionen und Demonstration des richtigen Vorgehens
- Sofortige Fehlerkorrektur
- Vermeiden von Raten

- »Vanishing cues«: Hilfestellungen werden mit zunehmendem Lernfortschritt reduziert
- »Spaced retrieval«: Wiederholung des Gelernten in größer werdenden Intervallen

Wünschenswert wäre ja, dass durch kognitives Training nicht nur die geübten spezifischen Lerninhalte anschließend besser beherrscht werden, sondern dass ein Generalisierungseffekt eintritt und insgesamt die kognitive Leistungsfähigkeit verbessert wird. Bei Patienten mit einer Vorstufe der Alzheimer-Demenz, dem amnestischen Subtyp der leichten kognitiven Störung, konnte durch eine auf den Prinzipien des Errorless Learning basierenden Intervention die globale Gedächtnisleistung stabilisiert werden, während sie in der Kontrollgruppe abnahm. Gleichzeitig besserte sich in der Interventionsgruppe die Depressivität. Hierzu trägt sicher die Tatsache bei, dass die Konfrontation mit den krankheitsbedingten Defiziten durch den fehlerfreien Lernansatz minimiert wird. Bei Patienten mit bereits manifester Demenz verschwand allerdings der globale Effekt (Buschert et al. 2012).

Dagegen ist das fehlerfreie Lernen auch bei manifester Demenz wirksam, wenn im Alltag bedeutungsvolle Aufgaben eingeübt werden. Dazu gehören der Gebrauch von Kalendern, Erinnerungshilfen, das Lernen von Namen zu Gesichtern von Bezugspersonen, das Benutzen von technischen Geräten wie z. B. eines mobilen Telefons (de Werd et al. 2013).

Zu bedenken ist allerdings, dass der Aufwand recht hoch ist. Sinnvoll ist es daher, betreuende Angehörige zu schulen, die solche Techniken mit vorgefertigten Materialien zu Hause anwenden. Wichtig ist, darauf zu achten, dass diese Lernaufgaben ohne Leistungsdruck durchgeführt werden, da der mit Leistungsdruck verbundene Stress nicht nur den Lerneffekt mildert, sondern auch die Beziehung zwischen betreuenden Angehörigen und Patient belastet.

7.3.2 Kognitive Stimulation

Im Gegensatz zum kognitiven Training werden in der Regel neben kognitiven Funktionen vor allem soziale Aktivitäten gefördert. Die Intervention wird meist in Gruppen durchgeführt. Der Fokus liegt auf der Verbesserung der Lebensqualität. Ein Cochrane-Review fand für diese Verfahren überwiegend positive Effekte: Die globale Kognition besserte sich mit einer mittleren Effektstärke von 0,41 (0,25–0,57), die Kommunikation und soziale Interaktion etwa im gleichen Ausmaß von 0,44 (0,17–0,71), ähnlich wie die Lebensqualität: 0,38 (0,11–0,65). Keine signifikanten Besserungen zeigten sich dagegen in den Aktivitäten des täglichen Lebens, in der Depressivität und bezüglich Verhaltensauffälligkeiten (Woods et al. 2012).

7.3.3 Kognitive Rehabilitation

Mehrere Verfahren können zu einem kognitiven Rehabilitationsprogramm zusammengefasst werden. Eine Studie untersuchte 69 Patienten mit leichter bis mittelschwerer Demenz (MMSE 18–30; Clare et al. 2010). Im Rehabilitationsprogramm wurden wöchentliche Einzelsitzungen von jeweils einer Stunde mit einem Ergotherapeuten angeboten. Im Mittelpunkt stand die Arbeit an individuell bedeutsamen Zielen, z. B. Gesichter-Namen-Zuordnung, Bedienung eines Handys, Aufrechterhalten der Konzentration beim Kochen, Erinnerungshilfen. Bezugspersonen, wenn verfügbar, nahmen an den letzten 15 Minuten der Sitzungen teil). Als Kontrollinterventionen dienten eine Entspannungsgruppe und eine zweite Gruppe ohne Intervention. Diese Studie erbrachte signifikante Verbesserungen in der Durchführung der Zielaufgaben und in der Zufriedenheit.

7.4 Verfahren zur Verbesserung von psychologischen Symptomen und Verhaltensauffälligkeiten

7.4.1 Anpassung kognitiv-behavioraler Verfahren

Kognitiv-behaviorale Verfahren können durch bestimmte Modifikationen so angepasst werden, dass sie auch bei Patienten mit leichter oder mittelschwerer Demenz effektiv sind.

In einer Studie zu Angststörungen wurde der Schwerpunkt der Interventionen auf körperbezogene »Skills« gelegt. Pro Therapiesitzung wurden nur wenige Skills vermittelt und diese oft wiederholt. Angehörige wurden einbezogen, die die betroffenen bei Hausaufgaben unterstützten. Die Angstsymptome konnten bei 86 % der Patienten verbessert werden, nach 6 Monaten waren immerhin noch 66 % der Patienten gebessert (Paukert et al. 2010).

Das Verfahren der Problemlösetherapie wurde speziell für kognitiv eingeschränkte, depressive Patienten angepasst. Dieses erweiterte Verfahren, das aufsuchend angewendet wurde, schloss möglichst auch Bezugspersonen mit ein und bot Hilfestellungen durch Kalender, bebilderte Medien, akustische Erinnerungen durch individuelle Tonaufzeichnungen und ähnliches an. Im Vergleich zu einer unspezifischen Intervention mit unter anderem empathischem Zuhören und Ermutigung konnte eine deutliche Reduktion depressiver Symptome nachgewiesen werden. In der Interventionsgruppe fiel der Hamilton-Depressionsscore nach 12 Wochen von etwa 21 auf 9 Punkte ab (Kiosses et al. 2010).

7.4.2 Künstlerische und körperbezogene Verfahren

Bei fortgeschrittener Demenz oder in Frühstadien von Demenzformen, die bevorzugt das Sprachverständnis betreffen, müssen nicht sprachgebundene Zugangswege gefunden werden. Hierzu werden Musik, künstlerisches Gestalten, Drama oder auch körperbezogene Ansätze beschrieben. Diese Verfahren werden oft sehr individuell und situationsbezogen eingesetzt. Dies erschwert die Durchführung kontrollierter Studien, die ohnehin mit der Schwierigkeit der Erfassung des Outcome zu kämpfen haben. Dennoch gibt es für einige Ansätze ermutigende Daten. Dies gilt besonders für die Musiktherapie. Beobachtungen im klinischen Alltag und einzelne kleinere Studien lassen vermuten, dass besonders Agitation, Angst und Unruhe durch Musiktherapie auch bei Menschen mit weit fortgeschrittener Demenz gemildert werden können (siehe die Arbeiten von Dehm-Gauwerky, ▶ Kap. 16 und Sonntag, ▶ Kap. 17 in diesem Buch).

In der Bronx Aging Study, einer nicht interventionellen, prospektiven Interventionsstudie wurde der Zusammenhang unterschiedlicher Freizeitaktivitäten mit der Manifestation einer Demenz im weiteren Verlauf untersucht (Verghese et al. 2003). Menschen, die regelmäßig tanzten, hatten im Vergleich zur Gesamtpopulation ein deutlich geringeres Risiko, an einer Demenz zu erkranken. Das relative Risiko lag bei nur 0,24! Allerdings müssen Schlüsse aus nicht interventionellen Daten vorsichtig gezogen werden. Trotzdem gibt es verschiedene Studienansätze zur Tanztherapie, die eine protektive Wirkung nahelegen. Tanz vereint wie keine andere Intervention soziale Interaktion, körperliche Aktivität und emotionalen Ausdruck, drei Faktoren, denen eine protektive Wirkung zugeschrieben wird (siehe die Arbeit von Bräuninger, ▶ Kap. 18 in diesem Buch).

Eine neuere Studie untersuchte den Zusammenhang zwischen Gedächtnisleistung und psychophysiologischen Veränderungen nach der Präsentation emotional relevanter Stimuli (Blessing et al. 2012). Bei Menschen mit Demenz, bei denen im verzögerten Abruf keine Gedächtnislcistung im Sinne eines Wiedererkennens mehr nachweisbar war, konnten dagegen durch die erneute Präsentation durchaus psychophysiologische Veränderungen nachgewiesen werden, die auf eine Lernleistung limbischer Strukturen schließen lassen. Offensichtlich ist bei Menschen mit Demenz eine Art »emotionales Gedächtnis« erhalten. Dies mag den klinisch oft beobachteten nachhaltigen Effekt von nicht kognitiven Interventionen auf das Verhalten erklären.

7.4.3 Milieutherapie

Je weiter die Demenz fortschreitet, desto mehr Bedeutung kommt der Milieugestaltung zu. Milieutherapie integriert verschiedene Interventionen, die sich von Pflegekonzepten bis hin zu architektonischen Gestaltungsmöglichkeiten erstrecken. Grundsätze sind:

- Wertschätzende, verstehende Gestaltung des Kontakts zwischen Patienten/Bewohnern und Betreuungspersonen, meist unter Einbeziehung von Validationstechniken und individueller biografischer Informationen
- Berücksichtigung persönlicher Vorlieben und Gewohnheiten, die vorher eruiert werden müssen, z. B. bei der Nahrungsauswahl, der Tagesgestaltung
- Einfache, übersichtliche, sichere Gestaltung der Räumlichkeiten mit Orientierungshilfen (z. B. durch Piktogramme, Farbkodierung, Vermeidung von Stolperfallen)
- Tagesstrukturierung (z. B. durch wechselnde, an die Tageszeit angepasste Beleuchtung, Vermeidung nächtlichen Lärms, angenehmen Aktivierungsanreizen tagsüber)

Die Wirksamkeit dieses Konzepts konnte sowohl in Pflegeeinrichtungen als auch in Krankenhäusern belegt werden. In einer Studie in einem Pflegeheim konnte durch einen Ansatz sogar der Gewichtsverlauf der demenzkranken Bewohner günstig beeinflusst werden (Mamhidir et al. 2007). Im Krankenhaus lassen sich durch solche Ansätze Stürze und Aggressivität verringern, der funktionelle Status lässt sich bessern.

Solche Konzepte erfordern einen interdisziplinären Ansatz, wie er beispielsweise in geriatrischen oder gerontopsychiatrischen Einrichtungen, aber auch in gut ausgestatteten Pflegeeinrichtungen gepflegt wird.

7.5 Interventionen bei pflegenden Angehörigen

Demenz ist eine Erkrankung, die das betreuende Umfeld erheblich belastet. Pflegende Angehörige leiden oft an sozialer Isolation, depressiven Störungen, neigen dazu, sich selbst gesundheitlich zu vernachlässigen und haben eine höhere Mortalität. Einige therapeutische Ansätze, oft in Gruppen, die beratende und edukative Interventionen mit psychotherapeutischen Elementen und Entspannungsangeboten verbinden, können nicht nur die Belastung der Angehörigen deutlich vermindern, sondern wirken sich indirekt günstig auf die Lebensqualität von Demenzkranken aus (Adelman et al. 2014).

7.6 Zusammenfassung

Aufgrund der Störung kognitiver und sprachlicher Funktionen bei Demenzkranken sind klassischen psychotherapeutischen Interventionen enge Grenzen gesetzt. Dennoch wurde in den letzten Jahren die Wirksamkeit einer Vielzahl von adaptierten Interventionen, vor allem auf die Lebensqualität, aber auch auf kognitive Funktionen von Demenzkranken und auf die Belastung von pflegenden Angehörigen nachgewiesen. Voraussetzungen für wirksame Konzepte sind die individuelle, stadiengerechte Adaptation der Verfahren und die interdisziplinäre Zusammenarbeit. Teilweise werden Grenzen beruflicher Qualifikation gesprengt. Dies ist eine tägliche Herausforderung, aber öffnet auch weite Perspektiven und bereichert den therapeutischen Alltag.

Literatur

Adelman RD, Tmanova LL, Delgado D, Dion S, Lachs MS (2014) Caregiver burden: a clinical review. JAMA 311: 1052–1060

Blessing A, Keil A, Gruss LF, Zöllig J, Dammann G, Martin M (2012) Affective learning and psychophysiological reactivity in dementia patients. Int J Alzheimers Dis 2012: 672927.

Buschert VC1, Giegling I, Teipel SJ, Jolk S, Hampel H, Rujescu D, Buerger K (2012) Long-term observation of a multicomponent cognitive intervention in mild cognitive impairment. J Clin Psychiatry 73(12): e1492–1498.

Clare L, Linden DE, Woods RT, Whitaker R, Evans SJ, Parkinson CH, van Paasschen J, Nelis SM, Hoare Z, Yuen KS, Rugg MD (2010) Goal-oriented cognitive rehabilitation for people with early-stage Alzheimer disease: a single-blind randomized controlled trial of clinical efficacy. Am J Geriatr Psychiatry 18(10): 928–939

Forbes D1, Blake CM, Thiessen EJ, Peacock S, Hawranik P (2014) Light therapy for improving cognition, activities of daily living, sleep, challenging behaviour, and psychiatric disturbances in dementia. Cochrane Database Syst Rev 2014(2): CD003946

Kiosses DN, Arean PA, Teri L, Alexopoulos GS (2010) Home-delivered problem adaptation therapy (PATH) for depressed, cognitively impaired, disabled elders: A preliminary study. Am J Geriatr Psychiatry 18(11): 988–998

Mamhidir AG, Karlsson I, Norberg A, Mona K (2007) Weight increase in patients with dementia, and alteration in meal routines and meal environment after integrity promoting care. J Clin Nurs 16: 987–996

Paukert AL, Calleo J, Kraus-Schuman C, Snow L, Wilson N, Petersen NJ, Kunik ME, Stanley MA (2010) Peaceful Mind: an open trial of cognitive-behavioral therapy for anxiety in persons with dementia. Int Psychogeriatr 22(6): 1012–1021

Vasionytė I, Madison G (2013) Musical intervention for patients with dementia: a meta-analysis. J Clin Nurs 22: 1203–1216

Verghese J, Lipton RB, Katz MJ, Hall CB, Derby CA, Kuslansky G, Ambrose AF, Sliwinski M, Buschke H (2003) Leisure activities and the risk of dementia in the elderly. N Engl J Med 348: 2508–2516.

de Werd MM, Boelen D, Rikkert MG, Kessels RP (2013) Errorless learning of everyday tasks in people with dementia. Clin Interv Aging 2013(8): 1177–90

Woods B, Aguirre E, Spector AE, Orrell M (2012) Cognitive stimulation to improve cognitive functioning in people with dementia. Cochrane Database Syst Rev 2012(2): CD005562

Zieschang T, Dutzi I, Müller E, Hestermann U, Grünendahl K, Braun AK, Hüger D, Kopf D, Specht-Leible N, Oster P (2010) Improving care for patients with dementia hospitalized for acute somatic illness in a specialized care unit: a feasibility study. Int Psychogeriatr 22: 139–146

8 Suizidalität in der geriatrischen Klinik

Uwe Sperling

Vor nunmehr 12 Jahren wurde ich erstmals aufgefordert, mich mit der Frage zu beschäftigen, was es denn damit auf sich hat, wenn ältere Menschen sagen, dass sie sich umbringen wollen. Damals konnte ich auf zehn Interviews zurückgreifen, die mit Menschen geführt worden waren, die während ihres Aufenthalts in einer geriatrischen Akutklinik von sich aus den Mitarbeitenden gegenüber davon gesprochen hatten, dass sie nicht mehr leben wollten. Seither hat mich dieses Thema nicht mehr losgelassen.

In diesem Kapitel will ich zunächst kurz skizzieren, was es bedeuten kann, als alter Mensch krank zu sein. Dann möchte ich auf die Suizidalität, wie sie in unserer Klinik sichtbar wird, zu sprechen kommen, und dabei die Ergebnisse unserer explorativ angelegten Studien darstellen. Schließlich soll die Brücke in die Praxis geschlagen werden durch Auseinandersetzung mit den Fragen, wie im Klinikalltag die Aufmerksamkeit für diese Problematik gefördert werden kann und welche Perspektiven es gibt.

8.1 Gewinn und Last: die Ambivalenz der im Alter gewonnenen Jahre

In den letzten einhundert Jahren ist die Lebenserwartung in Deutschland wie in vielen anderen Industrieländern stetig von knapp 50 Jahren auf nunmehr gut 80 Jahre gestiegen. Zunächst war dafür die Reduzierung der Säuglings- und Kindersterblichkeit verantwortlich, dann konnte das Überleben im mittleren Erwachsenenalter immer besser gesichert werden. Seit den 1990er Jahren wird vor allem im höheren und hohen Alter Zeit hinzugefügt, so dass sich die Lebenszeit für eine wachsende Zahl von Menschen über die 90, 95 und 100 Jahre hinaus ausdehnt. Damit wird erstmals in der Menschheitsgeschichte der Traum vom langen Leben für eine größere Zahl von Menschen Wirklichkeit, und die gewonnenen Jahre sind überwiegend Jahre, die aktiv genutzt werden können. Auf der anderen Seite kommen aber auch für eine wachsende Zahl von Menschen Jahre hinzu, in denen gesundheitliche Probleme und der damit verbundene Hilfebedarf in den Vordergrund treten. Das von Fries (1980) entworfene Modell der Rektangularisierung und der Kompression der Morbidität und Mortalität auf einen kurzen Zeitraum am Lebensende hat sich nur zu einem gewissen Grad erfüllt; durch die neue Entwicklung hat diese Kompression wieder etwas nachgelassen. Der zukünftige Altersbaum der Bevölkerungsentwicklung zeigt eine starke Zunahme älterer und sehr alter Menschen, die dadurch noch verstärkt wird, dass jetzt die Kriegskinder und in künftigen Jahren die sog. geburtenstarken Jahrgänge (Baby-

Boomer) und danach noch einmal deren Kinder in größerer Zahl ins Alter eintreten. Diese werden in höherem Alter einerseits eine bessere Gesundheit aufweisen als die Generationen zuvor, aber sie werden auch in der verlängerten Lebenszeit mehr Tage der Krankheit erleben. Kennzeichnend für die Krankheit im hohen Alter sind die Multimorbidität, der Aspekt der Funktionalität im Alltag und die damit verbundene Beeinträchtigung der Lebensqualität. Wenige Beispiele sollen zur Illustration genügen: Jeweils etwa einem Drittel der 80-jährigen und älteren Personen ist die Benützung des öffentlichen Nahverkehrs, das Treppensteigen oder das selbständige Baden bzw. Duschen nicht mehr möglich. In der Gruppe der 70 Jahre alten und älteren Menschen haben 14 % kognitive Beeinträchtigungen, 28 % haben mehr als 5 Diagnosen und 37,5 % werden mit mehr als 5 Medikamenten zugleich behandelt. Die 85- bis 89-Jährigen haben einen durchschnittlichen jährlichen Schmerzmittelbedarf von gut 32 Tagesdosen (Zusammenstellung bei Wehling und Burkhardt 2011, S. 11). Diese wachsende Zahl älterer Menschen trifft auf eine Versorgungsstruktur, die in den einzelnen Bundesländern recht unterschiedlich organisiert ist und Akutkrankenhäuser teilweise mit geriatrischen Kliniken, fachspezifische und geriatrische Rehabilitationskliniken, psychosomatische Krankenhäuser und gerontopsychiatrische Krankenhäuser und Abteilungen umfasst. In den meisten Fällen können die Patienten nach der Behandlung wieder aus dem Krankenhaus entlassen werden. Die Sterbequote in unserer geriatrischen Akutklinik liegt derzeit bei etwa 8 %. Dies bedeutet, dass die meisten Patienten weitere Lebenszeit vor sich haben.

Wir erleben in den letzten Jahrzehnten eine epochale Veränderung dahingehend, dass die Medizin einerseits immer mehr kann, auch im hohen Alter Eingriffe vornimmt, die einige Jahre zuvor noch undenkbar waren. Auf der anderen Seite wird die Frage der Autonomie und Selbstbestimmung bis ins höchste Alter für den Einzelnen immer wichtiger. Bei den Entscheidungen über die angemessene Behandlung muss ein Ausgleich zwischen beidem gefunden werden. Oft spitzt sich die Entscheidungssituation im geriatrischen Alltag in kurzer Zeit sehr zu: Welche Maßnahmen sollen ergriffen werden, sind eher palliative oder kurative Behandlungsformen angezeigt, was soll im Einzelnen getan werden und welche Folgen hat dies für das weitere Leben des Patienten? Unumstritten ist, dass der Patientenwille respektiert werden muss. Der ist jedoch oft schwer einzuschätzen, beispielsweise wenn eine Demenz oder eine Depression vorliegt.

8.2 Suizidalität bei älteren Menschen

Im Jahr 2010 waren in Deutschland 10.021 Suizide zu verzeichnen; davon waren 4.199 Personen 60 Jahre oder älter, was einem Anteil von 41,9 % an der Gesamtzahl der Suizide entspricht. Damit waren ältere Menschen deutlich überrepräsentiert, da ihr Anteil an der Gesamtbevölkerung mit 26 % deutlich niedriger lag (vgl. dazu Schneider, Sperling und Wedler 2011). Die absolute Zahl der betroffenen älteren Männer (2.971) war höher als die der älteren Frauen (1.228), der relative Anteil älterer Frauen war mit 48 % jedoch noch größer als derjenige der älteren Männer (39,8 %). Dennoch scheinen die Suizidzahlen Älterer in Kliniken wesentlich geringer zu liegen. Neuner et al. (2009, S. 73) berichten, dass lediglich 9,6 % der Kliniksuizide psychiatrischer Patienten von Personen über 65 Jahren durchgeführt wurden. Spielt das Thema der Suizidalität also in der Klinik eher eine untergeordnete Rolle? Auch wenn die Zahl der tödlich verlaufenden Suizidhandlungen Älterer in der Klinik wesentlich geringer als in der Gesamtbevölkerung liegen dürfte, interessiert das Thema dennoch brennend, denn es gibt eine große Bandbreite, in der sich Suizidalität im Alltag der geriatrischen Klinik äußert: von der Bitte um Beihilfe zum Suizid bis hin zu Todeswünschen oder auch der Aussage: »So ernst habe ich es jetzt doch nicht gemeint«.

Es besteht insgesamt ein Defizit an Studien zur Suizidalität im akutgeriatrischen Bereich. Es liegen jedoch Ergebnisse vor, die zeigen, dass in der Geriatrie etwa 36 % der Patienten sagen, das Leben sei nicht mehr lebenswert, 22 % äußern Sterbewünsche und bei einem geringen Teil findet man Suizidgedanken, Suizidpläne und -handlungen (Shah et al. 2000). In der Allgemeinbevölkerung liegen diese Zahlen niedriger (Barnow und Linden 2002), in der Gerontopsychiatrie etwas höher.

8.3 Suizidalität in der Geriatrie

In Mannheim sind wir der Frage nachgegangen, wie die Zahlen in der akutgeriatrischen Klinik liegen und welche Hintergründe für die Suizidalität älterer Menschen erkennbar sind. Wir haben dazu zwei Studien unternommen. Bei einer Pilotstudie (Burkhardt et al. 2003) haben wir alle Patienten, die innerhalb eines Zeitraums von 2 Monaten von sich aus den Mitarbeitenden in der geriatrischen Klinik gegenüber sagten, dass sie nicht mehr leben wollten, interviewt. In einer zweiten Studie (Sperling et al. 2009) haben wir unmittelbar beim Eintritt in die geriatrische Klinik ein Screening durchgeführt und für das zurückliegende halbe Jahr danach gefragt, ob das Leben als nicht lebenswert erlebt wurde, der Wunsch, tot zu sein, aufgetreten ist und ob Suizidgedanken, Suizidpläne oder Suizidhandlungen vorlagen.

8.3.1 Suizidäußerungen – die Pilotstudie

Bei der Pilotstudie haben wir für die Äußerungen der Patienten im Interview die Dimensionen der Dauer, der Intensität und der Konkretheit unterschieden. Interessant war das Ergebnis, dass die korrelierenden Variablen für jede dieser drei Dimension andere waren und es kaum Überschneidungen gab. Eine längere Dauer dieser Wünsche oder Äußerungen war damit verbunden, dass die Betreffenden auch depressiv erkrankt waren, geringere Hoffnung erkennen ließen, sich höher belastet fühlten und in den grundlegenden Aktivitäten des täglichen Lebens (ADL) eingeschränkter waren; sehr alte Menschen, meist Frauen, überwogen, sie hatten zumeist Kenntnis über Suizidmethoden. Konkreter äußerten sich Personen, die bereits eine Suizidmethode für sich gewählt hatten, für die nur noch eine kurze medizinische Prognose bestand, nur wenige Unterstützungspersonen zur Verfügung standen und bei denen das subjektive Wohlbefinden geringer war. Intensiv wurden die Äußerungen besonders dann vorgetragen, wenn Schmerzen eine Rolle spielten, bereits früher ein Suizidversuch unternommen worden war oder Suizidmethoden wohlbekannt waren.

8.3.2 Vom Todeswunsch zu Suizidhandlungen – die Explorationsstudie

In der zweiten Studie haben wir im Anschluss an die von Paykel et al. (1974) erarbeiteten Dimensionen die Patientenäußerungen in folgende Gruppen zusammengefasst:

1. Das Leben ist nicht mehr lebenswert
2. Wunsch, tot zu sein
3. Suizidgedanken
4. Suizidpläne
5. Suizidhandlungen

Bei der Konstruktion des Interviews berücksichtigten wir das auf der kognitiven Theorie der Persönlichkeit (Thomae 1968) aufbauende Modell der kognitiven Repräsentation von Lehr (1996, S. 172 ff.). Es besagt, dass für die Art und Weise, wie sich eine Person mit Ereignissen und Veränderungen auseinandersetzt, in erster Linie das Erleben wichtig ist, das wiederum von den Bezügen zu Vergangenheit, Gegenwart und Zukunft geprägt wird. Um anschaulich zu machen, wie die Patienten in den Gesprächen Suizidalität geäußert haben, fasse ich beispielhaft ein Interview zusammen (für weitere Beispiele siehe Sperling 2012). Solche Äußerungen stehen hinter den Daten und Studienergebnissen, die ich im Folgenden darstelle.

> Herr R., 77 Jahre alt, hat eine frühere Melanomerkrankung, einen künstlichen Darmausgang, braune Fußspitzen bei Diabetes mellitus; er ist körperlich sehr belastet. Er ist ein ruhiger Patient, bei dem niemand an Suizidalität denkt. Dieser Eindruck bestätigt sich zunächst auch im Gespräch mit ihm. Er spricht über ein zufriedenes Leben mit täglicher Teestunde, die er zusammen mit seiner Ehefrau und seinem Sohn hält. Unvermittelt sagt er jedoch: Wenn die Sonne scheint, ist das Leben lebenswert. Wenn der November kommt, der Selbstmördermonat, da bringen sich die meisten um, da ist das Leben für ihn nicht mehr lebenswert. Er hat den Arzt schon nach einer Spritze gefragt, damit er einschläft, das will er wirklich, wenn dauernd etwas ist: Zucker, Krebs, braune Füße etc., das hängt ihm zum Hals heraus. Eine Kollegin hat sich schon das Leben genommen, er kennt die gewählte Methode. Zuletzt hat er in der vergangenen Woche seiner Frau gesagt, dass er sich das Leben nimmt: »Ich gehe runter an den Fluss und nehme ein paar Bleigewichte mit.« Nur seine Frau hält ihn davon ab. »Oh weh, wenn sie mal nicht mehr da ist.« Den Wunsch, tot zu sein, spürt Herr R. schon seit seiner Jugend. Er hat immer alles für seine Mutter getan, aber von ihr nie Gutes bekommen. Und Paradiesvorstellungen klingen an, wenn er als Wunsch äußert, ein Häuschen im Freien mit etwas Rasen und Tieren zu haben.

Wenn man sich die hier angesprochenen Themen nochmals kurz vergegenwärtigt, so hinterlässt das Gespräch mit Herrn R. den Eindruck eines Mannes, den nur eine dünne Linie vom Suizid trennt. Dem massiven Erleben der gesundheitlichen Belastungen, den Kindheitserinnerungen und den immer wieder erneuerten Suizidgedanken steht gegenwärtig allein die Nähe seiner Frau gegenüber. Ich bin mir unsicher, ob es durch medizinische Maßnahmen und weitere Gespräche Herrn R. gelingen mag, sich weitere Lebensgründe bewusst zu machen und dadurch diese dünne Trennlinie zu verstärken. Aber den Versuch ist es auf jeden Fall wert.

Nun zu den Ergebnissen der zweiten Studie, die wiederum einen Zeitraum von zwei Monaten abdeckte.

Zur Häufigkeit von Lebensmüdigkeit

197 Patienten wurden in die geriatrische Klinik aufgenommen. 59 Patienten konnten beim Screening nicht berücksichtigt werden, weil sie entweder nicht in der Lage waren zu antworten oder weil sie zu jung waren. Von den verbliebenen 138 war das Screening bei 50 Patienten (36 %) positiv, d. h., sie hatten im zurückliegenden halben Jahr mindestens den Wunsch, tot zu sein; Äußerungen, dass das Leben nicht mehr lebenswert sei, blieben unberücksichtigt. Bei den übrigen 88 (64 %) fiel das Screening negativ aus, d. h. Todeswünsche, Suizidgedanken, -pläne und -handlungen hatten bei ihnen keine Rolle gespielt.

Vergleich von Fall- und Kontrollgruppe

Auf der Grundlage des Screenings haben wir eine Fall- ($n = 16$) und eine Kontrollgruppe ($n = 21$) gebildet, die wir zweimal, zunächst möglichst bald nach dem Screening und dann nach einer Woche, interviewt haben, um eventuelle Veränderungen feststellen zu können. Beide Gruppen waren einander recht ähnlich, die Kontrollgruppe war mit gut 77 Jahren im Durchschnitt allerdings etwas jünger als die Fallgruppe mit gut 81 Jahren. Die Mehrzahl war verwitwet, etwa ein Viertel verheiratet. In der Fallgruppe gab es auch Geschiedene und Ledige. Die meisten lebten allein oder mit dem Partner im selbständigen Haushalt, Einzelne im Heim, und in der Kontrollgruppe gab es einige Personen, die bei Angehörigen wohnten. Finanzielle Probleme wurden von zwei Personen aus der Fallgruppe berichtet. Die Patienten wiesen Diagnosen aus dem gesamten geriatrischen Spektrum auf. Der Krankenhausaufenthalt dauerte zwischen 6 und 24 Tagen (im Einzelnen siehe Sperling et al. 2009).

Definitionsgemäß spielt die Suizidalität in den genannten breit gefassten Dimensionen in der Kontrollgruppe gegenwärtig keine Rolle, was aber im Einzelfall nicht ausschließt, dass dies in der weiter zurückliegenden Vergangenheit doch der Fall gewesen sein kann. Bei der Fallgruppe ist festzustellen, dass in den meisten Fällen die Suizidalität nicht erst in der Klinik neu aufgetreten ist, sondern dass es oft schon eine Vorgeschichte gibt, die Jahre und Jahrzehnte zurückreichen kann, jetzt aber in der Klinik wieder virulent geworden ist.

Im Interview wurden folgende Themenbereiche angesprochen und in Kontextvariablen abgebildet: subjektive Gesundheit, psychische Gesundheit, Wohnen und finanzielle Situationen, soziale Kontakte und Unterstützung, Haustier, Interessen und Aktivitäten, Tod, Sterben und Suizidalität, kognitive Repräsentation, Verlust- und Schmerzerleben sowie Religiosität. Außerdem wurden medizinische Gesundheitsdaten erhoben und die kognitive Leistung mit einer Kurzfassung des Mini-Mental-Status-Tests (10 Items) getestet.

Fall- und Kontrollgruppe unterschieden sich deutlich voneinander. Bei drei Viertel der Fallgruppe lag eine depressive Symptomatik vor. Auch kognitive Beeinträchtigungen waren durchaus zu finden. Nahezu alle Mitglieder der Fallgruppe bejahten die Aussagen, dass der Tod als ein befriedigender Zustand anzusehen ist (Orbach et al. 1991; Item 27 aus MAST). Das Gefühl, anderen zur Last zu fallen, war in der Fallgruppe häufiger als in der Kontrollgruppe anzutreffen. In Bezug auf die anderen Variablen gab es keine Unterschiede, also bezüglich des Wohnerlebens, der sozialen Kontakte, der Interessen und Aktivitäten und der Verlusterlebnisse. Besonders bemerkenswert ist, dass sich die beiden Gruppen auch in den medizinischen Parametern nicht unterschieden. Das bedeutet, dass der Schweregrad der Erkrankung bei geriatrischen Patienten im Krankenhaus kein wesentliches Kriterium für das Auftreten von Suizidalität darstellt.

Hintergründe der Grade der Suizidalität

Innerhalb der Fallgruppe kann man die Häufigkeitsrelation der verschiedenen Dimensionen bzw. Grade der Suizidalität ablesen. Seltener wurden Suizidhandlungen, -pläne und -gedanken geäußert, wesentlich häufiger die Aussage, dass das Leben nicht (mehr) lebenswert ist, und am häufigsten wurde der Wunsch, tot zu sein, artikuliert. Diese Verteilung galt ebenso für zurückliegende Zeiträume im Leben ▸ Abb. 8.1).

Mit Hilfe der Kontextvariablen können die einzelnen Dimensionen oder Grade der Suizidalität genauer charakterisiert und voneinander unterschieden werden. Patienten, die das *Leben nicht mehr lebenswert* fanden, waren besonders dadurch gekennzeichnet, dass sie weniger zufrieden waren und keine Ideen hatten, wie sich dies ändern lassen könnte. Patienten, die den *Wunsch* äußerten, *tot zu sein*, erlebten vor allem die Veränderungen hinsichtlich ihrer Interessen und der Ausübung dieser Interessen als äußerst negativ und hatten öfter als andere kognitive Beeinträchtigungen. Sie verfügten über eine größere Anzahl sozialer Kontakte, die auch im Vertrauensverhältnis auf Gegenseitigkeit beruhten. Das hielt sie jedoch nicht davon ab, Todeswünsche zu äußern. Die Frage, ob diese Kontakte möglicherweise eine Ressource dafür darstellen, dass bei diesen Menschen nicht auch Suizidgedanken, -pläne oder -handlungen auftraten, kann mit unseren Daten leider nicht beantwortet werden. Wiederum andere Kontextvariablen charakterisieren die Patienten, welche *Suizidgedanken* äußerten.

		häufig	manchmal	selten	nie
Leben nicht lebenswert	(1 Woche)	5	2	1	8
	(1 Jahr)	3	2	2	9
	(>1 Jahr)	2	3		11
Wunsch, tot zu sein	(1 Woche)	8	4	1	3
	(1 Jahr)	3	3	4	6
	(>1 Jahr)	3	5	2	6
Suizidgedanken	(1 Woche)	1	1	3	11
	(1 Jahr)	2	1		13
	(>1 Jahr)	3	2		11
Suizidpläne	(1 Woche)		3		13
	(1 Jahr)	1	1		14
	(>1 Jahr)	2	1		13
Suizidversuch	(1 Woche)				16
	(1 Jahr)	1			15
	(>1 Jahr)	2			14

Abb. 8.1: Suizidalität geriatrischer Patienten (Hauptinterview): Vorkommen und Häufigkeit der unterschiedlichen Ausprägungen in der Gegenwart (1 Woche), in den zurückliegenden 12 Monaten (1 Jahr), weiter als ein Jahr zurückliegend (> 1 Jahr). Mehrfachnennungen waren jeweils möglich.

Alle berichteten über Suizidgedanken bereits vor dem Krankenhausaufenthalt, ein Teil von Ihnen hatte deswegen bereits Hilfe in Anspruch genommen. Jetzt zeichneten sich ihre Äußerungen durch einen höheren Grad der Konkretheit aus. Bei den Patienten, die *Suizidpläne* berichteten, standen in Übereinstimmung mit den Ergebnissen unserer ersten Studie die erlittenen Schmerzen im Vordergrund. Als in suizidpräventiver Hinsicht bedenklich einzuschätzen ist, dass sie eine Rückzugstendenz dahingehend erkennen ließen und dass sie weniger soziale Unterstützung wünschten, als ihnen gegenwärtig zur Verfügung stand. Ob die Tatsache, dass sie etwas mehr Interesse an religiösen Themen als die anderen hatten, ein Ansatzpunkt für das Gespräch sein könnte, ist möglich, angesichts der kleinen Fallzahl aber nicht mit Sicherheit zu behaupten.

Veränderung und Beharren im Verlauf einer Behandlungswoche

Eine Woche nach dem ersten Interview wurden die Teilnehmenden erneut exploriert, um herauszufinden, wie stabil oder variabel die genannten Suizidäußerungen wären und welche Kontextvariablen mit einer Stabilität oder Variabilität in Verbindung stehen würden. Bei der Hälfte der Patienten gab es im Abstand von einer Woche keine greifbaren Veränderungen, in einem Fall entstanden der Wunsch, tot zu sein, und damit verbundene Suizidgedanken während des Aufenthalts im Krankenhaus neu. Bei der anderen Hälfte stellten wir eine Abnahme in Bezug auf die Ausprägung der Suizidäußerungen fest. Suizidpläne wurden von keinem der Patienten mehr angegeben. Suizidgedanken sind in vier Fällen weniger geworden, wobei bei einer Person stattdessen der Wunsch, tot zu sein, getreten ist. In einem anderen Fall trat die Äußerung, dass das Leben nicht mehr lebenswert sei, an die Stelle des zuvor bestehenden Todeswunsches. Deutlich ist also ein Anteil von Variabilität bereits innerhalb von nur einer Woche zu erkennen. Eine ausdrückliche Intervention hatte nicht stattgefunden, freilich erfolgte eine intensive medizinische Behandlung und das Interview hatte die Gelegenheit eröffnet, dass die Patienten über ihre Situation sprechen konnten. In der Kontrollgruppe gab es nahezu keine Veränderungen, eine Person nannte im Nachinterview Todeswünsche.

Folgende Zusammenhänge mit der Stabilität bzw. Variabilität wurden im Einzelnen erkennbar: Das Empfinden, dass das *Leben nicht mehr lebenswert* sei, blieb eher dann erhalten, wenn der allgemeine Gesundheitszustand (Kriterium: Anämie) angegriffener war, gravierendere Einschränkungen bei den Interessen und deren Ausübung bestanden, in jüngerer Zeit Verluste zu verkraften waren und die Zufriedenheit weiterhin gering blieb. Der *Wunsch, tot zu sein*, war weiterhin vorhanden oder er entstand neu besonders bei Patienten, die eine depressive Symptomatik zeigten und die einen Teil ihrer Aktivitäten aufgegeben hatten. Sie äußerten weniger Angst vor dem Sterben, hatten bereits in der Vergangenheit Todesgedanken und nannten seltener Dinge, die sie anders haben wollten, um weiterleben zu wollen. Im Durchschnitt waren sie weniger religiös als diejenigen, bei denen der Wunsch, tot zu sein, nach einer Woche vergangen oder weiterhin ausgeblieben war. Für die Stabilität bzw. Veränderung von *Suizidgedanken* spielte auch nach einer Woche die bereits im ersten Interview festgestellte Rückzugstendenz eine Rolle: Suizidgedanken blieben eher bei den Patienten bestehen, die weniger Unterstützung wünschten, als ihnen tatsächlich zur Verfügung stand.

8.4 Zusammenfassung und Bedeutung für die Praxis

- Die Thematik ist virulent: Wenn 36 % der geriatrischen Akutpatienten sagen, dass sie lieber tot wären, dann ist dies eine Herausforderung für alle Behandelnden und Pflegenden.
- Es ist eine Dynamik vorhanden, die ergriffen werden will: Im Verlauf bleibt bei einem Teil der Patienten dieses Erleben unverändert, bei einem anderen Teil sind jedoch Veränderungen meist im Sinne einer Milderung der Tendenz zum Tod hin zu beobachten.
- Zahlenmäßig im Vordergrund stehen Todeswünsche und Äußerungen, dass das Leben nicht (mehr) lebenswert ist.
- Die Grade der Suizidalität können unterschieden und mit unterschiedlichen Kontexten in Zusammenhang gebracht werden.
- Bei den Betroffenen bestand fast durchweg die Bereitschaft zum Gespräch, Widerstände waren eher in der Kontrollgruppe festzustellen.

Aus den Ergebnissen können folgende Hinweise für die Praxis abgeleitet werden, welche im geriatrischen Alltag das Bewusstsein für Suizidalität fördern sollen, vom Erleben des Lebens als nicht (mehr) lebenswert bis hin zu Suizidgedanken, -plänen und -handlungen.

- Generell kann gesagt werden, dass man Äußerungen, in denen der Tod als beneidenswerter Zustand beschrieben wird, hellhörig machen und zur Nachfrage Anlass geben sollten, was die betreffende Person für sich selbst empfindet. Der Verdacht auf eine Depression sollte immer mit einer Abfrage einer möglichen Suizidalität in der Gegenwart, aber auch in der Vergangenheit verbunden werden. Wenn weniger Hoffnung geäußert wird, wenn konkrete Aussagen gemacht werden, dann sind das Einstiegspunkte, an denen das Gespräch ansetzen kann.
- Im Verlauf stellen kritische Lebensereignisse, die aktuell bewältigt werden müssen, ein schwieriges, aber auch herausforderndes Thema für das Gespräch mit Patienten dar, die ihr Lebens als nicht (mehr) lebenswert bezeichnen.
- Bei Patienten, die anhaltend den Wunsch, tot zu sein, äußern, sollten mögliche depressive Symptome beachtet werden; hellhörig sollte man werden, wenn wenig Angst vor dem Sterben oder auch wenig Veränderungswünsche vorhanden sind.
- Patienten mit Suizidgedanken und Suizidplänen zeigen oftmals Rückzugstendenzen, die man beispielsweise daran erkennen kann, dass weniger Unterstützung gewünscht wird.

Literatur

Barnow S, Linden M (2002) Risikofaktoren von Todeswünschen Hochbetagter. Empirische Befunde aus der Berliner Altersstudie (BASE). Fortschr Neurol Psychiat 70: 185–191.

Burkhardt H, Sperling U, Gladisch R, Kruse A (2003) Todesverlangen – Ergebnisse einer Pilotstudie mit geriatrischen Akutpatienten. Z Gerontol Geriat 36(5): 392–400.

Fries FJ (1980) Aging, natural death, and the compression of morbidity. NEJM 303: 130–136.

Neuner T, Schmid R, Hübner–Liebermann B, Spießl H (2009) Suizidalität gerontopsychiatrischer Patienten vor und während ihres Klinikaufenthaltes. Suizidprophylaxe 36: 72–76.

Orbach I, Milstein I, Har–Even D, Apter A, Tiano S, Elizur A (1991) A Multi– Attitude Suicide Tendency Scale for Adolescents. Psychological Assessment: A Journal of Consulting and Clinical Psychology 3(3): 398–404.

Paykel ES, Myers JK, Lindenthal JJ, Tanner J (1974) Suicidal feelings in the general population: A prevalence study. Brit J Psychiat 124: 460–469.

Lehr U (1996) Psychologie des Alterns. (8. Auflage). Wiesbaden: Quelle & Meyer.

Shah A, Hoxey K, Maydunne V (2000) Suicidal ideation in acutely medically ill elderly inpatients: prevalence, correlates, and longitudinal stability. Int J Geriatr Psychiat 15: 162–169.

Schneider B, Sperling U, Wedler H für die Arbeitsgruppe Alte Menschen im Nationalen Suizidpräventionsprogramm NaSPro (2011) Suizidprävention im Alter. Folien und Erläuterungen zur Aus–, Fort– und Weiterbildung. Frankfurt: Mabuse.

Sperling U, Thüler C, Burkhardt H, Gladisch R (2009) Lebenswille und Todeswünsche in einer geriatrischen Klinik. European Journal of Geriatrics 11(2): 86–92.

Sperling U (2012) Alt, krank und am liebsten tot: Was gibt es da zu sprechen. Suizidprophylaxe 39(4): 147–152.

Thomae H (1968) Das Individuum und seine Welt. Göttingen: Hogrefe.

Wehling M, Burkhardt H (2011) Arzneitherapie für Ältere. Berlin, Heidelberg: Springer.

Teil III Formen der Psychotherapie mit Hochbetagten

9 Psychotherapeutische Interventionen im geriatrischen Klinikalltag – ein Erfahrungsbericht

Susanne Wilfarth

Meine beruflichen Erfahrungen mit geriatrischen Patienten speisen sich aus knapp 20 Jahren in zwei verschiedenen Häusern (Wilhelmsburger Krankenhaus »Groß Sand« sowie anschließend Marienkrankenhaus Hamburg) in der dortigen Geriatrie. In Hamburg behandeln wir mit drei Psychologen (1 ganze, 2 halbe Stellen) Patienten auf fünf Stationen mit insgesamt 120 Betten sowie auf einer geriatrischen Tagesklinik mit 15 Plätzen. In der folgenden Darstellung finden sich Einblicke mit qualitativer Reflexion meiner persönlichen Erfahrungen und abgeleiteten Annahmen im Rahmen meiner Arbeit als Psychologische Psychotherapeutin in einer Klinik für Geriatrie. Das Ziel ist hierbei einerseits die Darstellung von Schwerpunkten des Berufsalltags sowie andererseits die Schaffung einer Grundlage zur Entwicklung von Fragestellungen und Ansätzen zur Hypothesenbildung als Herausforderung für die empirische Forschung. Thematisch geht es dabei um

- Erkenntnisgewinnung über die psychosoziale Wirklichkeit geriatrischer Patienten,
- Ableitungen von Handlungsaufträgen in Richtung auf Psychotherapie in der Klinik sowie
- die Vorstellung einer inhaltlichen Basis als Fundament für die Befruchtung quantitativer empirischer Studien z. B. auf dem Gebiet der Evaluationsforschung.

Es ist bis zur Gegenwart nicht zu leugnen, dass die psychotherapeutische Arbeit in der Geriatrie noch eher ein Schattendasein in der Aufmerksamkeit der Psychotherapie sowie als Feld der empirischen Forschung führt. Das Vorurteil, psychische Veränderungen wären im höheren Lebensalter sowieso nicht zu verwirklichen, lässt sich nur sehr langsam in den Köpfen von Patienten, Angehörigen und Behandelnden (Ärzten wie Psychologen) abbauen.

9.1 Psychologen in der Geriatrie

Traditionsgemäß werden in der Geriatrie vorwiegend Klinische Neuropsychologen eingestellt, die von Haus aus mit anderen Behandlungsansätzen als Psychotherapeuten im Kontakt mit dem Patienten in Erscheinung treten. Die Erstgenannten verfolgen schwerpunktmäßig in der Diagnostik das Aufdecken von kognitiven und nicht kognitiven Ressourcen und Defiziten, woraus in der neuropsychologischen Therapie Ziele i. S. v. Restitution, Kompensation und Adaptation inkl. psychischer Stabilisierung der Patienten verfolgt werden. Demgegenüber bedient der Psychologische Psychotherapeut in seiner Herangehensweise eher in der diagnostischen und therapeutischen

Ausrichtung eine Fokussierung auf die Förderung psychisch gesunder Anteile zur Linderung psychischer Störungsbilder. Der Bedarf für beide Kompetenzbereiche ist in der Geriatrie m. E. als gegeben anzusehen. Bedauerlicherweise finden sich hingegen bisher nur wenige approbierte Psychologische Psychotherapeuten, die sich das Feld der Geriatrie erwählt haben. Das mag zum einen darin mitbegründet sein, dass Psychologische Psychotherapeuten den Bereich der Neuropsychologie inhaltlich selten komplett abdecken können. Zum anderen müssen psychotherapeutische Interventionen deutlich vom Vorgehen in einer ambulant durchgeführten Einzeltherapie abgewandelt werden. Im stationären Rahmen rechnen wir mit durchschnittlichen Liegezeiten von 10–15 Tagen. Es gilt daher, Richtlinien für mögliche und nützliche psychotherapeutische Interventionen im Klinikmilieu neu zu definieren, um die Arbeit nutzbringend für die Patienten zu gestalten.

Gruppentherapie im geriatrischen Behandlungssetting zu etablieren, erfordert darüber hinaus, diverse Hürden zu nehmen: Trotz der fehlenden ökonomischen Vorzüge für die geriatrische Komplexbehandlung (angesichts etablierter ergotherapeutischer und physiotherapeutischer Gruppenangebote) ist die hohe Relevanz psychotherapeutischer Gruppen nachzuweisen. Nicht zuletzt sind Klinikpersonal und Patienten (in dieser Rangfolge) von der Wichtigkeit der Interventionen nachhaltig zu überzeugen.

9.2 Bestimmende Faktoren in der Patient-Therapeut-Beziehung

Der stationäre Behandlungsmodus gibt einige entscheidende Faktoren vor, die die Patient-Therapeut-Beziehung wesentlich von derjenigen in der ambulanten Behandlung unterscheiden: Zunächst sollten wir nicht vergessen, dass der Kontakt im Klinikalltag vom Therapeuten ausgeht – meist ohne expliziten Appell vom Patienten. (Die Frage der intrinsischen Motivation/Motivierbarkeit ist somit in besonderem Maße abzuklären.)

Des Weiteren handelt es sich in der Geriatrie zumeist um multimorbide Patienten. Daher können neben den psychischen Belastungsfaktoren auch die Mobilität, die Belastbarkeit, der Interessen- und Aufmerksamkeitsfokus sowie die Behandlungssituation stark eingeschränkt sein. Unsere Patienten verfügen zum überwiegenden Anteil über eine Beweglichkeit, die sich zwischen bettlägerig und verlangsamt mit Hilfsmitteln mobil (z. B. Rollator) abspielt. Viele zeigen aufgrund ihrer somatischen Erkrankungen schon nach einigen Minuten Erschöpfungsanzeichen (z. B. Aufmerksamkeitsdefizite, Ermüdung, Dyspnoe). Sehr häufig mangelt es den Patienten an Initiative; sie lassen kaum selbständige Aktivitäten erkennen. Im Ergebnis all dieser Einschränkungen steht der Psychologe vor der Entscheidung, unter Schaffung ethisch vertretbarer Umstände »im Zimmer zu behandeln« oder die Therapiemodalitäten für undurchführbar zu erklären.

Als weitere Abweichung vom »normalen« psychotherapeutischen Kontakt finden sich in der Geriatrie relativ viele Patienten mit hirnorganischen Veränderungen nach Erkrankungen, die zu einer Leistungsminderung des Gehirns geführt haben. Das bedeutet, dass die Patienten nicht selten unter Mischbildern psychischer Störungen (mit organischen, primär psychischen und reaktiven

Anteilen) leiden. Mit anderen Worten: Organische und psychische Störungen können einander überlagern, was für Diagnose und Therapie insofern besondere Herausforderungen an den Behandler stellt, als bei Patienten mit kognitiven Einbußen keine so stringente Entwicklung zu erwarten ist wie bei einem Patienten ohne diesbezügliche Defizite.

Schließlich sollten wir bedenken, dass der überwiegende Anteil der Therapeuten im Vergleich zu ihren Patienten eine bis zwei Generationen jünger sind. Insofern sind – im analytischen Sinne – umgekehrte Übertragungsphänomene denkbar, wenn der Psychologe nicht als der potentielle Nachnährer, sondern als potentiell zu behütendes Objekt in Erscheinung tritt. Jedoch teilen die Psychologen in diesem Fall das Schicksal ihrer medizinischen Kollegen im Klinikalltag, wo überwiegend jüngere Ärzte ihren Patienten in einer Autoritätsposition gegenüberstehen.

9.3 Beschreibung der geriatrischen Patienten anhand der Jahresstatistik 2012

Um die hohe Fluktuation der Patienten im geriatrischen Klinikalltag abzubilden, habe ich exemplarisch meine Jahresstatistik von 2012 erstellt. Dabei wurden von mir im Quartal mehr als 40 Patienten (bei einer halben Stelle) behandelt. 2012 waren es insgesamt 179 Patienten. Aufgeteilt nach Geschlecht, Alter und Diagnose ergibt sich folgendes Bild:

Zur Behandlung angemeldet wurden 121 Frauen und 58 Männer. Das entspricht einem Verhältnis von ca. 2/3 zu 1/3 der Patienten. Sicher wäre es interessant, der Frage nachzugehen, warum etwa doppelt so viele Frauen in der Geriatrie in psychotherapeutische Behandlung gelangen wie Männer. Sicher sind die weiblichen Patienten nicht per se psychisch weniger stabil. Vielmehr liegt der Gedanke nahe, dass weniger männliche Patienten im Aufnahmegespräch als psychisch beeinträchtigt wahrgenommen werden.

Bezogen auf die Altersstruktur fällt auf, dass die größte Untergruppe bei den 81- bis 90-Jährigen liegt. Zusammen genommen mit den 71- bis 80-Jährigen stellen sie etwa ³/₄ aller behandelten geriatrischen Patienten dar (▶Tab. 9.1). Hier bildet sich somit – im großen Kontrast zu den psychotherapeutisch ambulant behandelten Menschen – ein sehr hoher Prozentsatz (ca. 75 %) von hochaltrigen Patienten mit Behandlungsbedarf ab.

Betrachtet man die Diagnosen der Patienten, so ergibt sich eine Aufteilung, die in vier Großgruppen wie folgt zusammengefasst werden kann: Etwa 45 % der Patienten leiden unter hirnorganischen Veränderungen aufgrund von erworbenen Hirnschädigungen (durch

Demenzen, Delir, organische Funktionsstörungen oder organisch bedingte Persönlichkeits- und Verhaltensstörungen z. B. nach Schlaganfall). Die zweitgrößte Gruppe der gesichteten Patienten wird wegen psychi-

Tab. 9.1: Altersstruktur der geriatrischen Patienten 2012

Altersgruppe	bis 50 J.	51–60 J.	61–70 J.	71–80 J.	81–90 J.	über 90 J.
Anzahl	3	8	26	61	74	7

scher Störungen (ca. 25 % der Patienten) behandelt, wobei die depressiven Störungsbilder (überwiegend unipolar) sowie Anpassungs- und Belastungsstörungen den mit Abstand größten Anteil ausmachen – neben anderen F-Diagnosen nach ICD-10. (Speziell F20er Schlüssel finden sich quantitativ eher selten in der Geriatrie, wo diese Patienten in der Tat selten ein für die Störungsbilder adäquates Umfeld vorfinden.) Der verbleibende Anteil von Psychologen behandelter Patienten bezieht sich auf jeweils ca. 15 % von Patienten, bei denen Mischformen (organische und psychische Störung) diagnostiziert werden, resp. auf eine ähnlich große Gruppe von Patienten (ebenfalls ca. 15 %), bei denen (trotz einer vorübergehenden psychischen Labilisierung z. B. nach Konfrontation mit einer schweren somatischen Diagnose) die Manifestation einer psychischen Erkrankung ausgeschlossen werden kann.

9.4 Konsequenzen für die Diagnostik im geriatrischen Klinikalltag

Aufgrund der relativ kurzen Verweildauer der (teil-)stationären Patienten in der Geriatrie ist es erforderlich, die Anamnese überwiegend nur in verkürzter Form zu erheben. Primär geht es um einen rasch einsetzenden Beziehungsaufbau – also das Schaffen einer hinreichend tragfähigen Patient-Therapeut-Beziehung. Die Bedeutung des Erstkontakts rückt damit akzentuiert in den Vordergrund. Denn im geriatrischen Klinikalltag sind schnelle und dennoch gesicherte diagnostische Aussagen gefordert, um in dem verfügbaren Zeitfenster notwendige Behandlungs- und Versorgungsmodalitäten einzuleiten, die nicht nur geeignet sind, den Leidensdruck des Patienten aktuell während seines Aufenthalts in der Geriatrie zu senken, sondern darüber hinaus förderliche Bedingungen für die Zeit nach der Entlassung zu schaffen. Eine ausführliche Exploration zur gegenwärtigen Situation (häusliches Milieu, soziales Gefüge, Beeinträchtigungen durch organische und psychische Erkrankungen, verbleibende Ressourcen) ist somit notwendige Bedingung zur Abklärung weiterer Interventionen. Dass potentielle kognitive Defizite (mit Abrufproblemen) die Datenerhebung (noch dazu unter Zeitdruck) stark erschweren können, lässt sich unschwer ableiten. Das mögliche Maß der Informationssammlung kann durch gezielte, strukturierte (häufig zu einem Thema wiederholt gestellte) Rückfragen gesteigert werden, um speziell relevante biografische Fakten abzuklären. Sofern verfügbar, ist es selbstverständlich nützlich und erwünscht, durch die Einbeziehung von Angehörigen fremdanamnestische Zusatzinformationen zu erhalten. Für die (nicht wenigen) Patienten, die weder Partner noch Kinder, Enkel oder sonstige nahestehende Menschen angeben können, müssen vom Psychologen Einschätzungen der Autonomie und Alltagstauglichkeit auf anderem Wege vorgenommen werden: Hier eignen sich insbesondere die Stationsbesprechungstermine (wo alle in der Geriatrie tätigen Berufsgruppen sich über ihren Eindruck von behandelten Patienten regelmäßig austauschen) als Informationsbörse. Weiterhin kann es hilfreich sein, aufgrund von Hospitationen in anderen Behandlungsformen (z. B. Ergo- und Physiotherapie) sowie Verhaltensbeobachtungen des Patienten auf der Station klinisch-psychologische Einschätzungen abzuleiten.

Nicht zuletzt dienen testpsychologische Daten (standardisierte Prüfungen: neuropsychologische wie auch klinisch-psychologische inkl. computergestützte Diagnostikverfahren) als z. T. unentbehrliche Informationsquellen, um die Belastbarkeit und Alltagstauglichkeit von Patienten einzuschätzen. Der Einsatz von derartigen Prüfverfahren sollte jedoch m. E. in lediglich so großem Ausmaß wie nötig und so geringem Umfang wie möglich durchgeführt werden: Aspekte der Kränkbarkeit von Patienten bei Konfrontation mit kognitiven Defiziten sollten nicht unterschätzt werden. Ängste und depressive Reaktionen, die häufig latent oder bereits erkennbar vorliegen, können durch die Objektivierung kognitiver Leistungseinbußen akzentuiert hervortreten.

Zusammenfassend ausgedrückt erscheint es unabdingbar notwendig, bei der Diagnostik scharf zu trennen zwischen

- erworbener Schädigung durch hirnorganische Veränderungen
- psychischer Reaktion bei schwerer körperlicher Erkrankung
- mitgebrachter psychischer Krankheit als Begleiterkrankung zu somatischen Phänomenen
- Mischbildern

Da Auslöser und Ursachen des psychischen Erscheinungsbilds – meistens einhergehend mit einer Verschlechterung des Allgemeinzustands – verschiedene Quellen und Zuflüsse haben können, leiten sich nach differentialdiagnostischer Abklärung auch folgerichtig unterschiedliche Behandlungskonsequenzen ab: Je nach Verfügbarkeit von Ressourcen (innerpsychisch, instrumentell und durch Unterstützung von anderen) zur Linderung der bestehenden Belastung lassen sich unterschiedliche Therapiesettings verwirklichen.

9.5 Besonderheiten im psychotherapeutischen Prozess bei neuropsychologischen Störungsbildern

Psychotherapeutische Interventionen mit hochaltrigen Patienten ziehen bestimmte Konsequenzen für die Therapie nach sich – speziell, wenn das Krankheitsbild durch neuropsychologische Störungsbilder gekennzeichnet ist: Der psychotherapeutische Prozess wird gehemmt durch die Minderleistung einiger Funktionen des Gehirns. Dadurch ist der Therapeut gefordert, vermehrt Akzente zur Aktivierung des Patienten zu setzen, als es bei jüngeren Patienten erforderlich und indiziert ist. Hochbetagte Patienten können jedoch nur durch gewisse Vorgaben in Form von Impulsen und Struktur in den therapeutischen Prozess einsteigen. Dann profitieren die meisten in jeder Sitzung. In der selbständigen Umsetzung der besprochenen Inhalte kann es zu einer unvollständigen Informationsausschöpfung kommen durch: mnestische Defizite, Konzentrations- und Aufmerksamkeitsdefizite sowie kognitive Verlangsamung. Defizite in der Handlungsplanung und Problemlösekompetenz sind hierbei überwiegend dafür verantwortlich, dass die Selbststeuerungsmechanismen in vermindertem Ausmaß funktionieren. Im Ergebnis kommt es zum Vergessen von Inhalten, gedanklichem Abschweifen, Verharren oder »Faden verlieren«.

Der stationäre Aufenthalt der Patienten bietet jedoch den Vorteil der Möglichkeit zeitlich hochfrequenter Sitzungen, sodass besprochene Inhalte zeitnah häufig wiederholt thematisiert werden können, viel Raum für positive Verstärkung im Klinikalltag auf Stationsebene gegeben ist und daher Leidensdruck gemindert und potentielle Lösungen im Gedächtnis (durch Verknüpfung von Neu- und Altgedächtnisinhalten unter affektiver Beteiligung) verankert werden können.

9.6 Einzelpsychotherapie in der Geriatrie

9.6.1 Ausschlusskriterien

Nur wenige Beeinträchtigungen sind als so hinderlich einzuschätzen, dass eine Kontraindikation für die Durchführung psychotherapeutischer Maßnahmen vorliegt: Ausschlusskriterien bestehen (außer bei mangelnder Motivierbarkeit) dann, wenn

- die mnestischen Defizite so stark ausgeprägt sind, dass jedes Gespräch wie ein Erstkontakt auf den Patienten wirkt,
- andere oder zusätzliche kognitive Defizite erkennbar sind, die das planende, problemlösende und schlussfolgernde Denken stark behindern – wie bei fortgeschrittenen Demenzen,
- der Patient über keine ausreichende sprachliche Kompetenz verfügt (durch hochgradig ausgeprägte aphasische Sprach- oder dysarthrische Sprechstörung bzw. mangelnde Deutschkenntnisse).

9.6.2 Hauptthemen in der Einzeltherapie

Die häufigsten Ursachen für psychische Belastungen bei älteren Patienten sind in Folgen körperlicher Erkrankungen zu sehen: Ein alters- und krankheitsbedingter Kräfteschwund zieht eine Verschlechterung der Mobilität nach sich. Meist sind im Zuge dessen die selbstversorgenden Fähigkeiten vermindert. Es stellt sich resultierend vermehrtes Kränkungserleben bei verminderter Autonomie mit entsprechenden Zukunftssorgen ein. Wenn das Krankheitsbild mit anhaltenden Schmerzen einhergeht, bildet sich die Gefahr der Chronifizierung mit eigenständigem Krankheitsbild ab.

Auch ohne eine manifeste depressive Störung ist die Befürchtung einer (dauerhaften oder zukünftig unabwendbaren) Fremdbestimmung ein häufig genanntes Thema. Das Altersproblem löst bei vielen Patienten eine negativ getönte Grundstimmung voller Sorgen und Ängste aus, die mit der potentiell resultierenden Bevormundung durch andere einhergehen. Im Alter von anderen nicht mehr ernst genommen zu werden, mündet bei vielen in der Angst vor »Entmündigung«. (Aufklärungen über die aktuelle juristische Regelung durch die bei Bedarf getätigte Einleitung eines Betreuungsverfahrens kann dabei nicht in jedem Fall psychische Entlastung auslösen.) Ebenso wird häufig die Sorge genannt, eines Tages gegen den eigenen Willen zu einem Umzug ins Heim genötigt zu werden. Es erscheint als leicht nachvollziehbar, dass entsprechende Gedanken einen erheblichen Leidensdruck bei geriatrischen Patienten auslösen können.

Darüber hinaus haben viele ältere Patienten zu kämpfen mit dem realen Problem der Einsamkeit. Mit dem Krankenhausaufenthalt akzentuiert sich in vielen Fällen einerseits eine vorbestehende Kontaktarmut: Der Mangel an Besuch von Angehörigen macht in einer Zeit, wo Trost, Verständnis und Fürsorge verstärkt benötigt werden, umso mehr deutlich, wie sehr soziale Kontakte im Alltag fehlen. Die Kinder haben keine Zeit, die Partner und Freunde sind verstorben oder sind selbst pflegebedürftig. – Andererseits gibt es auch die Patienten, die angesichts der pflegerischen und therapeutischen Zuwendung gar nicht mehr nach Hause wollen, da ihnen bewusst wird, dass sie dort nicht so viel Zuwendung erhalten wie im System der »großen Mutter« Krankenhaus.

Der vierte größere Themenkomplex, der häufig in Therapiesitzungen zur Sprache kommt, ist zu sehen in reaktualisierten unverarbeiteten Traumata in der Vorgeschichte. In der Generation der jetzigen geriatrischen Patienten haben wir es zu tun mit der Kriegsgeneration, die durch Militärdienst, Gefangenschaft, Verwundung, Vertreibung, Verfolgung, Vergewaltigung, Ausbombung oder Flucht ein hohes Potential an multiplen Belastungssituationen überlebt hat. In den seltensten Fällen bot die Lebensgeschichte dabei im Vorfeld Gelegenheit, die Traumata aufzuarbeiten. Im Zuge der aktuellen Erkrankung brechen jedoch vorbestehende und bis dahin wirksame Abwehrmechanismen außer Kraft. Alte Wunden kommen an die Oberfläche und verstärken das Gefühl von Ohnmacht, Hilflosigkeit und häufig auch subjektiver Perspektivlosigkeit.

9.6.3 Förderliches therapeutisches Vorgehen

Auf der Basis einer tragfähigen, vertrauensvollen Patient-Therapeut-Beziehung beginnt der Prozess mit dem Benennen der psychischen Probleme resp. der Problemfelder. Der aktiv zuhörende Therapeut strukturiert, fokussiert und fördert den Patienten, den eigenen Leidensdruck zu verbalisieren.

In der Generation geriatrischer Patienten sind die Menschen weniger geübt, sich selbst zu beobachten, Bedürfnisse zu äußern, ihre Lebensplanung nach dem Wohlfühlprinzip auszurichten. Frauen lernten, ihre Wünsche dem Familienwohl unterzuordnen. Männer lernten zu schweigen und zu handeln, innerpsychische Prozesse für unwichtig zu erklären – als Zeichen maskuliner Stärke. Diese Lernerfahrungen sind prägend für die Generation gewesen und müssen behutsam in der Therapiesituation gelockert werden.

Es gilt im Anschluss, eine neue Patientenrolle zu kreieren: weg vom Werkstattmodell – hin zum Patienten als aktiven Partner, der seine eigenen Wünsche und Bedürfnisse äußern und seine Interessen zunehmend autonom vertreten kann. Durch die Förderung der Selbstbeobachtung beginnen viele Patienten erst, ihre Probleme ernst zu nehmen. Dadurch kann sich eigene Motivation entfalten, um sich nach Lösungswegen umzusehen.

Um hierbei im Verlauf zu einer realistischen Zielplanung mit dem Patienten zu gelangen, ist es erforderlich, alle Informationen zusammenzutragen und sich auf eine Hauptproblematik (mit zukunftsweisenden Konsequenzen) zu konzentrieren.

Beim Aufspüren verfügbarer Ressourcen bietet das geriatrische Team mit vielen Berufsgruppen (Ärzte, Pflege, Physio-, Ergophysikalische Therapie, Sozialdienst, Psychologie) Möglichkeiten der Sammlung und Bündelung von Informationen. Stärker als in der ambulanten Therapie ist wieder zu beachten, dass der geriatrische Patient selten in starkem Maße Initiative zeigen kann. Der Therapeut ist speziell zu Beginn der Behandlung aufgerufen, Leitlinien zur Entwicklung eines Lösungsplans vorzugeben. Die Schwerpunktsetzung in der Zielplanung muss jedoch unter allen Umständen nach Maßstäben des Patienten erfolgen.

Von Patienten angestrebte Veränderungen beziehen sich hauptsächlich auf eine Stärkung ihrer Durchsetzungsfähigkeit, Reaktivierung sozialer Anbindung, Unterstützung durch akzeptable ambulante Hilfsangebote im häuslichen Milieu, Optimierung der Wohnsituation, Förderung der Mobilität sowie Möglichkeiten der Beschäftigungen im Alltag.

9.7 Gruppenpsychotherapie in der Geriatrie

Der unübersehbare Vorteil von Gruppentherapie besteht darin, dass hier Patienten derselben Generation aufeinandertreffen. Um diese Treibkraft des wegfallenden Generationsgefälles psychotherapeutisch nutzbar zu machen, erscheint es als wichtig, folgende Modalitäten zu beachten:

- Für jede Sitzung sollte ein Thema vorgeben werden. (Mit offener Thematik sind die Patienten überfordert.)
- Der Therapeut sollte gezielte Fragen stellen und häufig direkt nachfragen, wenn lange geschwiegen wird.
- Er sollte nach einigen Minuten bereits Geäußertes (nach langen Pausen oder langer Rede) zusammenfassen, um vergessene Inhalte wieder in Erinnerung zu rufen.
- Schweigsame Teilnehmer sollten direkt angesprochen und zu Beiträgen ermutigt werden, ohne Druck zu machen, sich zu äußern.
- Konstruktive Ansätze und Gedanken sollten positiv verstärkt werden. Dies hebt die Stimmung in der ganzen Gruppe; Humor, Lachen werden gefördert.
- Am Ende jeder Sitzung ist ein Resumée mit Ausblick auf das Thema der nächsten Sitzung zu formulieren – im Sinne von: Es geht weiter.

Als Ausschlusskriterium für die Gruppentherapie ist – außer denjenigen, die bereits für die Einzeltherapie genannt wurden, lediglich soziales »Störverhalten« zu nennen.

9.7.1 Hauptthemen in der Gruppentherapie

Als Zentrum der Gedankeninhalte älterer Patienten sind nach meinen Erfahrungen folgende Themenfelder, die sich als Vorgaben für Gruppensitzungen gut eignen, anzugeben:

- *Umgang mit dem Älterwerden/mit den Krankheitsfolgen:* Welche Ängste, depressive Anteile werden aufgerufen im höheren Lebensalter? Welche (überhöhten) Leistungsansprüche an sich selbst erhöhen den Leidensdruck? Welche Erfahrungen machen die Patienten im Sinne von alltäglichem Kränkungserleben und resultierendem Eindruck der generellen Depotenzierung?
- *Umgang mit einem veränderten Körper:* Welche Gefühle bauen sich auf gegenüber dem durch Krankheit und Alter gekennzeichneten Körper, der als schmerzend, hässlich, mager, entstellt, immobil wahrgenommen wird? Welchen Bezug zum Körper gab es vor der Erkrankung? – Viele Patienten haben keine (positive) Beziehung zum Körper entwickelt, solange er funktionierte. Wie kann ein Dialog mit dem Köper aufgebaut werden, um Formen des Wohlbefindens für sich zu entdecken?

- *Krankheit als ein Beispiel von Lebenskrisen:* Welche Art von Krisen wurden bereits erfolgreich im Leben bewältigt? Wie wurde Stress im Vorfeld ausgelöst und wieder abgebaut? Welche Strategien erweisen sich als günstig und verfügbar?
- *Sinnfindung und Lebenswille:* Wird die Krankheit verstanden als »Schicksalsschlag« oder als »Strafe«? Welche Rolle spielen Religiosität, Spiritualität, andere Kraftquellen hinsichtlich der Ausprägung des Lebenswillens? Welche Ziele leiten sich ab, mit der Krankheit umzugehen?
- *Soziale Rollen:* Was bedeutet es für den Einzelnen, Hilfe anzunehmen? Was sollen die anderen über die Krankheit erfahren – was nicht? Was können die Alten an die Jungen als Lebenserfahrung weitergeben?

9.7.2 Hypothetische Wirkfaktoren

In der Gruppenpsychotherapie ist Platz für das Ansprechen von »Tabuthemen« (wie Einsamkeit, Angst vor dem Sterben, Tod, Siechtum, Heim). Das Verbalisieren löst Ängste und mobilisiert resp. reaktiviert vormals effektive Coping-Strategien. Lebenserfahrungen (Altgedächtnisinhalte) können nutzbar gemacht werden. Anhand der Erinnerung an Erfolge entwickeln die Patienten gemeinsam neue Ideen, wie die aktuelle Herausforderung durch die Krankheit mit ihren Folgen zu bewältigen sein könnte.

Durch die soziale Resonanz der Mitpatienten wird das Selbstwertgefühl der Teilnehmer gestärkt, angenehme Empfindungen und Gedanken werden gefördert: Es darf gelacht werden. Humor hilft oft, neue Perspektiven zu entdecken. Durch den Austausch mit anderen erleben viele Patienten sich zum ersten Mal nach langer Zeit wieder als soziale Wesen.

Die meisten Patienten erleben innerhalb der Behandlungsphase eine deutliche Zunahme ihrer Autonomie, Willensstärke und sozialer Resonanz bei gleichzeitiger Abnahme übermäßiger Gesundheitssorgen, Zukunftsängsten oder Perspektivlosigkeit – mit anderen Worten: einen Ausbau psychisch gesunder Mechanismen.

9.8 Fazit und Ausblick

Psychotherapeutische Interventionen in der Geriatrie sind generell möglich und nützlich. Um unsere Arbeit im klinischen Alltag möglichst erfolgreich ausfallen zu lassen, ist m. E. eine an die dortigen Bedingungen anzupassende Neukonzeption des psychotherapeutischen Vorgehens mit geriatrischen Patienten erforderlich. Unsere Aufgabe besteht in einer Zusammenführung verschiedener therapeutischer Modelle: sowohl in Ergänzung der verschiedenen therapeutischen Angebote innerhalb der Geriatrie als auch im Lernen von einander innerhalb verschiedener psychotherapeutischer Ansätze. Je vielschichtiger die therapeutischen Methoden, desto größer die Wahrscheinlichkeit, viele Patienten mit unterschiedlicher Motivierbarkeit und verschiedenen Bedürfnissen zu erreichen. Als Leitsatz formuliert: Die Therapie sollte sich nach dem Patienten ausrichten – nicht der Patient nach der Therapierichtung! Auf diese Weise können wir die angestrebte Rolle des Patienten als aktiven Partner, der seine Selbstwirksamkeit erkennt, nachhaltig fördern.[4]

Unsere Arbeit als Psychotherapeuten im geriatrischen Klinikalltag verstehe ich somit als Weichensteller, als Schaltstelle: Wir können und wollen keine Psychotherapie im Schnellverfahren bieten, sondern verfolgen aus meiner Sicht vor allem folgende Aufgaben: Durchführung von Kriseninterventionen, Förderung erfolgreicher Stressbewältigungskompetenz, Ingangsetzen des Krankheitsverarbeitungsprozesses, Vorbeugung der Ausprägung manifester psychischer Störungsbilder sowie (im Bedarfsfall) Anbahnung einer ambulanten Psychotherapie. In jedem Fall ist im Kontakt mit dem Patienten darauf zu achten, eine multimodale Ressourcenaktivierung vorzunehmen (auch und nicht zuletzt in enger Zusammenarbeit mit dem Sozialdienst unseres Hauses sowie mit Angehörigen und/oder ambulantem medizinisch-psychologischem Behandlungs-, Pflege- und Betreuungspersonal), um wegweisende notwendige Veränderungen nach der Entlassung einzuleiten.

---

4 Dass jedoch bei – aus psychotherapeutischer Sicht – fortschreitendem günstigen Verlauf die Patienten auf Stationsebene von vielen Klinikmitarbeitern im Ergebnis als zunehmend »anstrengend« (aufgrund ihres sich steigernden Selbstbewusstseins mit gesteigertem Wunsch nach Selbstbestimmung) erlebt werden, soll hier nicht unerwähnt bleiben.

10 Psychotherapie bei Depression im Pflegeheim

Eva-Marie Kessler und Sabrina Agines

10.1 Psychotherapie und Pflegebedürftigkeit – zwei unvereinbare Dinge?

Psychotherapeuten sind als Akteursgruppe in Pflegeeinrichtungen bisher keine gesundheits- bzw. pflegepolitisch diskutierte Option – weder im Rahmen eines Angestelltenverhältnisses noch in Form aufsuchender Psychotherapie (Kessler 2014). Gerontologisch fundierte und systematisch überprüfte psychotherapeutische Behandlungsansätze, die sich auf die spezielle Lebenssituation und die Bedürfnisse von hochaltrigen, pflegebedürftigen Menschen im institutionellen Kontext Pflegeheim richten, liegen bisher nur in rudimentärer Form vor.

»Alte Alte« und pflegebedürftige Menschen sind in den »Bildern in unseren Köpfen« vorrangig *zu Betreuende* und *zu Versorgende*. Sowohl im öffentlichen wie auch wissenschaftlichen Diskurs stehen ein »Objektstatus« und Körperlichkeit im Mittelpunkt (z. B. Nicholson 2009). Diese stereotype Repräsentation bildet einen Kontrast zu den »jungen Alten«, die als aktive und selbstverantwortliche Gestalter ihrer Lebensbedingungen betrachtet (Graefe et al. 2011) und zunehmend als reguläre Psychotherapiepatienten wahrgenommen werden. Eine aktive, selbstreflexive und selbstbestimmte Rolle von sehr alten und pflegebedürftigen Menschen erscheint in der psychotherapeutischen Situation gar nicht denkbar (Kessler et al., in Druck).

Gleichzeitig unterliegt die Anwendung von Psychotherapie bei Heimbewohnern Grenzen und ist umgekehrt nicht immer indiziert, wenn Leidensdruck und/oder eine schlechte psychosoziale Anpassung an die Heimumgebung vorliegt. Bei fortgeschrittener Demenz müssen andere personenbezogene Maßnahmen in Erwägung gezogen werden, z. B. körperorientierte Ansätze, tiergestützte Therapien, Arbeit mit kreativen Materialien oder Musiktherapie (vgl. Beiträge von Sonntag, ▶ Kap. 17 und Dehm-Gauwerky, ▶ Kap. 16 in diesem Buch). Geht es ausschließlich um die Unterstützung beim Übergang ins Pflegeheim und die Verbesserung der Anpassung an die Heimumgebung, so sind Trainingsmaßnahmen und psychosoziale Beratung zielführend (z. B. Baumann et al. 2002). Im Falle von Sterbeprozessen sind palliativpsychologische Interventionen indiziert, die im Übrigen in der Regel ebenfalls nicht Teil der Versorgung darstellen. Die Grundlage für die Indikation für Psychotherapie bzw. andere Interventionsmaßnahmen muss immer die *individuelle* körperliche, psychische und kontextuelle Gesamtsituation von sehr alten, pflegebedürftigen Menschen.

Innerhalb unseres Projektes »Psychotherapie der Depression im Seniorenheim (PSIS)« (gefördert durch die Robert-Bosch-Stiftung) wurden $N = 23$ Heimbewohner mit Depression in acht Pflegeheimen der Caritas Altenhilfe Berlin durch junge Psychotherapeuten des Ausbildungszentrums Berlin der Deutschen Gesellschaft für Verhaltenstherapie (DGVT) behandelt. Dies waren etwa die Hälfte der Bewohner, die nach einer umfassenden multimethodalen Diagnostik an einer depressiven Störung bzw. Anpassungsstörung mit depressiven Symptomen litten. Der hohe Anteil an Heimbewohnern, die für Psychotherapie zu motivieren war und bis auf wenige Ausnahmen die Therapien absolvierte, steht der landläufigen Annahme entgegen, dass Menschen im Pflegeheim generell kein Interesse mehr an Psychotherapie haben.

10.2 Depression im Kontext Pflegeheim

Die Prävalenzschätzungen von Depression im Pflegeheim reichen über die internationale Studienlage hinweg von 2 bis 61 % (Jongenelis et al. 2003; Kramer 2010). In deutschen Pflegeheimen schwanken die Befunde zwischen 28,3 % ($N = 92$; Messinstrument: WHO-5, GDS; Allgaier et al. 2013) und 34,6 % ($N = 60$; Messinstrument: Brief Assessment Scale, BAS; Weyerer et al. 1995). Insgesamt besteht also eine äußerst heterogene Befundlage, die Mehrheit der Studien spricht aber für eine erhöhte Prävalenzrate von Depression in Pflegeheimen.

Ursachen für die hohe Heterogenität können länderspezifische Unterschiede sein. So lag die Prävalenzrate von Depression in einer niederländischen Stichprobe bei 46,2 % (Jongenelis et al. 2004), in England hingegen bei 32,3 % (Huang und Carpenter 2011). Zusätzlich unterscheiden sich die Pflegeheime dahingehend, ob es sich um betreute Wohnanlagen für ältere Menschen oder Pflegeheime handelt. Ferner können Unterschiede in der Prävalenzrate auf unterschiedliche methodische Zugänge zurückzuführen sein, d.h. Selbstberichte, klinische Interviews oder Fremdbeurteilungen durch Pflegekräfte.

Ein kritischer Aspekt ist die Eignung der diagnostischen Messinstrumente für die spezielle Gruppe der Heimbewohner. Es gibt keinen »Goldstandard« zur Erfassung der Depressionsprävalenz in Pflegeheimen (Hyer 2005). Für die meisten Messinstrumente ist die Validität lediglich für ältere Menschen generell bzw. außerhalb von Pflegeheimen belegt. Zudem wird ein valides Urteil dadurch erschwert, dass Heimbewohner in der Regel Multimorbidität aufweisen und kognitiv eingeschränkt sind. Außerdem kann sich Depression in dieser Gruppe qualitativ anders darstellen (z.B. weniger Dysphorie und mehr Anhedonie, Hyer 2005). Insgesamt sollte in der klinischen Tätigkeit immer eine *multimethodale Diagnostik* vorgenommen werden, welche neben Selbstberichten und klinischen Interviews Beobachtungen und Einschätzungen von Pflegekräften und Familienangehörigen sowie zwingend auch ärztliche Diagnosen berücksichtigt.

Beruft man sich auf die für Deutschland ermittelten Prävalenzschätzungen von Depression, dann bedeuten die Befunde umgekehrt zunächst einmal, dass der Heimeinzug bzw. das Leben im Pflegeheim von vielen älteren Menschen gut bewältigt wird (zum Phänomen der *Resilienz* im Alter siehe Kessler und Staudinger 2010) und sogar Wohlbefinden und psychische Gesundheit fördern kann. Letzteres kann beispielsweise dann der Fall sein, wenn ein älterer Mensch mit Frailty-Syndrom und Depression vorher sozial isoliert in der eigenen Wohnung gelebt hat und sich nicht mehr selbständig versorgen konnte. Außerdem kann das Leben im Pflegeheim auch Anregung für neue soziale Kontakte und angenehme bzw. sinnstiftende Aktivitäten bieten. Die Realisierung dieser mit dem Heimeinzug bzw. -leben verbundenen Potentiale kann durch weit verbreitete negativ besetzte Vorstellungen über Leben im Heim als »Abschiebeort« erschwert werden.

Die erhöhte Prävalenz von Depression zeigt aber auch gleichzeitig, dass bei Heimbewohnern auch Stress- bzw. Belastungsfaktoren vorliegen, die das Risiko für Depression erhöhen (vgl. z. B. Baumann et al. 2002). Dazu können im Einzelfall bestimmte Merkmale der Heimumgebung zählen. Stichwortartig zu nennen sind hier: von schwer kranken und kognitiv eingeschränkten Menschen umgeben zu sein; eingeschränkte Privatsphäre; Abhängigkeit von fluktuierendem und psychisch belastetem Pflegepersonal; mangelnde Beschäftigung und fehlende Selbst- und Mitverantwortung; institutionelle Pflegepraktiken, die abhängiges Verhalten fördern und wenig Spielraum für Austausch und Nähe bieten; Druck, sich an formelle und informelle Regeln anzupassen, die nicht zu den individuellen Bedürfnissen passen.

Zweitens greift der Umzug ins Pflegeheim das bis zu diesem Zeitpunkt im Leben aufgebaute Passungsgefüge zwischen Individuum und seiner räumlichen und sozialen Umwelt an. In der Regel müssen sich die Heimbewohner beim Einzug von einem Großteil der mit ihrer Lebensgeschichte und Identität eng verknüpften Gegenstände trennen. Dadurch, dass sich die physische Wohnumwelt radikal ändert, müssen sich Heimbewohner räumlich neu orientieren. Kompetenzeinbußen, etwa im Bereich des Sehens, können nicht mehr durch routinierte Handlungsabläufe kompensiert werden. Der Alltag muss neu und entlang der Heimstruktur strukturiert werden. Der Verlust der eigenen Wohnung als Zentrum für soziale Kontakte und Kommunikation mit Familienangehörigen, Freunden und Nachbarn geht in der Regel mit einer deutlichen Veränderung des gewohnten sozialen Gefüges einher.

Unabhängig von umweltbezogenen Risikofaktoren weisen Heimbewohner gleichzeitig aber auch personenbezogene Charakteristika auf, die mit Depression einhergehen (Hyer 2005). Dazu gehören physische Behinderungen, kognitive Beeinträchtigungen, ein sinkender sozioökonomischer Status und Mangel an nahestehenden Personen. Mit anderen Worten, eine zentrale Ursache für Depression muss im Einzelfall keineswegs ein Leben im Heim bzw. der Übergang ins Heim sein, sondern vielmehr ein genereller Mangel an Ressourcen, der sich in Pflegebedürftigkeit ausdrückt und der bereits bestanden haben kann, als die Person noch zuhause gelebt hat. Dafür spricht auch, dass pflegebedürftige Menschen, die zuhause leben und auf Hilfe angewiesen sind, ebenfalls eine erhöhte Prävalenzrate an Depression aufweisen. Pflegebedürftigkeit kann wiederum auch eine partielle Folge von chronischer Depression sein (Fiske et al. 2009). In der epidemiologischen Studie von Weyerer und Kollegen (1995) blieb die Prävalenzrate von Depression zwischen drei verschiedenen Erhebungszeitpunkten (Einzug ins Altenheim, 3 Monate und 8 Monate danach) stabil.

10.3 Bisherige Forschung zu Psychotherapie bei Depressionen im Pflegeheim

Studien zu bisherigen psychologischen Interventionsmaßnahmen umfassen sowohl Gruppentherapie als auch Einzeltherapie und sind in der Regel verhaltenstherapeutisch ausgerichtet. Dabei werden Pflegekräfte häufig mehr oder weniger stark mit in die Therapie einbezogen. Pflegekräfte sollen die Patienten insbesondere darin unterstützen, die positiven Effekte der Therapie auch nach Therapieende aufrechtzuerhalten. Es liegen außerdem Studien vor, in denen Psychotherapie im Rahmen eines multidisziplinären, mehrstufigen Behandlungsansatzes überprüft wurde. Im Nachfolgenden werden selektiv einige einschlägige Studien vorgestellt, in denen Interventionsansätze positiv evaluiert wurden. Zu betonen ist allerdings, dass in einigen Studien positive, insbesondere längerfristige Effekte ausblieben (Carpenter et al. 2002; Mozley et al. 2007; Rosen et al. 1997). Dabei blieb die Frage offen, ob dies auf eingeschränkte kognitive Plastizität im sehr hohen Alter zurückzuführen ist, oder auch (zusätzlich) darauf, dass die gewählten Vorgehensweisen für die Gruppe der Hochaltrigen und ihre spezifischen Bedürfnisse und Fähigkeiten nicht hinreichend gerontologisch ausgearbeitet waren (vgl. Kessler 2014). Außerdem liegen Studien zu psychologischen Schulungen von Pflegepersonal vor. Beispielsweise wurde in einem positiv evaluierten Projekt (Lyne et al. 2006) Pflegepersonal Wissen über Erkennungsmerkmale, Ursache und Behandlungsmöglichkeiten von Depression vermittelt. Zudem erhielten die Pfleger »care plans«, die als Anleitung im Umgang mit depressiven älteren Menschen dienen sollten.

10.3.1 Gruppentherapie

Für eine modifizierten Form der kognitiven Verhaltenstherapie (»Group, individual, and staff therapy«/GIST) wurde gezeigt, dass die Therapiegruppe mit der Diagnose Depression oder einer Anpassungsstörung mit Depression ($N = 13$) im Vergleich zur depressiven Kontrollgruppe ($N = 12$), die die übliche Behandlung (d. h. Teilnahme an üblichen Gruppenaktivitäten und Sozialleben) erhalten hat, eine Verbesserung bezüglich der depressiven Symptomatik aufwies. Nach Therapieende und bei der 14-Wochen-Katamnese zeigte die Therapiegruppe signifikant niedrigere Depressionswerte und eine höhere Lebenszufriedenheit im Vergleich zu ihren Ausgangswerten (Hyer et al. 2009). Das Grundprinzip von GIST liegt dabei in der Entwicklung und Umsetzung positiver kurzfristiger Ziele. Außerdem werden Pflegekräfte als Unterstützer mit in die Behandlungsmodule integriert. Das Gruppenformat ist so angelegt, dass die Patienten jederzeit teilnehmen können, d. h. es bestehen keine Einstiegszeiten, und in jeder der 14 Gruppensitzungen werden die gleichen Techniken eingeübt. Durch die sich konzeptionell wiederholenden Sitzungen soll der Einfluss von krankheitsbedingten Ausfällen und der potentiell eingeschränkten kognitiven Aufnahmefähigkeit der Bewohner auf das Therapieergebnis gering gehalten werden. Zusätzlich werden 1–2 individuelle Sitzungen mit den Patienten durchgeführt, in denen Therapiekonzept und -ziele besprochen werden.

Auch ein iterativ aufgebautes, gruppenbasiertes kognitiv-verhaltenstherapeutisches Programm (Konnert et al. 2009) hatte positive längerfristige Effekte (Posttest, 3 Monate und 6 Monate nach Intervention) auf die Depressivität einer Gruppe von Heimbewohnern ($N = 20$), die ein Risiko für die Entstehung einer Depression aufwiesen. Die Vergleichsgruppe war eine Kontrollgruppe ($N = 23$) ohne Behandlung, die auch ein Risiko für die Entstehung einer Depression aufwies. Die Gruppenintervention fand zweimal wöchentlich statt und beinhaltete folgende Therapiepunkte: Erstellung eines Stimmungstagebuchs, Aufbau positiver Aktivitäten, Umgang mit Stress, Zusammenhang zwischen Gedanken und der Stimmung verstehen und kognitive Umstrukturierung.

Molinari (2002) sieht die Zielsetzung von Gruppentherapie in Pflegeheimen in der Reduktion sozialer Isolation und der Förderung des Gefühls der Gruppenzugehörigkeit. Bei Heimbewohnern sollten ein niedrigeres Vorgehenstempo und eine höhere Strukturierung durch den Therapeuten eingeplant werden und kurzfristige Ziele und unterstützende Ansätze im Fokus stehen.

10.3.2 Einzeltherapie

Das verhaltensorientierte Therapieprogramm »BE-ACTIVE« erwies sich in einer Untersuchung mit Heimbewohnern ($N = 20$), die eine Minore oder Majore Depression hatten, als effektiv. Nach Therapieende (10 Wochen) zeigte die Interventionsgruppe ($N = 13$) im Vergleich zur Kontrollgruppe ($N = 7$) eine geringere Depressionssymptomatik und ein höheres Aktivitätslevel. Dieser Effekt blieb auch 24 Wochen nach der Intervention bestehen (Meeks et al. 2008). Ziel von BE-ACTIVE ist es, positive Aktivitäten von Heimbewohnern zu steigern und Barrieren hinsichtlich der Ausübung von Aktivitäten zu eliminieren. Zur Erreichung dieser Ziele finden sechs wöchentliche Einzelsitzungen statt, in denen positive Aktivitäten besprochen und geplant werden. Es wird eine systematische Steigerung von Aktivitäten angestrebt, die zusätzlich systematisch protokolliert werden. Zudem erhalten Pfleger eine Schulung zum Thema angenehme Aktivitäten, sodass sie den Therapieprozess mit unterstützen können.

Ein weiterer Therapieansatz ist die manualisierte »R-E-M (Restore-Empower-Mobilize)« Therapie (Carpenter et al. 2002). Diese Einzeltherapie ist zur Behandlung von Depression bei Heimbewohnern mit milder bis mittelgradiger Depression gedacht. In der ersten Therapiephase (Restore) soll eine therapeutische Beziehung entwickelt werden, die Erfahrungen der Bewohner sollen validiert und Hoffnung, Selbstwert und Identitätserleben gefördert werden. In der zweiten Phase (Empower) soll das Selbstwirksamkeits- und Kontrollerleben der Patienten in konkreten Situationen gefördert werden. Hierzu werden auch frühere Bewältigungserfahrungen und -erfolge in der Biografie der Patienten aufgespürt und auf die aktuelle Situation übertragen. Außerdem werden soziale Fertigkeiten in Rollenspielen eingeübt. In der letzten Phase (Mobilize) sollen Pflegekräfte an den Therapiesitzungen sowie an Schulungen teilnehmen. Bislang liegt nur eine Erprobung des Manuals an drei Patienten mit Majorer Depression und Demenz vor. Nach 16 Therapiesitzungen (20–30 Minuten) zeigte sich, dass die Depressionswerte kurz nach der Therapie gesunken waren, nach einem Monat jedoch wieder ein Anstieg stattfand.

Auch Reminiszenz-Therapie wurde bei Pflegeheimbewohnern ohne Depression bzw. leichter Depression untersucht und hat zu einer Verbesserung der Depression sowie des psychologischen Befindens geführt (Chiang et al. 2010; Rattenbury und Stones 1989). Jedoch zeigte sich die Reminszenz-Therapie im Vergleich zu regelmäßigen Gruppendiskussionen nicht als effektiver (Rattenbury und Stones 1989).

10.3.3 Multidiszplinäre, mehrstufige Interventionen

Der multidisziplinäre Therapieansatz »Act in Case of Depression (AiD)« wurde auf 16 Demenzstationen ($N = 403$) und 17 somatischen Stationen ($N = 390$) von Pflegeheimen in Zusammenarbeit von Ärzten, Psychologen und Pflegepersonal umgesetzt. Diese kontrollierte Untersuchung zeichnet sich dadurch aus, dass die Studienteilnehmer randomisiert fünf Gruppen zugeteilt wurden und jede Gruppe zeitversetzt (4 Monate) die Intervention erhielt. Zusätzlich wurde das Therapieprogramm bei jeder Gruppe in einem Abstand von vier Monaten immer wieder über den Verlauf von 20 Wochen eingesetzt. So konnte jede Gruppe als Kontroll- und Interventionsgruppe dienen. Es zeigte sich eine signifikante Verbesserung der Depressionssymptomatik und der Lebensqualität, sobald das Therapieprogramm implementiert wurde. Der Effekt blieb allerdings bei kognitiv beeinträchtigten Patienten aus. Der Therapieansatz besteht aus einer gründlichen multidisziplinären, stufenweisen Diagnostik, die sich aus den folgenden aufeinander aufbauenden Schritten zusammensetzt: 1. Pflege identifiziert mittels Screening gefährdete Heimbewohner für Depression und meldet dies dem Psychologen, 2. Psychologe führt ein weiteres Screening durch und falls dieses positiv ist, wird die Diagnose im 3. Schritt vom Psychologen/Arzt abgeklärt, und 4. Behandlung. Falls eine Depression diagnostiziert wird, wird eine multidisziplinäre Behandlung eingeleitet (z. B. Tagesstrukturprogramm durch Pflege angeleitet, Lebensrückblick-Therapie vom Psychologen durchgeführt, Pharmakotherapie durch Arzt). Zusätzlich wird regelmäßig alle vier Monate ein Depressions-Screening durchgeführt (Gerritsen et al. 2011; Leontjevas et al. 2013). Diese viel versprechenden Befunde zeigen, dass multidisziplinäres Arbeiten im Kontext Pflegeheim von zentraler Bedeutung ist.

10.4 Die Rolle von Psychotherapeuten in der aufsuchenden Psychotherapie im Pflegeheim

Die therapeutische Beziehungsgestaltung und die Herausforderungen, vor denen Psychotherapeuten in der aufsuchenden Psychotherapie im Pflegeheim stehen, sind bisher noch nicht ausreichend berücksichtigt und systematisch untersucht worden. Im Folgenden möchten wir stichwortartig einige unserer darauf bezogenen klinischen Erfahrungen aus dem Projekt PSIS wiedergeben. Diese bedürfen allerdings noch weiterer klinischer Erprobung und Überprüfung.

- ›Holding‹. Danach ist es gerade bei sehr gebrechlichen Patienten und unmittelbar nach dem Heimeinzug von höchster Priorität, die therapeutische Beziehung so zu gestalten, dass Patienten Halt und Sicherheit erleben. Bevor ein solcher psychischer Zustand nicht hergestellt ist, stoßen Bemühungen, innere und äußere Problemstellungen zu bearbeiten und exploratives Verhalten zu fördern, an ihre Grenzen. Diese Patienten geraten schnell in einen Zustand psychophysiologischer Überaktivierung, der überwunden werden muss, um eine differenzierte Auseinandersetzung zu ermöglichen.
- *Wertschätzung.* Das Leben im Heim ist mit dem Verlust von sozialer Anerkennung durch die gewohnte soziale Rolle und dem Angewiesensein auf Hilfe verbunden. Es kann von großer Wichtigkeit sein, dass die Patienten die Erfahrung machen, dass sie nicht eine Belastung, sondern eine Bereicherung für andere Menschen darstellen.
- *Empathischer Beistand.* In der Therapie soll ein Raum geschaffen werden, in dem Gefühle geäußert werden können, und in denen die Patienten Verständnis für Trauer, Schmerzen, Unsicherheiten und Ängste erfahren, die mit den vielfältigen Verlusten, Belastungen und der neuen Umgebung einhergehen.

- *Bestärkung und Bekräftigung.* Es zeigen sich bei den meisten Patienten große Unsicherheiten im Umgang mit Pflegekräften und Ärzten und darüber, was in der Umwelt des Pflegeheims erwünscht bzw. unerwünscht ist. Es ist wichtig, den Patienten Unterstützung bei der Orientierung zu geben, und sie darin zu stärken, ihre Bedürfnisse und Anliegen in einer Weise zu äußern, dass ihnen positiv begegnet wird.
- *Verhaltensmodell.* Es hat sich als hilfreich herausgestellt, die bekannte Vorgehensweise des geleiteten Entdeckens und Überprüfens von Verhaltensoptionen durch das Aufzeigen von konkreten Verhaltensoptionen durch die Psychotherapeuten als direktes Verhaltensmodell zu ersetzen, z. B. im Umgang mit Mitbewohnern, Angehörigen und dem Pflegepersonal.
- *Kontinuität.* Indem sich die Therapeutin als Mitglied der nachfolgenden Generationen zur Verfügung stellt, wird bei älteren Patienten das Motiv der Generativität aktiviert und dadurch ein Zugang zu und die Auseinandersetzung mit der eigenen Biografie angeregt.

Die psychotherapeutische Behandlung im Pflegeheim stellt auch erhebliche Anforderungen an die Psychotherapeuten.

- *Umgekehrte Rollenstruktur.* Der aufsuchende Charakter der Therapien hat das Potential, dass insbesondere in der diagnostischen Phase viele lebendige Eindrücke über das Leben der Patienten gewonnen werden, im Therapieverlauf neue Verhaltensweisen direkt in der Lebenswelt eingeübt und Erinnerungsgegenstände in die Therapie mit einbezogen werden können. Pragmatische Nachteile bestehen darin, dass für die Psychotherapeuten die Fahrt ins Pflegeheim u. U. einen erheblichen Mehraufwand darstellt. Die Therapien finden außerdem nicht im eigenen, persönlich gestalteten Therapieraum statt, sondern in einem anonymen Besprechungsraum oder im Bewohnerzimmer mit spezieller Ästhetik, Geruch und Temperatur. Aufsuchende Psychotherapie verhält sich darüber hinaus umgekehrt zu der sonst üblichen »Komm-Struktur« von Psychotherapie. Die Rolle des Psychotherapeuten ähnelt rein äußerlich zunächst einmal der eines »Anbieters« oder eines Gastes. Dies ist nicht *per definitionem* gut oder schlecht, die damit verbundene Beziehungsdynamik muss aber berücksichtigt werden.
- *Unklare Rolle.* Damit verbunden ist auch, dass Psychotherapeuten sich häufig in Situationen wieder finden, in denen sie mit existentiellen Bedürfnissen der Heimbewohner konfrontiert sind und Unklarheit darüber besteht, wie sie ihre Rolle genau definieren und wo die Grenzen ihrer Möglichkeiten liegen. So kann sich etwa die Frage stellen, ob und wann eine »Fürsprecher-Rolle« eingenommen werden soll, zum Beispiel wenn sich die Patienten gegenüber den Pflegekräften nicht in Bezug auf praktische Probleme wie etwa die Vereinbarung eines Arzttermins durchsetzen können. In diesem Zusammenhang stellt sich im Übrigen auch häufig die Frage, in welchen Fällen die Schweigepflicht aufgehoben werden soll. Dies muss genau mit den Patienten besprochen werden.
- *Fremdindikation.* Die Patienten werden von behandelnden Ärzten, Pflegedienstleitungen oder von Angehörigen an die Psychotherapeuten vermittelt. Es ist dabei wichtig, die Therapieziele der Patienten von denen von Dritten zu unterscheiden. In Vorgesprächen und probatorischen Sitzungen muss die Therapie- und Veränderungsmotivation sorgfältig eingeschätzt werden und gleichzeitig den Patienten Zeit gegeben werden, Therapieziele für sich zu definieren. Es muss berücksichtigt werden, dass sie sich hier-

mit bis zu Therapiebeginn noch nicht damit auseinandergesetzt haben.
- Das *Therapieende* kann häufig zur Herausforderung werden, weil die Psychotherapeuten nicht selten die einzigen Menschen sind, zu denen die Patienten regelmäßigen und vor allem intensiven persönlichen Kontakt haben. Psychotherapeuten bekommen so oft die Funktion von Ersatzbeziehungen. Es ist wichtig, konkrete therapeutische Maßnahmen zur Netzwerkförderung und zum Aufbau bzw. zur Reaktivierung von Netzwerkkontakten einzusetzen.

Generell werden Psychotherapeuten durch existenzielle Themen und Situationen, die in Therapien mit Heimbewohnern zum Tragen kommen, psychisch oft sehr gefordert und persönlich involviert. Aus unserer Erfahrung ist daher regelmäßige Supervision und Intervision notwendig (vgl. Laireiter et al. 2008).

10.5 Schlussbetrachtung

Wenngleich die Therapie insgesamt sehr individualspezifisch ausgerichtet sein sollte, scheint nach vorläufigen Erfahrungen und Befunden die Anwendung etablierter psychotherapeutischer Methoden auch bei Heimbewohnern mit Depression effektiv zu sein. Die bisherige Forschung zu Psychotherapie im Pflegeheim hat insgesamt den Fokus auf die Aspekte Aktivierung, Aufbau neuer sozialer Beziehungen im Heim und in seltenen Fällen auch auf Lebensrückblick gelegt. Es zeichnet sich gleichzeitig ab, dass Psychotherapie bei Heimbewohnern deutliche Modifikationen auch im Vergleich zur Behandlung von jüngeren Alten verlangt, insbesondere wenn stärkere kognitive Einschränkungen vorliegen. Dies betrifft nicht nur die Zusammenarbeit mit anderen Berufsgruppen, der in den bisherigen Ansätzen große Bedeutung beigemessen wurde. Unsere bisherigen Erfahrungen legen nahe, dass es um eine andere Schwerpunktsetzung innerhalb der bekannten Therapeutenrolle geht. Gleichzeitig ist die Rollenkonfusion, in die Psychotherapeuten im Pflegeheim schnell geraten, kaum auflösbar, wenn sie allein zwischen Psychotherapeuten und Patienten verhandelt wird. Hier sind Psychotherapeuten als Berufsgruppe herausgefordert, im Zusammenschluss mit anderen Professionen, insbesondere der Medizin und der Pflege, nach neuen und flexiblen Versorgungswegen zu suchen.

Es gibt einen großen Bedarf an kontrollierten und randomisierten Studien, in denen klare Ein- und Ausschlusskriterien in Bezug auf die Ausprägung von Depression und Demenz definiert werden. Therapieeffekte sollten multimethodal erfasst werden. Es bedarf einer wissenschaftlichen Diskussion über die Kriterien für eine erfolgreiche psychotherapeutische Behandlung dieser Patientengruppe. Denn vor allem in der Gruppe der Heimbewohner kann ein positives Ergebnis auch schon bedeuten, dass der Verlust von z. B. Lebenszufriedenheit langsamer voranschreitet oder dass der Rückfall in eine gänzlich depressive Verstimmung abgewendet wird (vgl. Hyer 2005).

Literatur

Allgaier AK, Kramer D, Saravo B, Mergl R, Fejtkova S, Hegerl U (2013) Beside the Geriatric Depression Scale: the WHO-Five Well-being Index as a valid screening tool for depression in nursing homes. International Journal of Geriatric Psychiatry 28: 1197–1204.

Baumann U, Mitmansgruber H, Thiele C, Feichtinger L (2002) Übergang ins Seniorenheim: eine Herausforderung für Senioren – und für Psychologen. In: Maercker A (Hrsg.) Alterspsychotherapie und klinische Gerontopsychologie. Heidelberg: Springer. S. 283–289.

Carpenter B, Ruckdeschel K, Ruckdeschel H, Van Haitsma K (2002) R-E-M Psychotherapy: A manualized approach for long-term care residents with depression and dementia. In: Norris MP, Molinari V, Ogland-Hand S (Hrsg.) Emerging trends in psychological practice in long-term care. New York, NY: The Haworth Press. S. 25–50.

Chiang KJ, Chu H, Chang HJ, Chung MH, Chen CH, Chiou HY, Chou KR (2010) The effects of reminiscence therapy on psychological well-being, depression, and loneliness among the institutionalized aged. International Journal of Geriatric Psychiatry 25: 380–388. doi: 10.1002/gps.2350

Fiske A, Wetherell JL, Gatz M (2009) Depression in older adults. Annual Review of Clinical Psychology 5: 363–389.

Gerritsen DL, Smalbrugge M, Teerenstra S, Leontjevas R, Adang EM, Vernooij-Dassen MJFJ, Derksen E, Koopmans RTCM (2011) Act in case of depression: The evaluation of a care program to improve the detection and treatment of depression in nursing homes. Study protocol. BMC Psychiatry 11: doi: 10.1186/1471-244X-11-91

Graefe S, van Dyk S, Lessenich S (2011) Altsein ist später. Alter(n)snormen und Selbstkonzepte in der zweiten Lebenshälfte. Zeitschrift für Gerontologie und Geriatrie 44: 299–305.

Huang Y, Carpenter I (2011) Identifying elderly depression using the Depression Rating Scale as part of comprehensive standardised care assessment in nursing homes. Aging & Mental Health 15: 1045–1051.

Hyer L (2005) Depression in Long-Term Care. Clinical Psychology: Science and Practice 12: 280–299.

Hyer L, Yeager CA, Hilton N, Sacks A (2009) Group, individual, and staff therapy: An efficient and effective cognitive behavioral therapy in long-term care. American Journal of Alzheimer's Disease and Other Dementias 23: 528–539. doi: 10.1177/1533317508323571

Jongenelis K, Pot AM, Eisses AMH, Beekman ATF, Kluiter H, Ribbe MW (2004) Prevalence and risk indicators of depression in elderly nursing home patients: The AGED study. Journal of Affective Disorders 83: 135–142.

Jongenelis K, Pot AM, Eisses AMH, Beekman ATF, Kluiter H, van Tilburg W, Ribbe MW (2003) Depression among elderly nursing home patients. A review. Tijdschrift voor Gerontologie en Geriatrie 34: 52–59.

Kessler EM (2014) Psychotherapie mit sehr alten Menschen – Überlegungen aus Sicht der Lebensspannenpsychologie. Psychotherapie im Alter 11: 145–161.

Kessler EM, Kruse A, Wahl HW (in Druck) Clinical gero-psychology. A lifespan perspective. In: Pachana NA, Laidlaw K (Hrsg.) The Oxford Handbook of Clinical Geropsychology. International Perspectives. Oxford: Oxford University Press.

Kessler EM, Staudinger UM (2010) Emotional resilience and beyond: A synthesis of findings from lifespan psychology and psychopathology. In: Frey PS, Keyes CL (Hrsg.) New Frontiers of Resilient Aging. Cambridge, UK: Cambridge University Press. pp. 258–282.

Konnert C, Dobson K, Stelmach L (2009) The prevention of depression in nursing home residents: A randomized clinical trial of cognitive-behavioral therapy. Aging & Mental Health 13: 288–299. doi: 10.1080/13607860802380672

Kramer D (2010) Häufigkeit, Erkennung und Behandlung von Depressionen in Alten- und Pflegeheimen. Dissertation, Universität Leipzig, Berlin.

Laireiter AR, Baumann U, Messer R, Lenzenweger R, Krammer E, Crombach H (2008) Psychotherapie im Seniorenheim. Konzept und Evaluation. Zeitschrift für Gerontopsychologie und -psychiatrie 21: 61–69.

Leontjevas R, Gerritsen DL, Smalbrugge M, Teerenstra S, Vernooij-Dassen MJFJ, Koopmans RTCM (2013) A structural multidisciplinary approach to depression management in nursing-home residents: A multicentre, stepped-wedge cluster-randomised trial. The Lancet 381: 2255–2264. doi: 10.1016/S0140-6736(13)60590-5

Lyne KJ, Moxon S, Sinclair I, Young P, Kirk C, Ellison S (2006) Analysis of a care planning intervention for reducing depression in older people in residential care. Aging & Mental Health 10: 394–403. doi: 10.1080/13607860600638347

Meeks S, Looney SW, Van Haitsma K, Teri L (2008) BE-ACTIV: A staff-assisted behavioral intervention for depression in nursing homes. The Gerontologist 48: 105–114. doi: 10.1093/geront/48.1.105

Molinari V (2002) Group therapy in long term care sites. In: Norris MP, Molinari V, Ogland-Hand S (Hrsg.) Emerging trends in psychological practice in long-term care. New York, NY: The Haworth Press. S. 13–24.

Mozley CG, Schneider J, Cordingley L, Molineux M, Duggan S, Hart C, Stoker B, Williamson R, Lovegrove R, Cruickshank A (2007) The Care Home Activity Project: Does introducing an occupational therapy programme reduce depression in care homes? Aging & Mental Health 11: 99–107. doi: 10.1080/13607860600637810

Nicholson CJ (2009) Holding it together. A psycho-social exploration of living with frailty in old age. London: City University.

Rattenbury C, Stones MJ (1989) A controlled evaluation of reminiscence and current topics discussion groups in a nursing home context. The Gerontologist 29: 768–771. doi: 10.1093/geront/29.6.768

Rosen J, Rogers JC, Marin RS, Mulsant BH, Shahar A, Reynolds CF (1997) Control-relevant intervention in the treatment of minor and major depression in a long-term care facility. The American Journal of Geriatric Psychiatry 5: 247–257. doi: 10.1097/00019442-199700530-00009

Weyerer S, Häfner H, Mann AH, Ames D, Graham N (1995) Prevalence and course of depression among elderly residential home admissions in Mannheim and Camden, London. International Psychogeriatrics 7: 479–493.

11 Aufsuchende psychodynamische Psychotherapie bei Hochbetagten

Reinhard Lindner

11.1 Psychische Störungen Hochbetagter

Psychische Störungen im Alter sind weit verbreitet: In der Berliner Altersstudie (Helmchen et al. 1996) waren, bezogen auf eine repräsentative Stichprobe, 24 % der über 70-Jährigen eindeutig psychisch krank diagnostiziert. Hinzu kamen 16 % Personen mit psychopathologischen Symptomen ohne Krankheitswert und 17 % Personen mit psychischen Störungen mit Krankheitswert (im Sinne einer »subdiagnostischen psychiatrischen Morbidität«), die sich in den Indikatoren psychischer Gesundheit deutlich von den psychisch Gesunden (44 %) unterschieden.

In einer Prävalenzstudie zum Bedarf psychosomatischer Versorgung in den Allgemeinen Krankenhäusern Hamburgs fand sich ein Anteil von 38,4 % psychosomatisch und 11 % psychiatrisch Kranker in der überwiegend älteren Stichprobe (Stuhr et al. 1989). In geriatrischen Kliniken haben 30–44 % aller Patienten eine psychiatrische Komorbidität (Bickel et al. 1993; Ames et al. 1994; Fulop et al. 1998; Schmeling-Kludas et al. 2000; Wancata et al. 2000).

Auch neue Ergebnisse bestätigen den Stellenwert psychischer Gesundheit im Alter: 80- bis 85-Jährige leiden mit 34 % fast doppelt so häufig wie 65- bis 69-Jährige an Niedergeschlagenheit oder Antriebslosigkeit, wobei dies abhängig ist von der sozialen Schicht, dem Geschlecht und vom körperlichen Gesundheitszustand (Generali Zukunftsfonds et al. 2012).

Hochbetagte stehen als »Erwachsene im hohen Lebensalter« (Radebold 1997, S. 57) in einer Lebenssituation mit besonderen Herausforderungen: Sie haben keine lange Lebensspanne mehr vor sich, sie müssen Verluste wichtiger Mitmenschen wie auch eigener körperlicher und psychischer Selbstaspekte hinnehmen. Viele von ihnen haben eine Sozialisation erlebt, in der psychische und interpersonelle Probleme tabuisiert und verschwiegen wurden, manche haben auch dezidierte Befürchtungen, der aufgesuchte Professionelle könne sie nicht verstehen oder sogar ihnen schaden.

Psychische Störungen haben im Alter eine erhebliche gesundheitsökonomische Relevanz: Sie führen auch im Alter bei körperlichen Erkrankungen zu längeren stationären Behandlungen (Fulop et al. 1998) und zu einem schlechteren Behandlungsergebnis (Millar 1981), welche sich in einer erhöhten Mortalitätsrate, aber auch vermehrten Ausgaben für Behandlungen und Betreuung niederschlagen (Mayou et al. 1988; Bickel et al. 1993; Koenig et al. 1999; Nightingale et al. 2001). Psychiatrische Konsil-/Liaisondienste führen zu einer Verbesserung mentaler und physischer Funktionen, zu einer kürzeren Liegezeit, zu selteneren Entlassungen in Pflegeheime und zu niedrigeren poststationären Kosten (Fogel et al. 1985; Cole et al. 1991; Strain et al. 1991; Kathol et al. 2005; Maier et al. 2007).

11.2 Hochbetagte finden kaum zur Psychotherapie

Während die 60- bis 70-Jährigen in den letzten Jahren deutlich häufiger den Weg in die ambulante Psychotherapie finden, ist der Anteil an Hochbetagten in der Psychotherapie, aber auch in der nervenärztlich-psychiatrischen Behandlung immer noch überproportional gering. Als Gründe wurden von Älteren Stigmatisierung, emotionale Vorbehalte, eine negative Einschätzung des Therapieergebnisses, zeitliche Beschränkungen und Kosten genannt (Mohr et al. 2010). Die Nutzung psychiatrischer Dienste in altersmedizinischen Einrichtungen, also in den Bereichen des Gesundheitswesens, die überwiegend Hochbetagte behandeln, liegt bei 1–4 % (Heuft et al. 2001; Wetterling et al. 2000; Wolter-Henseler 1996). Die Europäische Union fordert entsprechend in einem Consensus-Papier integrierte Versorgungsmodelle besonders bei psychisch und körperlich erkrankten Älteren (Jané-Llopis et al. 2008). Hochbetagte, insbesondere bei körperlicher Komorbidität, werden zudem wesentlich häufiger rein psychopharmakologisch und seltener mit Psychotherapie behandelt (Olfson et al. 2009; Mohr et al. 2010; Akincigil et al. 2011; Burnett-Zeigler et al. 2012; Loeb et al. 2012).

Auf Seiten der Psychotherapeuten ist die Akzeptanz älterer Patienten in den letzten Jahrzehnten deutlich gestiegen (Imai et al. 2008). Allerdings gibt es immer noch erhebliche Schwierigkeiten, gerade Hochbetagte und multimorbide Patienten mit psychischen Störungen psychotherapeutisch zu behandeln. Diese reichen von praktischen Fragen der Erreichbarkeit und der Finanzierung von krankheitsbedingten Stundenausfällen bis hin zu den bekannten Gegenübertragungsphänomenen, die von Radebold (1992) bereits seit langem als »umgekehrte Übertragung« beschrieben wurden (Zank et al. 2010).

Es gibt seit längerem eine breite empirische Basis an Forschungsergebnissen, die die Effektivität der Psychotherapie mit älteren Menschen belegt (Radebold 1992; Woods et al. 1996). Daten aus kontrollierten Studien weisen darauf hin, dass kognitive Verhaltenstherapie und kurzzeit-psychodynamische Psychotherapie gleich effektiv sind in der Behandlung der Depression Älterer (Gallagher-Thompson et al. 1990; Scogin et al. 1994). Gute Ergebnisse finden sich auch bei gemeinsamer psychopharmakologischer und interpersoneller Psychotherapie (Cahoon 2012).

Während aufsuchende Dienste im geriatrischen (Döhner et al. 2002), komplementären (Physiotherapie, Ergotherapie und Logopädie), pflegerischen (Schneekloth et al. 2008; Renz et al. 2009), aber auch sozialpsychiatrischen Bereich bereits für Ältere angeboten und genutzt werden, ist die aufsuchende Richtlinienpsychotherapie für Ältere noch sehr selten, kaum beschrieben und nicht empirisch untersucht. Positive Erfahrungen bestehen mit der aufsuchenden Familientherapie in der Kinder- und Jugendpsychotherapie (Münch 2010).

Bezogen auf die tiefpsychologisch fundierte Psychotherapie, basierend auf der Psychoanalyse, ist dieser Befund besonders eklatant. Die tiefenpsychologisch fundierte Psychotherapie ist von den gesetzlichen (und privaten) Krankenkassen zur Behandlung psychischer Störungen anerkannt und wird im ambulanten Bereich in Praxen und Medizinischen Versorgungszentren durchgeführt. In der Regel handelt es sich um Einzel- oder Gruppentherapien, einmal in der Woche über 50 Minuten in der Praxis des Psychotherapeuten[5]. Dieser hält einen Praxisraum vor, den er nach seinem Geschmack und aufgrund seiner Überlegungen zur Schaffung eines optimalen Arbeitsumfelds für die Patienten und für sich gestaltet.

11.3 Aufsuchende Psychotherapie

Aufsuchende Psychotherapie ermöglicht nun, Patienten zu behandeln, die nicht in der Lage sind, eine Psychotherapiepraxis aufzusuchen. Dabei begibt sich der Psychotherapeut in das Haus, die Wohnung oder das Altenheim des Patienten und führt die Therapie in seinem gewohnten Lebensumfeld durch. Er benötigt dafür einen An- und Abfahrtszeitraum und er begibt sich in einen ihm zunächst fremden, von ihm nicht gestalteten Raum, ist dort Eindrücken, möglicherweise aber auch Begegnungen mit Dritten ausgesetzt, von denen er sonst in seinem Sprechzimmer höchstens durch den Patienten erfahren würde. Die sozialen Regeln eines »Besuches« als »Gast«, eventuell auch eines »Hausbesuchs des Arztes« bestimmen bewusste und unbewusste Erwartungen und Befürchtungen bei beiden Beteiligten.

Das Verlassen der eigenen Praxis und das Aufsuchen des Patienten in seinem Umfeld stellt eine Variante der Richtlinienpsychotherapie dar (Migone 2013). Das Aufsuchen ist kein Parameter der psychoanalytischen Psychotherapie, wie dies von Eissler (1953) definiert wurde, weil das Ziel nicht ist, durch Deutungen im Laufe der Behandlung zum Standardverfahren zurückzukehren, sondern die Psychotherapie insgesamt im Lebensraum des Patienten durchzuführen.

Um jedoch die Indikation zu einer derartigen Variante der Psychotherapie zu stellen, bedarf es der diagnostischen Überlegungen, welche Bedeutung diese Behandlungsform für den Patienten, die Behandlung und das Behandlungsziel hat. Nur dann, wenn der Patient durch unabänderliche Bedingungen daran gehindert ist, den Psychotherapeuten aufzusuchen, ist eine derartige Variante indiziert. Hierzu zählen eine erhebliche motorische Einschränkung, z. B. im Sinne einer Gehbehinderung.

In einer ersten kasuistischen Darstellung einer aufsuchenden tiefenpsychologisch fundierten niederfrequenten Psychotherapie wurden spezifische Aspekte dieser Behandlungsvariante beschrieben (Lindner 2014):

1. Indikationsstellung: Die Entscheidung zur aufsuchenden Psychotherapie bedarf einer genauen Überlegung. Zentral ist dabei die Frage, ob das Aufsuchen des Patienten ein Mitagieren der eigentlich zu behandelnden Konfliktthematik darstellt und ob es deshalb der Erreichung des Behandlungsziels entgegensteht.

2. Praktische Bedingungen: Aufsuchende Psychotherapie ist derzeit noch nicht als Variation der Richtlinienpsychotherapie finanziert. Zwar ist ein Hausbesuch grundsätzlich mit der Psychotherapie zu-

---

[5] Obwohl es mehr Psychotherapeutinnen als Psychotherapeuten gibt, wird hier, allein um der einheitlichen Lesbarkeit willen, die männliche Form gewählt.

sammen abrechenbar, allerdings ergeben sich sehr schnell finanzielle Einbußen, wenn der Weg zum Patienten länger als wenige Minuten dauert.
3. Das Aufsuchen – psychodynamische Konsequenzen: Die Fahrt zum Patienten kann zu Verspätungen oder zu vorzeitigem Erscheinen des Therapeuten (!) führen; beide Phänomene sind vor dem Hintergrund der Übertragungsbeziehung zu verstehen.
4. Psychotherapie als Besuch: Beide Beteiligte, Patient und Psychotherapeut, geraten mehr oder weniger bewusst in Handlungs- und Beziehungsschemata, die mit den sozialen Konventionen des Besuches, besonders des ärztlichen Hausbesuches, verbunden sind. Der Einfluss dieser Aspekte sollte vor dem Hintergrund der sich entwickelnden Übertragungsbeziehung reflektiert werden. Ein besonders deutliches Muster ist dabei der häusliche Arztbesuch mit seinem Erwartungshorizont.
5. Die Begegnung mit der sozialen Welt des Patienten: Die aufsuchende Psychotherapie führt den Therapeuten aktiv und direkt in die reale soziale Welt des Patienten ein. Es bedarf einer besonderen Wachsamkeit gerade für diese Einflüsse auf die eigene Phantasie- und Theoriebildung des Psychotherapeuten, um sich unabhängig und empathisch, abstinent und sozial kompetent um die psychische Innenwelt des Patienten zu bemühen.

Aufsuchende Psychotherapie grenzt sich gerade in ihrem Fokus auf die *intrapsychische Situation* des Patienten von Sozialarbeit, hausärztlicher Tätigkeit, pflegerischen oder anderen therapeutischen Maßnahmen ab.

Ausgehend von diesen Vorerfahrungen und Vorannahmen wurden der genannte Fall und sechs weitere Behandlungsfälle mit aufsuchender Psychotherapie hinsichtlich eines zuvor definierten Fragenkataloges untersucht (Lindner 2014). Das Ziel war dabei, innerhalb einer überschaubaren Zeit von 2 Jahren zu ersten Erkenntnissen über folgende Fragen zu gelangen:

- Wie lässt sich das Setting dieser aufsuchenden Psychotherapien beschreiben?
- Was sind die Besonderheiten dieser therapeutischen Beziehungen?
- Welche Motivation hatte der Therapeut für die aufsuchende Psychotherapie?
- Welche Themen wurden in den Therapien behandelt?
- Wie lässt sich die therapeutische Beziehung beschreiben?
- Welche therapeutischen Interventionen wurden eingesetzt?

Da bisher keine Erfahrungen mit aufsuchender psychodynamischer Psychotherapie mit Älteren beschrieben wurden, wurde eine explorierende, deskriptive Methodik gewählt, angelehnt an die Grounded Theory (GTM), ein Verfahren, um konzeptuell zu einer Beschreibung einer Psychotherapievariante beizutragen, indem Vergleiche auf verschiedenen Ebenen angestellt werden, z. B. zwischen Patienten, Situationen, Themen.

> »Die Grundidee der GTM [...] besteht darin, dass ausgehend von Daten, die zu der Beantwortung einer Forschungsfrage hinzugezogen werden, einzelnen ›Vorfällen‹ spezifische Bezeichnungen (Codes) zugewiesen werden. Durch diese Zuweisung werden die Daten zu ›Indikatoren‹ für jeweils hinter ihnen liegende Konzepte. Im Zuge der weiteren Kodierarbeit und durch weitere Vergleiche sollen Codes dann zu theoretisch relevanten Konzepten verdichtet werden (können), wobei am Ende der Kodierschritte eine Kernkategorie herausgebildet wird, die in zu definierenden Beziehungen zu allen anderen herausgearbeiteten Kategorien steht. – Das so ausgearbeitete relationale Gefüge bildet die Theorie« (Mey und Mruck 2010, S. 619).

Die theoretische Grundlage der Forschungsfragen ist dabei die Psychoanalyse und ihre verschiedenen Psychotherapieformen. Gesucht wird also nach theoretischen Bausteinen der aufsuchenden psychodynamischen Psychotherapie bei multimorbiden geriatrischen Patienten.

11.4 Patienten

Von Juni 2011 bis Mai 2013 wurden insgesamt sieben ehemals stationäre Patienten der Medizinisch-Geriatrischen Klinik Albertinen-Haus, die dort im psychosomatischen Konsil-/Liaisondienst bereits gesehen wurden, mittels aufsuchender tiefenpsychologisch fundierter Psychotherapie behandelt. Es handelte sich um vier Frauen und drei Männer mit einem Durchschnittsalter von 83 Jahren (77–90 Jahre). Vier lebten allein, drei mit Partnerin, zwei der Probanden lebten in einem Heim. Drei Patienten litten unter einem Carcinom, ein Patient unter einer Herzerkrankung, eine Patientin unter Schmerzen der Wirbelsäule und einem essentiellen Tremor, ein Patient hatte einen Hirninfarkt und eine Patientin einen Darmvorfall. Zwei Patientinnen hatten im Vorfeld der Behandlung einen Suizidversuch unternommen, vier Patienten waren latent suizidal. Vier Patienten litten unter einer affektiven Störung, drei unter einer Anpassungsstörung. Bei zwei Patienten wurde zusätzlich eine Persönlichkeitsstörung diagnostiziert. Das funktionelle geriatrische Assessment zeigte bei allen Patienten eine eingeschränkte Funktion in den Aktivitäten des täglichen Lebens. Der durchschnittliche Mini-Mental-State lag bei 23/30. Die Zahl der ambulanten Psychotherapiesitzungen lag zwischen 4 und 10 Sitzungen, die Frequenz zwischen 1 Mal/Woche und 1 Mal/Monat. Vier Patienten erhielten Antidepressiva, eine ein Benzodiazepin und ein Patient ein Schlafmittel. Am Ende des Untersuchungszeitraumes waren drei Patienten bereits gestorben (▶ Tab. 11.1).

11.5 Methodisches Vorgehen

Die Patienten erhielten nach Indikationsstellung zu einer tiefenpsychologisch fundierten Psychotherapie das Angebot einer kostenfreien Psychotherapie in ihrem Lebensumfeld. Einschlusskriterien waren dabei die Indikation, die Zustimmung des Patienten und die Tatsache, dass der Patient aufgrund seiner körperlichen Erkrankung nicht in der Lage war, den Therapeuten ohne größte Anstrengungen aufzusuchen. Die Fahrt zur Wohnung der Patienten erfolgte mit dem PKW. Nach jeder Sitzung wurde ein Stundenprotokoll erstellt. Dies bildete, zusammen mit den Arztbriefen und den Konsilberichten der Klinik die Grundlage für die Auswertung nach den zuvor entwickelten Fragen (▶ Kap. 11.3), die zunächst für jeden Patienten einzeln vorgenommen wurde. Jeder Eintrag (»Vorfall«) wurde sodann abstrahierend codiert und ähnliche Codes wurden in einem weiteren Schritt in übergeordneten Kategorien zusammengefasst.

Bereits das Material der Stundenprotokolle, jedoch im Einzelfall auch der Codier-

Tab. 11.1: Medizinische und psychosoziale Basisdaten der Patientengruppe

Patient	KE	HB	ME	LA	BM	IS	JG
Geschlecht	m	m	w	w	m	w	w
Alter	77	82	86	90	77	82	89
Familienstand	verh.	gesch.	verw.	verw.	verh.	verw.	verw.
Wohnung	mit Ehefrau	mit Partnerin	allein	allein	mit Ehefrau im Heim	allein im Heim	allein
Haupterkrankung	Colon-Carcinom Operation mit Komplikationen	Ischäm. Kardiomyopathie	Suizidversuch Mediastinal-Carcinom	WS-Schmerzsyndrom, ess. Tremor	Z.n. li.hirn. Infarkt	Suizidversuch Harnwegsinfekt Urothel-Carcinom	Rektumprolaps, OP
Psych. Diagnose	F32.0 F60.82	F34.1	F43.21	F41.2	F43.21 F60.82	F32.1	F32.2
Suizidalität/ Lebensmüdigkeit	keine	keine	latent	keine	latent	latent	Latent
Barthel-Index bei Entlassung	45/100	75/100	80/100	75/100	35/100	45/100	75/100
Timed up and go		15	17 frei	18	nicht Mögl.	nicht mögl.	30 Rollator
MMST	15/30	27/30	28/30	24/28	Aphasie	18/30	28/28
GDS	4/4	2/4	2/4				
Pflegestufe	0	0	0	0	1	1	1
Dauer stationär-geriatrische Behandlung	20 Tage	3	13 Tage	20 Tage	21 Tage	19 Tage	15 Tage
Zahl amb. Psychotherapiesitzungen	laufend, aktuell 7	10	4	8	4	4	7
Frequenz der Sitzungen	wöchentl.	mtl.	wöchentl.	14-tägig	mtl.	mtl.	mtl.
Psychopharmaka (Arztbrief)	Citalopram	keine	Mirtazapin	Mirtazapin Lorazepam	Citalopram Temazepam	keine	
Verstorben	nein	nein	ja	ja	nein	ja	

prozess wurden i. S. einer externen Validierung in mehreren Sitzungen mit einem Psychotherapeuten, der eigene Erfahrungen mit aufsuchender Psychotherapie hat, diskutiert.

11.6 Ergebnisse

11.6.1 Unterschiede zur ambulanten psychodynamischen Psychotherapie

Das Aufsuchen beeinflusst die initiale Kontaktaufnahme und die Art der »Inszenierung« der therapeutischen Beziehung erheblich. Dabei ist der Therapeut direkt im sozialen Umfeld der Patienten aktiv: ím Wohn- oder Schlafzimmer (Couch/Stuhl), in der Küche. Dabei war er manchmal unangenehmen Gerüchen ausgesetzt. Er musste bisweilen eine ruhige Gesprächssituation erst gestalten, um Abschalten des Radios oder des Fernsehers bitten, nahm Bilder und Fotos wahr, begegnete Angehörigen und Haustieren. Mehrfach wurde ihm ein Getränk oder Gebäck angeboten oder war bereits der Tisch zum Kaffeetrinken gedeckt. In der Gestaltung der Gesprächssituation war der Therapeut bereits aktiver als bei Begrüßung eines Patienten in der eigenen niedergelassenen Praxis. Die Anfahrt brachte es manchmal mit sich, wegen eines Verkehrsstaus zu spät zu kommen oder, zu früh angekommen, noch im Auto zu warten.

11.6.2 Auswirkungen auf die therapeutische Beziehung

Unter Verwendung der Begrifflichkeiten des szenischen Verstehens (Klüwer 2001) hat die »Szene« der aufsuchenden Psychotherapie mehr Requisiten und mehr Akteure. Die vielen sinnlichen Eindrücke, die den Therapeuten erfassen, stellen seinen inneren Reflektionsraum voll.

> Frau LA, 90 Jahre empfing den Therapeuten »zum Kaffee«. Bereits in der ersten Stunde bat sie ihn, weiterhin seinen Wagen auf dem Parkplatz ihres verstorbenen Mannes abzustellen. »Ich habe das Gefühl, unbedingt auf dem Parkplatz von Frau LA parken zu sollen und stelle, da zu früh angekommen, den Wagen erst mal woanders ab, fahre dann pünktlich auf ihren Parkplatz. Sie begrüßt mich ganz erstaunt. Sie habe gar nicht mit mir gerechnet. Sie weiß meinen Namen. Ich habe keinen Moment einen Zweifel an ihrem Gedächtnis. Aber sie habe gedacht, ich käme vielleicht mal wieder bei ihr vorbei; sie erlebte mein Angebot regelmäßiger Gespräche als unverbindlich. Warum ich denn nicht zwischendurch einmal angerufen hätte? So erscheint sie mir in gewisser Weise natürlich verständlich unwissend, denn so etwas, regelmäßige Termine kennt sie auch von ihrem Hausarzt nicht. Sie ist natürlich überrascht und ein wenig ablehnend, aber wir können diese Unsicherheit klären. Sie will mir unbedingt einen Kaffee bringen. Ich lehne ab, sie ist verdutzt, lässt es aber zu« (2. Std.).

11.6.3 Motivation des Therapeuten für aufsuchende Therapie

Ein deutliches professionelles Interesse an dieser ungewöhnlichen Form der Psychotherapie, besonders aber eine gerade zu Beginn positive Übertragungsbeziehung stellen die Hauptmotive des Therapeuten dar. Zudem besteht der Wunsch, bei eindeutiger Indikation, jedoch fehlender Möglichkeit beim Patienten, eine Psychotherapiepraxis aufzusuchen, doch eine Therapie durchzuführen. Einige Patienten haben eindeutige psychosomatische Symptome (affektiv verstärkter essentieller Tremor, Schmerzen), mehrere waren oder sind weiterhin suizidal oder lebensmüde.

> Frau IS, 82 Jahre, war nach einem Suizidversuch mit einem inoperablen Urothelcarcinom ins Krankenhaus gekommen. Im ersten ambulanten Gespräch nach Entlassung kommt sie »auf den Verlust ihres Hotels durch die große Sturmflut 1963 ... zu sprechen. Sie habe sich sehr gebunden gefühlt damals, dann sei plötzlich innerhalb von 48 Stunden alles aus gewesen. Auch hier versuche ich ihr näher zu bringen, dass ihr derzeitiges Erleben auch etwas mit dieser »Naturkatastrophe« zu tun hat. Was für sie so schwer sei, sei ja gerade die Hilflosigkeit und das Ausgeliefertsein, gegenüber den Naturgewalten wie gegenüber der Krankheit.«

Verschiedene Erfahrungen des Verlusts werden thematisiert, auch der Verlust an Autonomie durch das Leben im Heim. Jedoch auch die Frage, wie erneut Autonomie und Handlungsfähigkeit zurück gewonnen werden können.

> Herr BM, gewinnt im Rahmen der psychotherapeutischen Gespräche wieder etwas von der alten Entscheidungsgewalt als Unternehmer zurück. Ihm wird ein junger Mann zur Seite gestellt, der ihn ausführt und mit ihm eine Urlaubsreise macht. »Als wir ins Zimmer kommen, läuft der Fernseher. Er ruft, mit dem Doktor wolle er nicht sprechen. Seine Frau sagt energisch, das ginge jetzt nicht. Ich wollte eigentlich seinen Rollstuhl schieben, lasse aber davon ab. Es geht um das schwierige Thema, ob er selbst entscheiden kann, ob er mich will, oder ob er dem ärztlichen Gespräch zustimmen muss.« Nachdem allein mit mir über das Leiden an der Sprechstörung, an Wortfindungsstörungen gesprochen werden kann, sagt er auch, die Todeswünsche seien weniger geworden, er könne das Leben »so erst einmal annehmen, wohl wissend, dass es nicht mehr lange so währt. Sich selbst als jemanden zu erleben, der mit anderen, die von ihm bezahlt werden, in einen recht angenehmen Kontakt kommt, erfüllt ihn mit Stabilität und Genugtuung« (3. Std.). Nach weiteren zwei Gesprächen war er wohl dabei, die Gespräche mit mir zu beenden, was ich als therapeutisch zu tolerierendes Agieren seines Autonomiewunsches verstand.

11.6.4 Themen in der Psychotherapie

Über psychische und körperliche Symptome, aber auch intrapsychische und interpersonelle Konfliktthemen wie auch das vergangene Leben wird gesprochen. Zu den psychischen Symptomen gehören Grübeln, Dümpeln, Suizidalität, unerträglich erlebte Gefühle der Ohnmacht und des Leidens, Trauer, todesnahe Ängste, zwanghafte Ambivalenzen, Aggression und Gereiztheit. Körperliche Symptome sind z. B. Schwäche, Schmerzen, Luftnot, Hypotonie, Tremor, Schlafstörung und Inkontinenz.

Konflikthaftes Erleben kreist um die eigene Identität, deren Rettung oder deren Verlust im bevorstehenden Sterben.

Konflikte um Nähe und Distanz, Macht und Unterwerfung, Aktivität und Passivität werden angesprochen. Hinzu kommen die belastenden, aber auch stabilisierenden Erinnerungen. Konflikte in der Partnerschaft, Schuldgefühle wegen Untreue oder sexueller Bedrängung, die Beziehung zu den Kindern sowie das Verhältnis zu den eigenen Eltern spielen eine wichtige Rolle.

> Herr KE, 77 Jahre, sprach immer wieder von seinem Gefühl in der Jugend (Vierzigerjahre), eine »fehlende Pubertät« gehabt zu haben. Eines Tages übergab er mir eine Karte aus dem Jahr 1945. Hier schrieb sein Vater ihm zum 10. Geburtstag, die Zukunft seines Lebens läge jetzt in Finsternis, es gäbe eigentlich nach dem Untergang Deutschlands keine Zukunft mehr für ihn, seinen Sohn. Einige Monate später entdeckte Herr KE in Unterlagen Beweise für die Tätigkeit seines Vaters als Lagerleiter eines KZ.

11.6.5 Therapeutische Beziehung

Eine positive Übertragung zeichnete beinahe alle Behandlungsbeziehungen aus. Dabei brachte der Therapeut den Patienten direkte Anerkennung entgegen und förderte ich-stützend die Stabilisierung ihrer Abwehr.

> Herr KE erlebte es als Anerkennung, Psychotherapiepatient sein zu können. Er habe etwas zu bieten, ihm wurde etwas zugetraut. Diese Zuwendung erlebte er darin, dass seine Defizite und meine Abneigung, z. B. gegen das immer bereitstehende, etwas verdreckte Glas Saft, eben nicht zu Abbruch des Kontaktes führten.

Dabei zeigte sich eine hohe Konflikthaftigkeit zwischen Abwehr und Abgewehrtem.

So inszenierte Frau IS ein Erleben einer Verführung als Abwehr der Erfahrung des Sterbens und als Zeichen der Lebendigkeit zugleich. Dabei konnte das Abgewehrte durchaus teilweise anerkannt werden. Sterbenmüssen und Beziehungswünsche kamen zum Ausdruck und konnten benannt werden. Lebensgeschichtliche Hintergründe konnten zum Teil besprochen werden.

> Frau IS lag in der vorletzten Stunde im Bett, als eine Pflegerin das Heim-Apartment für mich öffnete. Sie sei so schwach, seit sie mehrfach in den letzten Tagen im Krankenhaus gewesen sei. Die gesamte Zeit des Gesprächs über habe ich das Gefühl, sie meint, mich verführen zu müssen, klug und intelligent mit mir sprechen zu müssen. Am Ende führt dies zu der Verabschiedung: »Nächstes Mal habe ich dann ein Ballkleid an« – ich habe danach die Assoziation, das sei dann wohl auf dem Totenbett. (3. Std.). In der darauf folgenden, letzten Stunde ist sie ein wenig verwirrt, wähnt sich schon »auf der Reise«: Das Sterben sei ein ganz langsames Geschehen, sagt sie, mal sei sie hier, mal dort, wechselnd, ein Übergang. Sie sei nicht beunruhigt. Und wieder schickt sie mich zuletzt weg. Wir verbleiben mit einem neuen Termin in vier Wochen, ohne ganz definierte Absprache. Ich werde vorher nachfragen ... (4. Std.). Eine Woche später starb Frau IS.

11.6.6 Therapeutische Interventionen

Eine Vielzahl therapeutischer Interventionen konnte identifiziert werden. Konkretes ärztliches Handeln i. S. eines Enactments wird reflektiert eingesetzt, dann aber wird auch wieder zum Gespräch zurückgefunden:

Die Wohnung roch unangenehm nach Urin, Herr KE hatte sich ein Handtuch um den Katheterbeutel gebunden. Ich machte mir ein Bild von der Lage: Der Beutel leckte. Nachdem sie bereits einen Notarztwagen gerufen hatten, wurde dieser abbestellt, und ich arrangierte den Besuch einer Krankenschwester, um den Beutel zu wechseln Dann sprachen wir über den Vorwurf seiner Frau. Sie hatte gesagt, sie wolle nicht »für ihn Mutter sein«. Ich sagte, darum gehe es nicht, sondern um Überforderung auf beiden Seiten. »Mit ihm allein spreche ich über die Scham, die er auch mir gegenüber empfindet. Er hat, wie heraus kommt, gewollt, dass sie mir heute absagt, denn er wollte mich nicht in diese Peinlichkeiten hineinziehen. Dass so Vieles nicht mehr geht, dass er, wie wir dann klären können, sich so kastriert fühlt mit dem Katheter« (4. Std.).

Klärung, Konfrontation und Deutung sind möglich, auch in Verbindungssetzung zu biografischen Hintergründen.

Der essentielle Tremor, bei Frau LA ausgeprägt und affektgeleitet, konnte mit vielfältigen biografischen Bezügen versehen werden. »Das Zittern selbst, dass also die Affekte von Aufregung, Angst, Wut sich druckvoll zu einem Zittern in ihrem Körper formen …, kam nach dem Tod ihres Mannes.« (4. Std.). Wir sprechen dann von ihrer »seelischen Dünnhäutigkeit, die besonders beim Einschlafen deutlich würde und sie wach hielt, weil »Aufregungen« dann deutlicher spürbar und wirksamer wurden. Sie reagiert ganz froh, ich glaube, über sich selbst Worte zu finden, ist ihr fremd, so dicht heranzukommen und doch in den klaren Formen der Worte zu bleiben. … Am Ende erzählt sie viel aus der Kindheit: Das Nesthäkchen, vier Geschwister, mindestens 14 Jahre älter als sie. »Ich sollte nicht kommen, aber Lilochen war dann der Liebling der Eltern.« (5. Std.). In der 6. Std. dann erfuhr ich, dass das Schlimmste sei, dass sie nicht mehr schreiben könne. Das Zittern habe nämlich viel früher begonnen. Bemerkt habe sie es beim Stenografieren. »Sehr viel Identität zog sie aus der Arbeit, die akkurate Sekretärin zu sein, und genau das geht jetzt nicht mehr. Sie kann nicht mehr schreiben! Das macht sie fertig. So beschämt war sie nie, sagt sie.« (6. Std.). Im Tremor, so könnte die Deutung lauten, bricht sich eine frühe kindliche Erschütterung Bahn.

Auch übertragungsbezogene Traumdeutung ist möglich.

Frau JG, 89 Jahre, kam suizidal in Behandlung in einer massiven psychomotorischen Einengung und Erstarrung, die sich in Obstipation, Bewegungsarmut und erheblichem Rückzug in ihre Wohnung wie auch der Unmöglichkeit, sich bessere Versorgung zu gestatten, zeigte. Jedes Mal, in den monatlichen Besuchen über ein Jahr, saß ich exakt an der gleichen Stelle einer sich nicht verändernden Wohnung und sprach mit ihr über die Bedeutung der Bewegungslosigkeit. In der vorletzten Stunde berichtete sie, sie warte jedes Mal, wenn ich komme, aufgeregt im Flur auf das Lichtsignal ihrer Klingel. Zuvor habe sie über zwei Stunden alles vorbereitet, insbesondere sei sie oft auf dem Klo, denn sie habe Angst, in der Stunde inkontinent zu sein. »Vor einiger Zeit habe sie geträumt, sie höre den Bolero von Ravel und sie fange an zu tanzen danach, ganz wild. Und am nächsten Morgen sei sie aufgewacht und habe Muskelkater gehabt, als hätte sie wirklich getanzt. … Ich spreche auch von der inneren Lebendigkeit, die kontrastiert mit der Eingemauertheit ihres Lebens, mit dem zwanghaft aufrechterhaltenen Selbst-

Versorgen. Das Triebleben ist ganz nach innen gekehrt – und doch macht sie ja mit in dieser Therapie.« (6. Std.).

Grundsätzlich aber ist die therapeutische Haltung eher oberflächennah, manchmal mitagierend (s. o.), manchmal in Form einer regressionshemmenden Beratung.

11.7 Limitationen und Fazit

Die hier präsentierten Ergebnisse einer qualitativen Analyse von Dokumentationen von aufsuchenden tiefenpsychologisch fundierten Psychotherapien mit hochbetagten, multimorbiden Patienten sind allein schon aufgrund der genutzten Methodik der »Grounded Theory« weder repräsentativ noch vollständig. Die zulässige Schlussfolgerung ist lediglich, dass psychodynamische Psychotherapie in diesem Setting als eine Behandlungsvariante möglich ist. Das Moment des Aufsuchens führt zu wichtigen Veränderungen des Settings und der Entwicklung der therapeutischen Beziehung. Die hier durchgeführten Therapien sind besonders niederfrequent durchgeführt worden, z. T. nur mit einer Sitzung im Monat. Hier wäre es sicher sinnvoller, weitere Erfahrungen mit der üblichen wöchentlichen Frequenz zu machen. Entsprechend psychoanalytisch orientierter Psychotherapien ist es möglich, in der Übertragung zu arbeiten, die Inszenierungen vorherrschender Beziehungsmuster zu erkennen und auch zu benennen, diese zu nutzen und sogar übertragungsbasierte Deutungen zu geben. Insgesamt aber wird hier eine psychotherapeutische Strategie einer oberflächennahen, konfliktorientierten Behandlung mit deutlich ich-stützenden, die Abwehr restituierenden Elementen beschrieben. Trotzdem ist es möglich, belastende psychische Konflikte zu benennen und damit nicht nur zu klären, sondern auch den intrapsychischen Spielraum innerhalb des Konflikterlebens zu erweitern. Die Nähe zu Themen des Lebensendes, zu Sterben und Tod ist unübersehbar. Dies sollte jedoch nicht mit Leblosigkeit gleichgesetzt werden; vielmehr ist die ganze Konflikthaftigkeit menschlichen Lebens bis ins hohe Alter und in Krankheit und Todesnähe sehr präsent, besonders Identitäts-, Autonomie- und Machtkonflikte. Gerade diese Konfliktthemen zu klären kann zu größerem Entscheidungs- und Handlungsspielraum führen. Weitere Untersuchungen, insbesondere der Wirkung von aufsuchender Psychotherapie, sind notwendig.

Literatur

Akincigil A, Olfson M, Walkup JT, Siegel MJ, Kalay E, Amin S, Zurlo KA, Crystal S (2011) Diagnosis and treatment of depression in older community-dwelling adults: 1992–2005. JAGS 59: 1042–1051.

Ames D, Tuckwell V (1994) Psychiatric disorders among elderly patients in a general hospital. Medical J Australia 160: 671–675.

Bickel H, Cooper B, Wancata J (1993) Psychische Erkrankungen von älteren Allgemeinkrankenhauspatienten: Häufigkeit und Langzeitverlauf. Der Nervenarzt 64: 55–61.

Burnett-Zeigler IE, Pfeiffer P, Zivin K, Glass JE, Ilgen MA, Flynn HA, Austin K, Chermack ST (2012) Psychotherapy utilization for acute depression within the veterans affairs health care system. Psychological Services 9: 325–335.

Cahoon CG (2012) Depression in older adults. A nurse's guide to recognition and treatment. AJN 112: 22–31.

Cole MG, Fenton FR, Engelsmann F, Mansouri I (1991) Effectiveness of geriatric psychiatry consultation in an acute care hospital: a randomized clinical trial. J Am Geriatr Soc 39: 1183–1188.

Döhner H, Bleich C, Kofahl, C, Lauterberg J (2002) Case Management für ältere Hausarztpatientinnen und -patienten und ihre Angehörigen: Projekt Ambulantes Gerontologisches Team – PAGT. Stuttgart: Kohlhammer.

Eissler K (1953) The effect of the structure of the ego on psychoanalytic technique. (http://www.psychomedia.it/pm/modther/probpsiter/eiss53-2.htm, Zugriff am 21.05.2014).

Fogel BS, Stoudemire A, Houpt JL (1985) Contrasting models for combined medical and psychiatric inpatient treatment. Am J Psychiatry 142: 1085–1089.

Fulop G, Strain JJ, Fahs MC, Schmeidler J, Snyder S (1998) A prospective study of the impact of psychiatric comorbidity on length of stay of elderly medical-surgical inpatients. Psychosomatics 39: 273–280.

Gallagher-Thompson D, Hanley-Peterson P, Thompson L (1990) Maintenance of gains versus relapse following brief psychotherapy for depression. J Consult Clinical Psychology 62: 543–549.

Generali Zukunftsfonds (Hrsg.) und Institut für Demoskopie Allensbach (2012) Generali Altersstudie 2013. Wie ältere Menschen leben, denken und sich engagieren. Frankfurt: Fischer.

Helmchen H, Baltes MM, Geislemann B, Kanowski S., Linden M., Reischies FM et al. (1996) Psychische Erkrankungen im Alter. In: Mayer KU, Baltes PB (Hrsg.) Die Berliner Altersstudie. Berlin: Akademie Verlag. S. 185–219.

Heuft G, Schneider G (2001) Gerontopsychosomatik und Alterspsychotherapie. Gegenwärtige Entwicklung und zukünftige Anforderungen. In: Deutsches Zentrum für Altersfragen (Hrsg.) Gerontopsychiatrie und Alterspsychotherapie in Deutschland. Expertisen zum Dritten Altenbericht der Bundesregierung. Bd. 4. Opladen: Westdeutscher Verlag. S. 201–305.

Imai T, Telger K, Wolter D, Heuft G (2008) Versorgungssituation älterer Menschen hinsichtlich ambulanter Richtlinien-Psychotherapie. Z Gerontol Geriat 41: 486–496.

Jané-Llopis E, Gabilondo A (Hrsg.) (2008) Mental Health in Older People. Consensus Paper. Luxembourg: European Communities.

Kathol RG, Clarke D (2005) Rethinking the place of the psyche in health: toward the integration of health care systems. Australian and New Zealand Journal of Psychiatry 39: 816–825.

Klüwer R (2001) Szene, Handlungsdialog (Enactment) und Verstehen. In: Bohleber W, Drews S (Hrsg.) Die Gegenwart der Psychoanalyse – die Psychoanalyse der Gegenwart. Stuttgart: Klett-Cotta. S. 347–357.

Koenig HG, Huchibhatla M (1999) Use of health services by medically ill depressed elderly patients after hospital discharge. Am J Geriatr Psychiatry 7: 48–56.

Lindner R (2014) Erste Erfahrungen in der aufsuchenden Psychotherapie mit Hochaltrigen. Psychotherapie im Alter 11: 199–211.

Loeb DF, Ghushchyan V, Huebschamnn AG, Lobo IE, Bylisss EA (2012) Association of treatment modality for depression and burden of comorbid chronic illness in a nationally representative sample of the United States. Gen Hosp Psychiatry 34: 588–597.

Maier AB, Wächtler C, Hofmann W (2007) Combined medical-psychiatric inpatient units. Evaluation of the centre for the elderly. Z Gerontol Geriat; 40: 268–274.

Mayou R, Hawton K, Feldman E (1988) What happens to medical patients with psychiatric disorder? J Psychosom Research 32: 541–549

Menninger KA, Holzman PS (1977) Theorie der psychoanalytischen Technik. Stuttgart-Bad Cannstadt: Frommann-Holzboog.

Mey G, Mruck K (2010) Grounded-Theory-Methodologie. In: Mey G, Mruck K (Hrsg.) Handbuch qualitative Forschung in der Psychologie. Wiesbaden: VS Verlag. S. 614–626.

Migone P (2013) Introduction to Kurt Eisler's paper: »The effect of the structure of the ego on psychoanalytic technique« (1953). (http://www.psychomedia.it/pm/modther/probpsiter/eiss53-2.htm, Zugriff am 21.05.2014).

Millar HR (1981) Psychiatric morbidity in elderly surgical patients. Brit J Psychiatr 138: 17–20.

Mohr DC, Ho J, Duffecy J, Baron KG, Lehman KA, Jin L, Reiffler D (2010) Perceived barriers to psychological treatments and their relationship to depression. J Clin Psychol 66: 394–409.

Münch KH (2010) Aufsuchende Familientherapie. PiD – Psychotherapie im Dialog 11: 226–229.

Nightingale S, Holmes J, Mason J, House A (2001) Psychiatric illness and mortality after hip fracture. The Lancet 357: 1264–1265.

Olfson M, Marcus SC (2009) National patterns in antidepressant medication treatmen. Arch Gen Psychiatry 66: 848–856.

Radebold H (1992) Psychodynamik und Psychotherapie Älterer. Berlin: Springer.

Renz G, Marckmann G, Gesundheitsrat Südwest (Hrsg.) (2009) Die medizinisch-pflegerische Versorgung älterer Menschen. Bad Boll: edition akademie 24.

Schmeling-Kludas C, Jäger K, Niemann BM (2000) Diagnostik und Bedeutung psychischer Störungen bei körperlich kranken geriatrischen Patienten. Z Gerontol Geriat 33: 36–44.

Schneekloth U, Wahl HW (Hrsg.) (2002) Selbständigkeit und Hilfebedarf bei älteren Menschen in Privathaushalten. Pflegearrangements, Demenz, Versorgungsangebote. Stuttgart: Kohlhammer.

Scogin F, McElrath L (1994) Efficacy of psychosocial treatments for geriatric depression: A quantitative review. J Consult Clinic Psychology 66: 69–74.

Strain JJ, Lyons JS, Hammer JS, Fahs M, Lebovits A, Paddison PL, Snyder S, Strauss E, Burton R, Nuber G (1991) Cost offset from a psychiatric consultation-liaison intervention with elderly hip fracture patients. Am J Psychiatry 148: 1044–1049.

Stuhr U, Haag A (1989) Eine Prävalenzstudie zum Bedarf an psychosomatischer Versorgung in den Allgemeinen Krankenhäusern Hamburgs. Psychother med Psychol 39: 273–281.

Wancata J, Windhaber J, Bach M, Meise U (2000) Recognition of psychiatric disorders in nonpsychiatric hospital wards. J Psychosom Research 48: 149–155.

Wetterling T, Junghanns K (2000) Psychiatrischer Konsildienst bei älteren Patienten. Der Nervenarzt 71: 559–564.

Wolter-Henseler DK (1996) Gerontopsychiatrie in der Gemeinde. Reihe Forum, Bd. 30. Köln: Kuratorium Deutsche Altershilfe.

Woods A, Roth A (1996) Effectiveness of psychological interventions with older people. In: Woods A, Roth A, Fonagy P (Hrsg.) What works for whom. A critical review of psychotherapy research. New York: Guilford. S. 321–340.

Zank S, Peters M, Wilz G (2010) Kinische Psychologie und Psychotherapie des Alters. Stuttgart: Kohlhammer.

12 Verhaltenstherapeutische Interventionen in Akutgeriatrie und in der geriatrischen Rehabilitation – ein Erfahrungsbericht

Ulrike Müller-Wilmsen

Ein Fallbeispiel

Zum geriatrischen Assessment und zur Einleitung einer ambulanten geriatrischen Rehabilitationsmaßnahme stellte sich die sehr gedrückt wirkende 83-jährige Patientin Frau M. bei uns vor. Zuweiser war ein städtisches Krankenhaus, dort war die Patientin zur schmerztherapeutischen Einstellung bei chronischem Schmerzsyndrom stationär.

Diagnosen:

- multifaktorielle Gangstörung bei Osteoporose mit LWK 1 und 4 Kompressionsfraktur, beidseitige Gonarthrose, beidseitige Coxarthrose, Zustand nach Schenkelhalsfraktur, Zustand nach mehrfachen Stürzen mit Frakturen zum Beispiel im Bereich der Hand und des OSG
- chronisches Schmerzsyndrom
- Hypothyreose
- Antikoagulation mit Rivaroxaban bei Vorhofflimmern, koronare 1-Gefäßerkrankung, arterielle Hypertonie
- chronische Niereninsuffizienz im Stadium IV
  in einem älteren Arztbrief wurde die Diagnose Demenz erwähnt, während des letzten Krankenhausaufenthaltes konnte eine Demenz ausgeschlossen werden, MMST 28 Punkte.

Medikation: Amlodipin, Metoprolol, Kalzium, Alendronat, Vit. D, Furosemid, L-Thyroxin, Ibuprofen, Metamizol, Mirtazapin, Simvastatin, Rivaroxaban.

Im Anamnesegespräch berichtete die Patientin von ihrer derzeitigen Lebenssituation. Nach mehreren Stürzen habe sie aus der eigenen Wohnung ausziehen müssen und lebe jetzt mit ihrem dementen Ehemann zusammen in einem Zimmer in einem vor allem von kognitiv eingeschränkten Menschen bewohnten Pflegeheimbereich. Dies sei von der Tochter gemeinsam mit den betreuenden Ärzten während eines sieben Monate zurückliegenden Krankenhausaufenthaltes geplant worden, sie selber sei zunächst mit diesem Arrangement einverstanden gewesen. Mittlerweile habe sich jedoch herausgestellt, dass sie bedingt durch den stark dementen und sehr anhänglichen Ehemann keine ruhige Minute habe. Das gemeinsame Zimmer biete ihr keinerlei Rückzugsmöglichkeit, der Ehemann wecke sie jede Nacht, indem er ängstlich ihre Namen rufe. Die anderen Mitbewohner seien keine adäquaten Gesprächspartner für sie. Die in München lebende Tochter habe offensichtlich kein Interesse, ihr zu helfen, sie wolle es möglichst unkompliziert haben. Sie habe mittlerweile sogar Angst, dass ihr die Tochter das Konto leeren könne. Sie sei sehr verzweifelt, sehe keinen Ausweg und keinen Handlungsspielraum. Von Suizidalität war die Patientin glaubhaft distanziert, da »ihr Ehemann sie brauche und sie sich sowieso nicht trauen würde, sich etwas anzutun«.

Geriatrisches Assessment: Barthelindex 80 Punkte, IADL drei Punkte, Timed up and go mit Rollator 18 s, Chair rise 1/5, Tandemstand nicht möglich, chronische Schmerzen im Bereich der LWS 6/10 auf der VAS.

Ziele der ambulanten geriatrischen Rehabilitationsmaßnahme: Schmerzlinderung, Verbesserung der Mobilität, psychische Stabilisierung.

Nach 25 ambulanten Behandlungstagen mit intensiver Physiotherapie, Ergotherapie, medizinischer Trainingstherapie, physikalischer Therapie und psychotherapeutischen Gesprächen durch die verhaltenstherapeutisch ausgebildete Psychologin zeigte sich die Patientin zum einen im körperlichen Bereich gebessert. Der Barthelindex lag jetzt bei 95 Punkten, der Timed up and go konnte in 14 s bewältigt werden. Die mit Rollator mögliche Gehstrecke hatte sich deutlich auf mehrere 100 m ausgeweitet. Die Schmerzen spielten zum Ende der Rehabilitationsmaßnahme hin keine entscheidende Rolle mehr und wurden von der Patientin in den Gesprächen nicht mehr erwähnt. Sie hatte es geschafft, ihre Situation ausführlich mit der Tochter zu besprechen und sich ihre Unterstützung gesichert. Zunächst war ein Umzug innerhalb des Pflegeheimes in ein eigenes Zimmer geplant, sie hatte sich aber auch auf die Warteliste eines anderen Pflegeheimes setzen lassen, wo eine Freundin bereits wohnte, dort würde sie mit dieser Freunden Spaziergänge am Fluss machen und regelmäßig essen gehen. Eine psychotherapeutische Weiterbetreuung konnte organisiert werden.

12.1 Zum Setting der Verhaltenstherapie in der Geriatrie

Natürlich kann nicht allen Patienten in einem so kurzen Zeitraum effektiv geholfen werden wie dieser Patientin, bei der sich viele Probleme doch organisatorisch lösen ließen, nachdem erste Handlungsspielräume mit ihr in der Therapie erarbeitet werden konnten. Aber der immense Bedarf an psychotherapeutischen Gesprächen in einem geriatrischen Patientenkollektiv zeigt sich oft bereits während eines ersten Gesprächs. Ist hierfür genug Zeit vorhanden, so wird einem schnell von Kriegserfahrungen und anderen einschneidenden Lebensereignissen, aber auch von aktuellen Sorgen und Stimmungsschwankungen berichtet. Die hohe Prävalenz von Depressionen in diesem Patientenkollektiv wird dabei sehr offensichtlich. Damit stellt sich die Frage, ob man den betreffenden Patienten im Rahmen eines geriatrischen Krankenhausaufenthaltes oder einer ambulanten oder stationären geriatrischen Rehabilitationsmaßnahme über die Verordnung von Antidepressiva hinaus helfen kann.

Die Prävalenz der Begleitdiagnosen Demenz und Depression der Patienten in unserer Reha-Einrichtung deckt sich mit den in der Literatur angegebenen Zahlen. So waren an einem beliebigen Tag Ende August 2013 51 Patienten in der ambulanten geriatrischen Rehabilitation. Von diesem wiesen 10 Patienten eine Diagnose aus dem Spektrum der Demenzen, 9 Patienten eine Diagnose aus dem Spektrum der Depressionen auf. Hinzu kam eine Patientin mit einer phobischen Störung. Gut bekannt und in der Literatur belegt ist, dass Depressionen bei geriatrischen Patienten assoziiert sind mit schlechteren Behandlungsergebnissen, einer geringeren Selbstständigkeit, häufigeren Stürzen, einem Verlust von behinderungsfreien Lebensjahren, häufigeren Krankenhaus-Wiederaufnahmen, einer höheren Inanspruchnahme von Unterstützung sowie höheren Kosten im Gesundheitswesen. Schon im Interesse optimaler körperlicher Behandlungsergebnisse erscheint die Therapie der Depressionen erforderlich. Ebenfalls bekannt ist, dass die kognitive Verhaltenstherapie bei geriatrischen Patienten mit Depressionen effektiv und auch bei akuten somatischen Erkrankungen und komorbider Depressionen des geriatrischen Patienten effektiv und gut durchführbar ist. Aus diesem Grund liegt es nahe, auch im Rahmen einer geriatrischen Rehabilitationsmaßnahme zusätzlich eine Psychotherapie anzubieten. Dabei muss man sich natürlich die Frage stellen, was man Patienten im normalen Setting einer stationären oder ambulanten geriatrischen Rehabilitationsmaßnahme, die sich normalerweise über 3–5 Wochen bzw. 15–25 ambulante Behandlungstage erstreckt, überhaupt sinnvoll anbieten kann. Die Patienten in der geriatrischen Rehabilitation zeichnen sich immerhin in den meisten Fällen durch eine ausreichende Mobilität und Belastbarkeit aus. Trotzdem hat man es mit einer sehr inhomogenen Patientengruppe mit den verschiedensten rehabilitationsbegründenden Diagnosen zu tun, wie zum Beispiel Zustand nach Schlaganfall, Zustand nach (häufig hüftnaher) Fraktur, multifaktorieller Gangstörung, rezidivierenden Stürzen, um nur die häufigsten zu nennen. Die Patienten kommen aus den unterschiedlichsten Lebenssituationen, viele leben noch in ihrer eigenen Wohnung, manche jedoch schon seit längerem in Institutionen. Die Patienten sind teilweise sehr hochaltrig, die älteste im Laufe des letzten Jahres von uns behandelte Patientin war 98 Jahre alt. Auf der anderen Seite besteht während einer derartigen Rehabilitationsmaßnahme, bei der sich die Patienten sowieso auf viel Neues einlassen müssen, eine große Bereitschaft, sich auch auf Gespräche einzulassen. Der positive Effekt des körperlichen Trainings und der Gemeinschaft auf die Stimmung der Patienten unterstützt die Gesprächsbereitschaft, aber auch die Bereitschaft, Aktivitäten zu entwickeln. Im Setting der Akutgeriatrie bzw. der frührehabilitativen geriatrischen Komplexbehandlung kommen noch weitere Probleme hinzu. So sind die Patienten häufig durch ihre akute Erkrankung eingeschränkt oder sogar immobilisiert. Die Verweildauer in der Klinik ist noch kürzer als in der Rehabilitation, die Situation ist bedingt durch die Akuterkrankungen häufig so instabil, dass keine valide Diagnostik zu erreichen ist.

Der große Vorteil der geriatrischen Behandlung ist im Vorhandensein eines geriatrischen Teams zu sehen. Dies setzt sich typischerweise aus Vertretern von Medizin, Pflege, Physiotherapie, Ergotherapie, Logopädie und Sozialarbeit zusammen. Die Anwesenheit eines Psychotherapeuten/einer Psychotherapeutin ist nicht vorgesehen. Ist ein psychotherapeutisch ausgebildeter Mitarbeiter in den Teamsitzungen anwesend, so können im Gespräch mit den anderen Teammitgliedern viele Patienten mit einer depressiven Symptomatik identifiziert werden, die sonst möglicherweise nicht auffallen würden. Der intensive Patientenkontakt der Therapeuten, die Berichte über die Motivation, häufige Klagen, Gefühlsausbrüche oder geäußerte Probleme lenken die Aufmerksamkeit auf eine mögliche depressive Symptomatik, so dass die Patienten einer Testung zugeführt werden können. Im weiteren Verlauf der Rehabilitationsmaßnahme bieten sich dann verschiedene Möglichkeiten, diese Patienten zu begleiten. Im Rahmen von Einzelgesprächen kann eine Testung durchgeführt werden, können Probleme genauer identifiziert und eine Problemhierarchie erstellt werden, es kann die Bereitschaft für Gespräche eruiert werden und es lässt sich klären, ob der Patient an

Einzel- oder auch an Gruppengesprächen interessiert ist. Ein wichtiger Inhalt der Einzelgespräche sind natürlich die biografischen Inhalte. Ohne eine genaue Kenntnis der Biografie eines Patienten wird man insbesondere geriatrische Patienten nicht verstehen, auf der anderen Seite wird sich gerade ein geriatrischer Patient auch nicht verstanden fühlen, wenn kein Interesse für die persönliche Lebensgeschichte gezeigt wird.

Bei der Frage, ob ein Patient auch für eine Gesprächsgruppe geeignet ist, spielt natürlich die Offenheit und das Interesse des Patienten eine entscheidende Rolle. Darüber hinaus muss geklärt werden, ob der Patient über ein ausreichendes Hörvermögen, ausreichende sprachliche Ausdrucksfähigkeit und die Bereitschaft verfügt, sich zu öffnen und auch anderen zuzuhören. Der Patient sollte kognitiv in der Lage sein, den Gesprächen zu folgen. Auch Patienten mit schweren Sehstörungen fühlen sich gelegentlich in Gruppen unsicher. Die Inhalte der Gruppentherapien orientieren sich an den etablierten Manualen. Psychoedukation, die Einführung von Stimmungsprotokollen, Maßnahmen zur Tagesstrukturierung und Planung angenehmer Tätigkeiten lassen sich auch gut in offenen Gruppen durchführen. Aufgrund der kurzen Verweildauer sind geschlossene Gruppen im Rahmen einer Rehabilitationsmaßnahme organisatorisch kaum realisierbar. Auch kognitiv anspruchsvollere Inhalte, wie zum Beispiel das Erkennen dysfunktionaler Muster und die Erarbeitung einer Strategie, mit diesen umzugehen, lassen sich durchaus in Gruppen mit geriatrischen Patienten bearbeiten. Nicht zu unterschätzen sind die unspezifischen Gruppeneffekte. Zu merken, dass man Teil einer »Leidens«-Gemeinschaft ist, ist hilfreich. Und aufgrund der unterschiedlichen Hintergründe der Patienten hat vielleicht jemand genau die Erfahrung gerade gemacht, die einem anderen noch angstbesetzt bevorsteht, wie zum Beispiel ein Umzug ins Pflegeheim.

Wenn auch die therapeutischen Interventionen im Rahmen einer Reha-Maßnahme nicht so umfangreich sein können, so helfen und unterstützen auch die anderen Abteilungen die Patienten. Verschiedene, eine Depression unterstützende Aspekte werden so nebenbei mit angesprochen. Wenn ein älterer Mensch, der mit den Veränderungen seines Selbst- bzw. Körperbildes hadert, im Rahmen der medizinischen Trainingstherapie merkt, dass auch er/sie Kraft und Ausdauer steigern kann, wenn im Rahmen der Sozialberatung Auswege aus sozialer Isolation gezeigt werden oder wenn eine optimale medikamentöse Schmerztherapie hinzukommt, bessert sich die Stimmung der Patienten häufig.

> »Ich darf nicht fallen – der Gedanke bestimmt mein ganzes Leben.« Dieser Satz kommt von der 86-jährigen Patienten Frau G. Sie war in den letzten Jahren bereits mehrfach gestürzt und hatte sich dabei eine Radiusfraktur und eine Nasenbeinfraktur zugezogen. Ein Jahr vor Beginn der Reha-Maßnahme stürzte sie beim Schließen der Haustür auf der Stufe vor der Haustür. Seitdem bestand eine ausgeprägte Sturzangst. Sie berichtete, sie sei mittlerweile nur noch innerhalb der Wohnung mobil, seit diesem Sturz habe sie nicht mehr ohne Begleitung das Haus verlassen können. Aus diesen Gründen seien Spaziergänge sehr selten und sie sei immer schwächer geworden. Als Hauptziele für die Reha-Maßnahme äußerte sie, wieder zum Supermarkt und zur Bank gehen zu können, die ca. 500 m entfernt von ihrem Haus seien. In einem Zwischengespräch nach 10 von 15 genehmigten Reha-Tagen berichtete sie stolz, dass sie wieder erste kurze Wege alleine mit dem Rollator geschafft hätte. Auch Treppen, vor denen sie am meisten Angst gehabt habe, könne sie jetzt zumindest mit der Physiotherapeutin wieder überwinden. Gerade ein Problembe-

reich wie Stürze/Sturzangst kann im Rahmen der multimodalen Therapien während einer geriatrischen Reha-Maßnahme sehr effektiv beeinflusst werden. Während der Arzttermine wird die Medikation überprüft, die Psychotherapeutin erhebt eine genaue Angstanamnese und bespricht die psychointeraktiven Inhalte, in der medizinischen Trainingstherapie erfolgt Kraftaufbau, durch die Physiotherapie die Beübungen von Gleichgewicht, Koordination, Gangbild, in den Verantwortungsbereich der Ergotherapie fällt die Hilfsmittelanpassung, beide Therapeutengruppen können mit den Patienten bei Bedarf auch ein Geländetraining durchführen. Zusätzliche Angebote, wie Gruppen zur Sturzprophylaxe, deren Inhalte vor allem ein Gleichgewichts- und Koordinationstraining sind, sowie ein Arztvortrag zu dem Thema: »Wie kommt es zu Stürzen und wie kann man sie vermeiden?« ergänzen das Angebot.

12.2 Patienten mit Depressionen und kognitiven Einschränkungen in der geriatrischen Rehabilitation

Glücklicherweise sind die Zeiten vorbei, in denen Patienten mit kognitiven Einschränkungen fast automatisch von Rehabilitationsleistungen ausgeschlossen wurden. Es müssen also auch zunehmend Patienten mit Demenzen in den Reha-Einrichtungen zurechtkommen, bzw. die Einrichtungen müssen mit Demenzpatienten umgehen können. In dieser Patientengruppe ist die Prävalenz von Depressionen noch höher als bei Patienten ohne kognitive Einschränkungen. Kognitive Verhaltenstherapie ist, das hat sich in Studien gezeigt, allerdings weniger wirksam. Wir haben mittlerweile an zwei Wochentagen eine feste »Demenzgruppe« eingeführt. Eine zusätzliche Mitarbeiterin, die eine Ausbildung als Alltagsbegleiterin hat, kümmert sich um die Patienten vor allem in den Therapiepausen, es gibt Beschäftigungsangebote, Kaffee und einen Mittagssnack. Spezielle biografiegestützte und körperwahrnehmungsbezogene Gruppenangebote bieten den Patienten Anregung, ohne sie zu überfordern.

12.3 Vermittlung weiterführender Therapieangebote

Bei vielen Patienten entsteht während der Rehabilitationsmaßnahme der Wunsch, eine Psychotherapie weiterzuführen. Hier stößt man immer wieder auf organisatorische Schwierigkeiten. Wartezeiten von bis zu sechs Monaten sind auch in städtischen Ballungsräumen nicht ungewöhnlich, ältere Patienten können die Wege zu den Therapeuten häufig nicht zurückle-
gen und die Bereitschaft vieler Therapeuten, geriatrische Patienten zu behandeln, befindet sich noch im Wachstum. Alternativen bieten gelegentlich gerontopsychiatrische Institutsambulanzen. Wichtig ist es, eigene Netzwerke aufzubauen. Besonders wünschenswert wäre es natürlich auch, ein Angebot mit Hausbesuchen etablieren zu können.

Auf längere Sicht ist es natürlich erforderlich, Konzepte wie das hier beschriebene wissenschaftlich zu begleiten und ihre Wirksamkeit zu überprüfen. Die Zufriedenheit der Patienten gibt allerdings einen ersten Anhaltspunkt dafür, dass der Weg richtig sein könnte.

13 »Konnten Sie Ihre Ängste und Bedenken mit der Schwester oder dem Pfleger besprechen?« Zur Zufriedenheit geriatrischer Patienten mit einem psychosomatischen Konsil-/Liaisondienst

Reinhard Lindner und Ronald Foerster

13.1 Psychosomatik in der Geriatrie

Psychische Störungen nehmen einen wichtigen Faktor bei Prozessen des Alterns wie auch beim Erleben und Verarbeiten körperlicher Erkrankungen im Alter ein. Über 50 % der über 70-Jährigen leiden unter psychopathologischen Symptomen (Helmchen et al. 1996). 30–44 % aller klinisch-geriatrischen Patienten haben eine psychosomatische/psychiatrische Komorbidität (Helmchen et al. 1996; Stuhr et al. 1986).

Obwohl die Europäische Union ein integratives Behandlungsmodell spezifischer Interventionen für psychische und körperliche Störungen im Alter fordert (Jane-Llopis et al. 2008), sind geriatrische und psychosomatische Kooperationen noch immer sehr selten (Kathol et al. 2005; Peters 2006). Dies betrifft besonders die Diagnostik und Behandlung affektiver Störungen (einschließlich der Suizidalität), der pathologischen Trauer, der posttraumatischen und somatoformen Störungen sowie interpersoneller Konflikte und Krankheitsverarbeitungsstörungen (besonders bei Schmerzen und Multimorbidität; Schmeling-Kludas et al. 2000; Schneider et al. 2011). Dabei ist bekannt, dass psychische Störungen bei geriatrischen Patienten zu längeren stationären Liegezeiten (Fulop et al. 1998), schlechteren Behandlungsergebnissen (Millar 1981), höherer Morbidität und gesteigerten Ausgaben führen (Koenig et al. 1999; Nightingale et al. 2001). Gerade die Zusammenarbeit zwischen Psychosomatik und Geriatrie ist noch sehr sporadisch (z. B. Nürnberg (Tagesklinik), Bad Hersfeld und Stuttgart mit Konsil-/Liaisonarbeit) und kaum wissenschaftlich dokumentiert. Bekannt ist, dass psychiatrische Konsil-/Liaisondienste in geriatrischen Kliniken die psychischen Funktionen und die poststationäre Unabhängigkeit fördern (Cole et al. 1991). Sie reduzieren die Verweildauer und die stationären Behandlungskosten (Koenig et al. 1999; Maier et al. 2007).

13.2 Interaktion im geriatrischen Kontext

Die Geriatrie ist einem multikausalen funktional-syndromorientierten Störungsverständnis und einem mehrdimensionalen Behandlungsansatz verpflichtet (Renteln-Kruse 2009), welche nur in Teams unterschiedlicher Professionen, d. h. interdisziplinär gewährleistet werden können. Die Patienten treffen im geriatrischen Krankenhaus auf miteinander vernetzte Professionelle. In diesen Beziehungen und mit ihren Mitpatienten erleben die multimorbiden Patienten oftmals sich selbst in einem eingeschränkten psychophysischen Zustand; zugleich reinszenieren sie im Beziehungsgeflecht des Krankenhauses ihre psychisch-interaktionellen Konflikte, wie sie bereits zuvor mit Angehörigen oder Helfern bestanden haben können. Einflussfaktoren sind die Primärpersönlichkeiten und aktuellen Lebens- und Arbeitsbedingungen aller Beteiligten und das je individuelle Erleben der Erkrankungen und des Behandlungsprozesses durch die Patienten. In diesem Interaktions- und Behandlungsfeld bietet ein psychosomatischer Konsil-/Liaisondienst die Möglichkeit des positiven Einflusses auf den Patienten, seine körperlichen und psychischen Erkrankungen, Einschränkungen und Störungen.

13.3 Der psychosomatische Konsil-/Liaisondienst in einer geriatrischen Klinik

Der Konsil-/Liaisondienst umfasst

- die Diagnostik und psychodynamisch orientierte Psychotherapie psychisch auffälliger Patienten, ausgenommen neuropsychologische Diagnostik der Demenzen sowie entsprechende psychotherapeutische und psychopharmakologische Behandlungen,
- Empfehlungen und Anbahnung von weiteren psychiatrischen, psychosomatischen und psychotherapeutischen Behandlungen nach Entlassung,
- intensive pflege- und praxisorientierte Beratung der Pflege, der Therapeuten und anderer Mitarbeiter des geriatrischen Teams sowie
- aktive Teilnahme an der wöchentlichen Teamkonferenz.

Die Kontaktaufnahme erfolgt in der Regel nach einem recht einheitlichen, dem Stationsalltag angepassten Schema: Der Patient wird vom Besuch des Konsiliars durch den Stationsarzt informiert, der Konsiliar begibt sich zum Patienten, stellt sich vor (z. B. als »Fachmann für psychische Probleme auf dieser Station«) und bittet den Patienten zu einem Gespräch unter vier Augen in einem Raum der Station. Parallel zu den Gesprächen mit den Patienten werden die Mitarbeiter der Station aktiv auf den jeweiligen Patienten angesprochen, mögliche Beobachtungen, emotionale Reaktionen und Reaktionsbereitschaften diskutiert und es wird überlegt, wie der je spezifischen Problematik des Patienten im professionellen Kontakt begegnet werden kann. In wöchentlichen Teambesprechungen wurden speziell psychische Probleme von Patienten benannt und Behandlungsmöglichkeiten diskutiert.

Im Rahmen der Evaluation eines derartigen psychosomatischen Konsil-/Liaisondienstes wurde die Frage untersucht, ob diese Art des diagnostischen und behandelnden Angebotes zu einer Steigerung der Zufriedenheit der Patienten mit der Behandlung im Krankenhaus, speziell mit dem Umgang der Professionellen mit den psychischen Problemen der Patienten führt.

13.4 Material und Methoden

13.4.1 Untersuchungsdesign

Unter den akutgeriatrischen Stationen des Krankenhauses, die je nach freiwerdenden Betten belegt werden, wurde eine Station zufällig als Interventionsstation ausgewählt, eine andere Station als Kontrollstation, auf der »treatment as usual« i. S. eines psychiatrischen Konsildienstes durch die Abteilung für Psychiatrie und Psychotherapie des nahegelegenen Krankenhauses der Maximalversorgung erfolgte. Begleitend zur Behandlung wurden die Patienten beider Stationen im Verlauf ihres Aufenthaltes im Krankenhaus befragt.

13.4.2 Stichprobenbeschreibung

Im Verlauf eines Jahres fanden auf beiden Stationen 1.115 Aufnahmen statt, davon waren 43 Mehrfachaufnahmen, wodurch insgesamt 1.072 Patienten behandelt wurden, 532 auf der Interventionsstation und 540 auf der Kontrollstation. 76 (14,3 %) Patienten der Interventionsstation wurden psychosomatisch behandelt, hingegen erhielten 12 (2,2 %) Patienten der Kontrollstation ein psychiatrisches Konsil. Bei 252 Patienten war aus verschiedenen Gründen keine Befragung möglich (in absteigender Häufigkeit: die Befragung wurde abgelehnt, die Patienten waren zu krank, hatten Sehstörungen oder ein amnestisches Syndrom, eine Aphasie oder hatten Probleme mit der deutschen Sprache). Somit verblieben 820 untersuchte Patienten. 582 Fragebögen wurden nicht vollständig ausgefüllt, so dass 238 Patienten in die Auswertung aufgenommen wurden. Dies entspricht einem Rücklauf von 22,2 %.

13.4.3 Patientenfragebogen

Die Patientenbefragung umfasste einen anonymisierten Fragebogen mit 74 Items in 12 Bereichen. Die Antworten erfolgten mit maximal 5-stufigen, ordinalen Antwortskalen und Freitextantworten. Die Patienten wurden mit wenigen, einfachen Sprungbedingungen und verständlichen Formulierungen durch den Fragebogen geführt, der in großer Schrifttype ausgedruckt vorlag.

13.5 Ergebnisse

Zwischen den Patienten der Interventionsstation und der Kontrollstation fanden sich keine signifikanten Unterschiede hinsichtlich Alter, Geschlecht, aktuellem Familienstand, Schulabschluss, Wohnsituation sowie Pflegestufe. Das durchschnittliche Alter lag bei den Patienten der Interventionsstation bei 79,3 ($s = 7,6$), bei den Patienten der Kontrollstation bei 80,6 ($s = 6,3$) Jahren. Auf der Interventionsstation wurden 94 (70,7 %) Frauen und 39 Männer (29,3 %) behandelt, auf der Kontrollstation waren es 71 (68,3 %) Frauen und 33 Männer (31,7 %, ▶ Tab. 13.1).

Tab. 13.1: Psychosoziale Basisdaten der untersuchten Patientengruppe

		Kontrollstation		Interventionsstation	
Befragte Patienten insgesamt		104		134	
Alter bei Aufnahme MW (SD)		80,6 (6,3)		79,3 (7,6)	
		N	gültige %	N	gültige %
Geschlecht	weiblich	71	68,3	94	70,7
	männlich	33	31,7	39	29,3
Partnerschaft aktuell	ja	48	50,5	55	45,1
	nein	47	49,5	67	54,9

Das Vertrauen in Ärzte und Schwestern war auf beiden Stationen recht hoch. Fragen hinsichtlich des Vertrauens der Patienten in Ärzte und das Pflegepersonal zeigten zudem sowohl von Beginn an, dann aber über die vier Quartale des Untersuchungsjahres deutlicher eine zunehmend positive Tendenz für die Interventionsstation. Die Frage: »Hatten Sie Vertrauen in die Ärzte, die Sie behandelten?« beantworteten im ersten Quartal 84,6 % der Patienten der Interventionsstation (Kontrollen: 82,1 %) mit »Ja, voll und ganz«. Diese Äußerung des Vertrauens stieg dann bis zum 4. Quartal auf der Intervention sukzessive auf 90,9 %, wohingegen die positive Bewertung auf der Kontrollstation zunächst deutlich bis zu 100 % im 3. Quartal anstieg, um dann im 4. Quartal bei 61,5 % zu landen (▶ Abb. 13.1). Diese Tendenz zeigte sich deutlicher bei der Frage »Hatten Sie Vertrauen in das Pflegepersonal?«: Hier stieg der Prozentsatz an Personen, die mit »Ja, voll und ganz« antworteten, stetig von 73,0 % (1. Quartal) auf 90,5 % (4. Quartal), wohingegen 79,3 % der Patienten der Kontrollstation im 1. Quartal mit »Ja, voll und ganz« antworteten, jedoch nur noch 61,5 % im 4. Quartal (▶ Abb. 13.2). Ähnlich war der Verlauf beim Vergleich der Antworten auf die Frage »Konnten Sie Ihre Ängste und Bedenken mit der Ärztin oder dem Arzt besprechen?«: Über den gesamten Interventionszeitraum schnitt hier die Interventionsstation besser ab. Im 1. Quartal antworteten dort 82,1 % mit »immer« oder »meistens«, im 4. Quartal 72,1 %, auf der Kontrollstation lagen die Prozentzahlen aber im 1. Quartal nur bei 58,6 %, im 4. Quartal bei 61,5 % (▶ Abb. 13.3). Noch deutlicher zeigt sich diese Tendenz bei den Antworten auf die Frage: »Konnten Sie Ihre Ängste und Bedenken mit der Schwester oder dem Pfleger besprechen?«: Auf der Interventionsstation antworten im 1. Quartal 69,2 % mit »immer« oder »meistens« und im 4. Quartal 81,0 %, auf der Kontrollstation lagen die Werte im 1. Quartal bei 64,3 % und im 4. Quartal bei 47,7 % (▶ Abb. 13.4).

Teil III Formen der Psychotherapie mit Hochbetagten

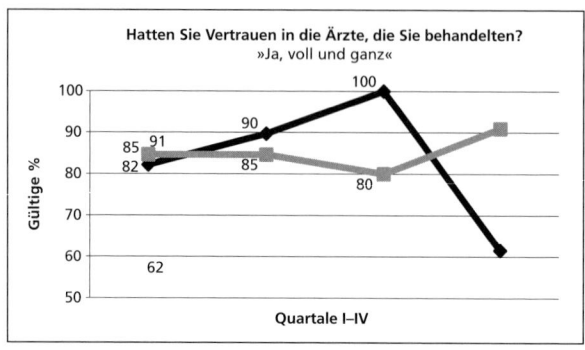

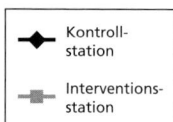

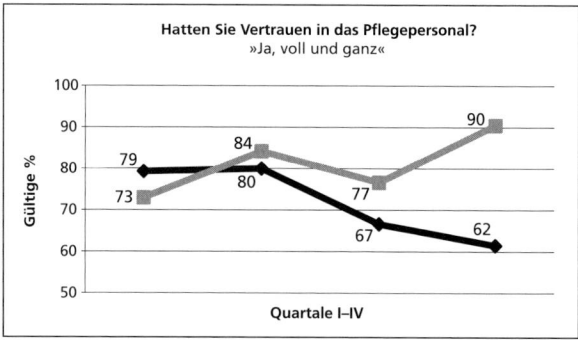

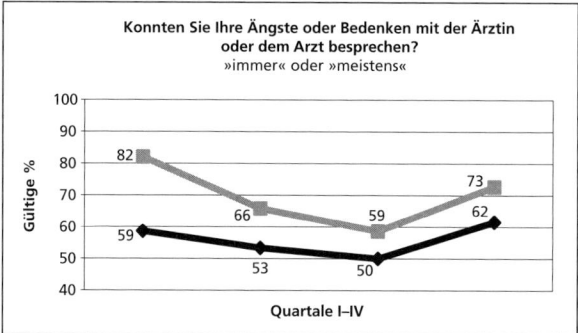

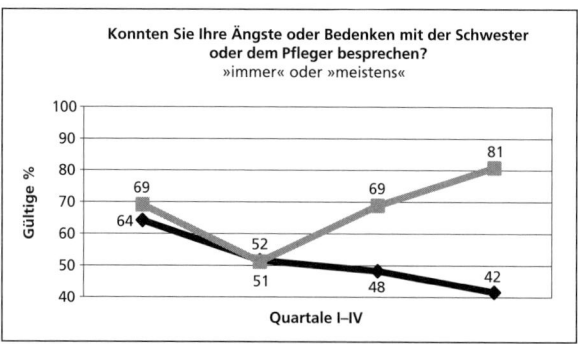

Abb. 13.1–4: Beantwortung der angegebenen Fragen über vier Quartale durch die Patienten der Interventions- und der Kontrollstation

13.6 Diskussion

Insgesamt zeigten sich hohe Zufriedenheitswerte mit dem Umgang mit Ängsten und Bedenken durch Ärzte und Pflegepersonal auf beiden Stationen. Allerdings weisen die Ergebnisse auf ein höheres Maß an Vertrauen gegenüber den Behandlern auf der Interventionsstation hin. Dabei zeigte sich sogar eine steigende Tendenz des Vertrauens über den Interventionszeitraum auf der Interventionsstation.

Obwohl gerade die hohe Gesamtzufriedenheit der Patienten auf viele andere Faktoren hinweist, die nicht durch einen psychosomatischen Konsil-/Liaisondienst auf die Zufriedenheit im Krankenhaus einwirken, sehen wir gerade in der steigenden Tendenz über die vier Quartale der Untersuchung in mehreren, thematisch zusammenhängenden Fragen einen deutlichen Hinweis auf einen Einfluss gerade dieses Faktors. Unterstützt wird dies durch hohe Werte der Zufriedenheit der Patienten des Konsil-/Liaisondienstes mit dem Behandler selbst, die sich in einer katamnestischen Nachbefragung nach einem Jahr nochmals bestätigten (Ergebnisse hier nicht präsentiert).

Den Befund einer Steigerung der Zufriedenheit von Patienten mit dem spezifischen Umgang der Professionellen mit ihren Ängsten und Bedenken im Rahmen von Krankheit und Behandlung durch einen psychosomatischen Konsil-/Liaisondienst führen wir auf mehrere Einflussaspekte zurück: Einerseits kann die Verringerung des Leidensdrucks angesichts der Funktionseinschränkungen und psychosozialen Folgen von Krankheit und Behinderung durch das psychotherapeutische Gespräch einen direkten Einfluss auf das Antwortverhalten der Patienten haben, andererseits aber auch der Einfluss, der vom Liaisoncharakter des Dienstes auf die Professionellen der Station ausgeht. Diese können sich beraten und entlasten und eventuell mit ihren negativen (Gegenübertragungs-)Reaktionen wie auch mit schwierigen Interaktionen besser umgehen. Ungünstige und ablehnend erlebte Interaktionen können vermieden oder geklärt werden.

Die Ergebnisse bedürfen gewisser Einschränkungen. Ein zentraler Aspekt bleibt dabei, dass nicht bewiesen ist, auf welchem Wege die beschriebenen positiven Effekte auf der Interventionsstation entstanden. Zufriedenheit mit der Kompetenz Professioneller im Umgang mit der eigenen Unsicherheit, mit Ängsten und Befürchtungen entsteht gerade in einem institutionellen Rahmen durch ein unüberschaubares »Gesamterlebnis«, das auch durch die direkte Befragung der Beteiligten nicht völlig eindeutig zugeordnet werden könnte. Somit ist dieses Ergebnis als ein Baustein in der Bewertung der Effektivität eines psychosomatischen Konsil-/Liaisondienstes in der Geriatrie zu verstehen. In einer weiteren qualitativen Untersuchung wurden idealtypische Interaktionsmuster von Patienten mit den Professionellen gebildet, die zum Kontakt mit dem Psychosomatiker führten und somit gerade das sensible Feld des Erkennens psychischer Probleme bei Multimorbidität genauer beleuchten (Lindner et al. 2013). Aktuell wird in einer weiteren Studie untersucht, inwieweit Professionelle in der Geriatrie depressive Patienten erkennen und entweder den Konsil-/Liaisondienst oder einen psychiatrischen Konsildienst (als »treatment as usual«) einschalten. Weitere Untersuchungen zu Effektivität und Effizienz dieser psychosomatischen Interventionsform in der somatischen Medizin sollten folgen.

Literatur

Cole MG, Fenton FR, Engelsmann F, Mansouri I (1991) Effectiveness of geriatric psychiatry consultation in an acute care hospital: a randomized clinical trial. J Am Geriatr Soc 39: 1183–1188.

Fulop G, Strain JJ, Fahs MC, Schmeidler J, Snyder S (1998) A prospective study of the impact of psychiatric comorbidity on length of stay of elderly medical-surgical inpatients. Psychosomatics 39: 273–280.

Helmchen H, Baltes MM, Geislemann B, Kanowski S, Linden M, Reischies FM et al. (1996) Psychische Erkrankungen im Alter. In: Mayer KU, Baltes PB (Hrsg.) Die Berliner Altersstudie. Berlin: Akademie Verlag. S. 185–219.

Jané-Llopis E, Gabilondo A (Hrsg.) (2008) Mental Health in Older People. Consensus Paper. European Communities, Luxembourg.

Kathol RG, Clarke D (2005) Rethinking the place of the psyche in health: toward the integration of health care systems. Australian and New Zealand Journal of Psychiatry 39: 816–825.

Lindner R, Foerster R, Renteln-Kruse Wv (2013) Idealtypische Interaktionsmuster psychosomatischer Patienten in stationär-geriatrischer Behandlung. Z Gerontol Geriat 46: 441–448. DOI 10.1007/s00391-012-0381-8. (http://¬link.springer.com/article/10.1007/s00391-¬012-0381-8, Zugriff am 04.04.2014).

Koenig HG, Huchibhatla M (1999) Use of health services by medically ill depressed elderly patients after hospital discharge. Am J Geriatr Psychiatry 7: 48–56.

Maier AB, Wächtler C, Hofmann W (2007) Combined medical-psychiatric inpatient units. Evaluation of the centre for the elderly. Z Gerontol Geriat 40: 268–274.

Millar HR (1981) Psychiatric morbidity in elderly surgical patients. Brit J Psychiatr 138: 17–20.

Nightingale S, Holmes J, Mason J, House A (2001) Psychiatric illness and mortality after hip fracture. The Lancet 357: 1264–1265.

Peters M (2006) Psychosoziale Beratung und Psychotherapie im Alter. Göttingen: Vandenhoeck & Ruprecht.

Renteln-Kruse Wv (Hrsg.) (2009) Medizin des Alterns und des alten Menschen. Stuttgart: Steinkopf Verlag.

Schmeling-Kludas C, Jäger K, Niemann BM (2000) Diagnostik und Bedeutung psychischer Störungen bei körperlich kranken geriatrischen Patienten. ZGG 33: 36–44.

Schneider G, Heuft G (2011) Organisch nicht erklärbare somatoforme Beschwerden und Störungen im Alter: ein systematischer Literaturüberblick. Z Psychosom Med Psychother 57: 115–140.

Stuhr U, Haag A (1989) Eine Prävalenzstudie zum Bedarf an psychosomatischer Versorgung in den Allgemeinen Krankenhäusern Hamburgs. Psychother med Psychol 39: 273–281.

Wancata J, Windhaber J, Bach M, Meise U (2000) Recognition of psychiatric disorders in nonpsychiatric hospital wards. Journal of Psychosomatic Research 48: 149–155.

14 Psychotherapie mit multimorbiden, depressiven geriatrischen Patienten – zur Studie »AIDE – Acute Illness and Depression« und zur aktuellen Versorgungssituation

Jana Hummel

14.1 Hintergrund

Depressivität spielt im Alter eine wichtige Rolle. Neben Belastungsfaktoren wie dem Verlust von Ehepartner, Familienangehörigen oder Freunden leiden ältere Menschen häufig unter körperlichen Erkrankungen, die mit dem Verlust von Mobilität oder Selbständigkeit einhergehen können. Auch akute Exazerbationen der oft chronischen Erkrankungen sind häufig und führen vermehrt zu Krankenhausaufenthalten. Dies kann Menschen sehr belasten. So ist es nicht verwunderlich, dass komorbide Depressionen eine hohe Prävalenz in geriatrischen Krankenhäusern haben. Die Angaben in Studien variieren stark, man kann aber davon ausgehen, dass 10–20 % der Patienten darunter leiden (Luppa et al. 2012). Wie in einem Teufelskreis führt das Vorliegen einer Depression neben den körperlichen Erkrankungen wiederum zu einem prolongierten Krankheitsverlauf mit häufigeren und längeren Krankenhausaufenthalten (Prina et al. 2012), einem schlechteren körperlichen (Peres et al. 2008) und funktionellen Zustand (Lenze et al. 2005), einem höheren Sturzrisiko (Byers et al. 2008) und nicht zuletzt zu einer höheren Mortalität (Covinsky et al. 1999; Bogner et al. 2012).

Studien zeigen, dass es bei einer unbehandelten Depression im Alter im natürlichen Verlauf zu keiner Besserung oder gar Spontanremission kommt (Mc Cusker et al. 2007). Eine Behandlung ist also nötig. Eine medikamentöse Therapie kann effektiv sein, ist aber durch die verzögerte Abbauleistung von Leber und Niere und durch häufige Wechselwirkungen mit anderen Medikamenten bei Multimorbidität und Polypharmazie oft mit unerwünschten Nebenwirkungen behaftet (Ito 2012). Hinzu kommt, dass Depressionen bei älteren Patienten zu 50 % undiagnostiziert bleiben und von den 50 % der diagnostizierten Depressionen wiederum nur 50 % adäquat behandelt werden (Pepersack et al. 2006). Es gibt eindeutige Belege, dass eine kognitive Verhaltenstherapie bei Depression im Alter wirksam ist (Krishna et al. 2013; Gould et al. 2012; Hautzinger und Welz 2004; Pinquart et al. 2007; Wilson und Vassilas 2008), allerdings wurde dies bei weitgehend gesunden, mobilen, ambulanten Patienten gezeigt. Ältere Menschen sind häufig gesundheitlich stärker eingeschränkt und durch Gang- und Gleichgewichtsstörungen und/oder Abgabe des Führerscheins nicht mehr mobil. Daten zu Psychotherapie bei multimorbiden Patienten lagen bis dato kaum vor (Beltman et al. 2010; Harpole et al. 2005). Daher wurde von 2010 bis 2013 am Bethanien Krankenhaus in Heidelberg ein poststationäres Gruppenprogramm kognitiver Verhaltenstherapie evaluiert, angelehnt an das Modul von Professor Martin Hautzinger mit 15 Therapiesitzungen à 90 Minuten in halboffenen Gruppen (Hautzinger 2009). Ziel war die Überprüfung der Durchführbarkeit und Wirksamkeit der kognitiven Verhaltenstherapie bei multimorbiden geriatrischen Patienten. Auch eine optimale Anpassung der bestehenden Therapiemodule an dieses spezielle Patientenklientel und die Erarbeitung einer Diskussionsgrundlage zur besseren psychotherapeutischen und geriatrischen Versorgung und Vernetzung im ambulanten Bereich sollten erreicht werden.

14.2 Charakteristika einer Depression im Alter

14.2.1 Symptomatik

Eine mögliche Antwort, warum ein solch hoher Prozentsatz der Altersdepressionen unentdeckt bleibt, kann in der unterschiedlichen Gewichtung der Leitsymptome liegen (Kopf und Hummel 2013). Im Alter scheint sich eine Depression weniger durch häufiges Weinen und Ausdruck von Traurigkeit bemerkbar zu machen, als viel stärker durch Antriebsverlust (die Patienten sind nur schwer dazu zu bewegen, an Aktivitäten teilzunehmen, die Wohnung oder gar das Bett zu verlassen; Cheng et al. 2008), Angststörungen (spezifisch wie beispielsweise Sturzangst, aber auch unspezifisch wie beispielsweise Zukunftsangst; Bautista et al. 2012; Prina et al. 2011) und Somatisierung (häufig chronische Schmerzsyndrome, Blutdruckentgleisungen, Verdauungsstörungen; Bogner et al. 2009). Des Weiteren zeigen sich Stimmungsänderungen in besonders reizbarem, mürrischem oder ansprüchlichem Verhalten. Schlaf- und Appetitstörungen sind ähnlich häufig anzutreffen wie bei jüngeren Patienten. Die Äußerung lebensmüder Gedanken und die Einschätzung suizidaler Handlungen wirft bei älteren Patienten ganz spezifische Fragen auf (Bruce et al. 2004), wie zum Beispiel, ob es ein depressives Symptom ist, wenn ein 95-jähriger Patient äußert, dass er nun alles gesehen und erlebt habe und einfach nur noch einschlafen möchte, oder ob es unter suizidales Verhalten fällt, wenn ein multimorbider Patient die Nahrung verweigert? Hierauf wird in diesem Kapitel nicht näher eingegangen, da dem Thema Suizidalität in diesem Buch weitere Kapitel gewidmet sind (▶ Kap. 8, 15).

14.2.2 Belastungsfaktoren

Befragt man geriatrische Krankenhauspatienten, was aus ihrer Sicht bei ihnen die Depression ausgelöst hat, erhält man mit großer Frequenz und Spezifität folgende Antworten:

- Funktionsverlust, Verlust von Selbständigkeit
- Einsamkeit
- Tod von Ehepartnern oder Kindern
- Zukunftsangst
- eigener kognitiver Abbau
- Demenz des Partners
- Inkontinenz, Schmerz, Sprechstörung
- Gefühl von Wertlosigkeit
- lange oder gehäufte Krankenhausaufenthalte
- Umzug in ein Pflegeheim
- Kriegserlebnisse und -traumata, die nun im Alter zutage treten

Typische Beispielsätze sind:

- »Wenn ich nicht mehr laufen kann, ist alles vorbei.«

- »Ich bin auf dem Abstellgleis, überflüssig.«
- » Bis 90 war alles gut, jetzt geht es nur noch bergab.«
- »Ich kann nicht mehr aus dem Haus heraus, weil ich Angst habe, hinzufallen.«
- »Alle um mich herum sind gestorben.«
- »Ich habe Angst, dass mich meine Kinder ins Heim abschieben.«
- »Ich weiß nicht, wie es weitergehen soll. Wie soll ich meinen Alltag schaffen?«
- »Ich möchte niemandem zur Last fallen.«

Das Vorliegen oben aufgeführter Belastungsfaktoren oder die Äußerung eines der Beispielsätze sollte zu weiterer Diagnostik und bei Depressivität zur Therapie führen.

14.3 Ergebnisse der »AIDE«-Studie[6] zur kognitiven Verhaltenstherapie bei multimorbiden, geriatrischen Patienten

14.3.1 Anforderungen an ein Therapiemanual

Das Manual von Professor Hautzinger ist in die Hauptkapitel Aktivierung, Kognitionen und soziale Fertigkeiten unterteilt. Demgegenüber stehen die Belastungsfaktoren der multimorbiden depressiven Patienten, bei denen vor allem Ängste und Verluste im körperlichen und sozialen Bereich das größte Gewicht haben. Im Gegensatz zu gesünderen ambulanten Patienten spielen Konflikte eine eher untergeordnete Rolle, was eine inhaltliche Verschiebung weg von dem Bereich sozialer Fertigkeiten hin zu einem größeren Stellenwert von Trauerarbeit, Traumaverarbeitung, Biografiearbeit und Ressourcenorientierung nach sich zieht. Wichtige Themen sind hierbei die Angst vor Demenz, Todesfälle, Einsamkeit, Kriegserlebnisse, der Verlust der Selbständigkeit, spezifische, teils stigmatisierende Krankheitsbilder und Krankenhaus- und Pflegeheimaufenthalte. Aktivierung ist ein entscheidender Faktor, man muss hierbei allerdings die körperlichen Einschränkungen der Patienten berücksichtigen, um eine Überforderung zu vermeiden. Entspannungsverfahren wie Traumreisen und progressive Muskelentspannung nach Jacobson haben sich bewährt.

Das vollständige adaptierte Therapiemanual für kognitive Verhaltenstherapie mit multimorbiden, depressiven geriatrischen Patienten mit Ausarbeitung der Einzelsitzungen erscheint voraussichtlich im Frühjahr 2015 im Kohlhammer-Verlag (Autoren: Cecilia Weisbrod, Daniel Kopf und Jana Hummel).

14.3.2 Machbarkeit und organisatorische Besonderheiten

Es hat sich gezeigt, dass eine kognitive Verhaltenstherapie mit multimorbiden Patienten durchführbar ist, wenn besondere Be-

---

6 Gefördert durch die Dietmar Hopp Stiftung und die Robert Bosch Stiftung.

dingungen erfüllt werden (Koike 2002). So kann beispielsweise ein Transportservice nötig sein, der den Patienten in die Praxis bringt. Auch die Möglichkeit, eine Psychotherapie als Hausbesuch oder an Pflegeheimen anzubieten, sollte in Betracht gezogen werden. In Pflegeheimen gibt es meist genügend depressive Patienten sowohl für Einzel- als auch für Gruppentherapien (Webber et al. 2005). Auch können Heime oft einen Gruppenraum und möglicherweise sogar eine Pflegehelferin als Begleitperson zur Verfügung stellen, die dafür sorgt, dass die Gruppe nicht unterbrochen werden muss, wenn einer der Teilnehmer auf Toilette muss o. Ä. Wenn man einen Schwerpunkt in der Therapie Älterer aufbaut, sollte man in eigener Praxis auf Barrierefreiheit und angepasstes Mobiliar achten.

Bezüglich der Lebenssituation der Patienten ist bei bestehender Einsamkeit eine Gruppentherapie mit 2–3 Einzelsitzungen im Therapieverlauf zu bevorzugen (Pitkala 2011), die an spezifische Lebensereignisse wie Krankheiten, Todesfälle oder Heimeinweisungen gekoppelt werden sollte. In unserer Studie hat sich gezeigt, dass mit einer Wartezeit von vier Monaten viele der Patienten aufgegeben oder sich körperlich so sehr verschlechtert haben, dass eine Therapie nicht mehr durchführbar war.

Ein wichtiger Punkt zu Therapiebeginn ist die Notwendigkeit, von der sonst geforderten Voraussetzung abzuweichen, dass der Patient auf den Therapeuten zukommt. Hierzu ist bei den älteren Patienten die Antriebsschwelle meist zu hoch. Besser wäre es, für die ersten zwei bis drei Sitzungen den Patienten den Termin mitzuteilen und sie einen Tag vorher noch einmal daran zu erinnern. Meist ist nach 2–3 Sitzungen »das Eis gebrochen« und die Patienten kümmern sich motiviert selbst um Termine.

14.3.3 Wirksamkeit der kognitiven Verhaltenstherapie in Gruppen

Die kognitive Verhaltenstherapie in Gruppen bei multimorbiden Patienten erwies sich nicht nur als durchführbar, sondern auch als ausgesprochen wirkungsvoll (Hummel et al., in Bearbeitung). Es kam zu einer signifikanten Verbesserung der Studiengruppe mit Therapie in der Depressivität und nahezu allen weiteren erhobenen psychischen Parametern wie beispielsweise Selbstwirksamkeit. Des Weiteren zeigte sich eine signifikante Verbesserung der Studiengruppe in den meisten physischen, kognitiven und funktionellen Parametern wie Komorbidität, Alltagsfunktion, Gebrechlichkeit. Der Ressourcenverbrauch wie auch die Pflegeheimneuaufnahmen (6 % in Studiengruppe, 18 % in Kontrollgruppe) und die Mortalität (3,6 % in Studiengruppe, 10,1 % in Kontrollgruppe) fielen in der Studiengruppe nach vier Monaten geringer aus als in der Kontrollgruppe. Die Kontrollgruppe zeigte bezüglich der Depressivität sowie nahezu aller körperlicher, funktioneller und psychischer Variablen eine signifikante Verschlechterung nach vier Monaten. Dies bestätigt die bisherigen Untersuchungen in der Literatur, die keine Spontanremission einer Altersdepression aufweisen konnten.

Eine Einschränkung der Wirksamkeit fand sich bei kognitiver Beeinträchtigung (MMSE 21–23; Hummel et al. 2012a, Hummel et al. 2012b).

In der Studien- und Kontrollgruppe erhielten um die 70 % der Patienten Psychopharmaka, ohne dass es bezüglich Wirkstoffen oder Dosierungen signifikante Unterschiede zwischen den Gruppen gab.

14.4 Konsequenzen und Versorgungssituation

Die Forschungsergebnisse im Bereich der Psychotherapie geriatrischer Patienten legen nahe, dass das psychotherapeutische Angebot für ältere Menschen dringend ausgebaut werden muss. Dies spielt nicht nur für den Gesundheitszustand und die Lebensqualität der Patienten und deren Angehörigen eine wichtige Rolle, sondern ist auch aus gesundheitsökonomischer Sicht ratsam (Unützer et al. 2009).

14.4.1 Forschungsstand zur ambulanten geriatrischen und gerontopsychotherapeutischen Versorgung

Dies ist eine Darstellung einiger Meilensteine in der ambulanten geriatrischen Forschungslandschaft, die aber keineswegs einen Anspruch auf Vollständigkeit erhebt:

- Berliner Altersstudie (Bukov 2002): Diese diente zur Identifizierung und Charakterisierung von Faktoren »gesunden und ungesunden« Alterns. Hierbei sind wichtige Faktoren: Eigenwahrnehmung des Alterns, Lebenszufriedenheit, Depression.
- Präventive Hausbesuche (Huss et al. 2008): Diese erweisen sich bei Älteren und gebrechlichen Patienten als sinnvoll.
- LUCAS-Studie (Renteln-Kruse et al. 2011):
  - Longitudinalstudie zu geriatrischem Assessment
  - Akzeptanz bei Ärzten und Patienten
  - Diagnostische Unterscheidungswerkzeuge für Frailty
- Collaborative Care Modell: Zusammenarbeit von Hausärzten, in Gesprächsführung ausgebildetem Praxispersonal und weiteren Gesundheitsberufen zur Behandlung von Depression im Alter.

14.4.2 Gesellschaftspolitische Situation

Die ambulante geriatrische Versorgung obliegt derzeit dem Hausarzt. Zusätzliche Angebote wie ambulante geriatrische Rehabilitation, geriatrische oder gerontopsychiatrische Tageskliniken und Palliativ-Netzwerke (teils mit Psychoonkologie) gibt es an einigen Orten. Die Linie der letzten Regierung lag vor allem in der Förderung von an Krankenhäusern angelagerten geriatrischen Institutsambulanzen und der Erweiterung des flächendeckenden Angebots an hausärztlicher Weiterbildung. Einen geriatrischen Facharzt gibt es nach wie vor nicht. Demografisch wird die Bevölkerung Deutschlands zunehmend älter und multimorbider. Auch ist durch das Aufbrechen familiärer Strukturen und die zunehmend geforderte Mobilität arbeitstätiger Menschen (Kinder und Enkel der älteren Generation) die Vereinsamung Älterer vorangeschritten. Der Hausarzt wird oft zum wichtigsten Gesprächspartner der Menschen. Der demografische Wandel zeigt sich aber auch in der zunehmenden Überalterung der Hausärzte und der oft schwierigen Nachbesetzung hausärztlicher Sitze bei Ausscheiden eines neu berenteten Hausarztes. Dies führt vor allem in ländlichen Gebieten zu einer hausärztlichen Unterversorgung. Immer weniger Hausärzte müssen für immer mehr ältere und krankere Patienten da sein, was zeitlich oft problematisch ist. Dagegen wurden im psychotherapeutischen Bereich zunehmend Gebiete gesperrt, Neugründungen sind somit nur auf privater Basis möglich. Dies führt dazu, dass trotz hohen Bedarfs, erwiesener Wirksamkeit und Kosteneffizienz eine gerontopsychotherapeutische Versorgung nicht gewährleistet ist.

14.4.3 Ein Modellprojekt

Als Fachärztin für Allgemeinmedizin mit geriatrischer, psychotherapeutischer und palliativmedizinischer Zusatzqualifikation habe ich 2013 eine Praxis für Geriatrie und Gerontopsychotherapie eröffnet, die ähnlich einer Facharztpraxis tätig ist. Tätigkeitsschwerpunkte sind die Früherkennung von Problembereichen durch ein umfassendes geriatrisches Assessment in regelmäßigen Zeitabständen von 6–12 Monaten (Evaluation von Kraft, Gleichgewicht, Gang, Ernährung, Schlaf, Schmerz, funktionellen Fähigkeiten, Sturzrisiken, Hilfsmittelbedarf, sozialmedizinischer Versorgung, Depressivität, Belastungsfaktoren und Ressourcen, Biografie, sozialer Unterstützung), konsiliarische Fragestellungen (psychologische Einschätzung, Verhaltensanalyse, Differentialdiagnostik von Stürzen, Schlaf- und Appetitstörungen, Verhaltensauffälligkeiten, Gedächtnisstörung und Polypharmazie, advanced care planning), Psychotherapie der Altersdepression, (psychotherapeutische) Betreuung pflegender Angehöriger sowie Gruppenangebote für Menschen mit und ohne kognitiver Beeinträchtigung (Yoga für Senioren, begleitetes Malen, Biblio-, Musik-, Tanztherapie, Kochgruppen, Qigong etc.). Ein weiteres Ziel ist die Vernetzung mit geriatrischen Kliniken, Haus- und Fachärzten, Psychotherapeuten, ambulanten und stationären geriatrischen Reha-Einrichtungen und nichtärztlichen Heilberufen wie Logopäden, Ergotherapeuten, Physiotherapeuten etc. Einen Großteil der Patienten betreue ich auch psychotherapeutisch über Hausbesuche (ca. 50 %). Dies könnte ein Modell für eine spezialisierte, geriatrische und gerontopsychotherapeutische Versorgung älterer Menschen sein.[7]

14.4.4 Diskussionspunkte

Hier möchte ich einige Fragen in den Raum stellen, die sich aus der obigen Darstellung ergeben und zu weiterer Diskussion oder Forschungsarbeit anregen sollen:

- Wann ist ein Screening auf Altersdepression sinnvoll?
- Psychotherapie bei kognitiver Beeinträchtigung – Differentialindikation zu spezifischen Interventionen und Verfahren?
- Klärung der Therapievoraussetzungen: Wieviel Initiative muss vom Patienten ausgehen, wieviel Antriebsverlust ist vertretbar?
- Untersuchungen zur aufsuchenden Psychotherapie (▶ Kap. 11)
- Wie ist eine Förderung der sozialen Einbindung in der Psychotherapie möglich?
- Wie kann das psychotherapeutische Angebot für geriatrische Patienten verbessert werden?
- Wie kann eine Verbesserung der Vernetzung und Versorgung im ambulanten Bereich erzielt werden?

---

7 Rückfragen gerne unter praxis@geriatrie-rheinneckar.de

Literatur

Bautista LE, Vera-Cala LM, Colombo C, Smith P (2012) Symptoms of depression and anxiety and adherence to antihypertensive medication. Am J Hypertens 25(4): 505–511. PMID: 22258334.

Beltman MW, Voshaar RC, Speckens AE (2010) Cognitive-behavioural therapy for depression in people with a somatic disease: meta-analysis of randomised controlled trials. Br J Psychiatry 197(1): 11–9. PMID: 20592427.

Bogner HR, Morales KH, Reynolds CF 3rd, Cary MS, Bruce ML (2012) Course of depression and mortality among older primary care patients. Am J Geriatr Psychiatry 20(10): 895–903. PMID: 21997603.

Bogner HR, Shah P, de Vries HF (2009) A cross-sectional study of somatic symptoms and the identification of depression among elderly primary care patients. Prim Care Companion J Clin Psychiatry 11(6): 285–291. PMID: 20098519.

Bruce ML, Ten Have TR, Reynolds CF 3rd et al. (2004) Reducing suicidal ideation and depressive symptoms in depressed older primary care patients: a randomized controlled trial. JAMA 291(9): 1081–1091. PMID: 14996777.

Bukov A1, Maas I, Lampert T (2002) Social participation in very old age: cross-sectional and longitudinal findings from BASE. Berlin Aging Study. J Gerontol B Psychol Sci Soc Sci 57(6): 510–517.

Byers AL, Sheeran T, Mlodzianowski AE, Meyers BS, Nassisi P, Bruce ML (2008) Depression and risk of adverse falls in older health care patients. Res Gerontol Nurs 1(4): 245–251. PMID: 20077999.

Cheng H, Gurland BJ, Maurer MS (2008) Self-reported lack of energy (anergia) among elders in a multiethnic community. J Gerontol A Biol Sci Med Sci 63(7): 707–714. PMID: 18693225.

Covinsky KE, Kahana E, Chin MH, Palmer RM, Fortinsky RH, Landefeld CS (1999) Depressive symptoms and 3-year mortality in older hospitalized medical patients. Ann Intern Med 130(7): 563–569. PMID: 10189325.

Gould RL, Coulson MC, Howard RJ (2012)Cognitive behavioral therapy for depression in older people: a meta-analysis and meta-regression of randomized controlled trials. J Am Geriatr Soc 60(10): 1817–1830. PMID: 23003115.

Harpole LH, Williams JW Jr, Olsen MK et al. (2005) Improving depression outcomes in older adults with co-morbid medical illness. Gen Hosp Psychiatry 27(1): 4–12. PMID: 15694213.

Hautzinger M, Welz S (2004) Cognitive behavioral therapy for depressed older outpatients – a controlled, randomized trial. Z Gerontol Geriatr 37(6): 427–435. PMID: 15614594.

Hautzinger M (2009) Depression im Alter. Erkennen, bewältigen, behandeln. Ein kognitiv-verhaltenstherapeutisches Gruppentherapieprogramm. Weinheim: Beltz.

Hummel J, Kopf D, Weisbrod C (in Druck) Manual zur kognitiven Verhaltenstherapie mit multimorbiden, depressiven, geriatrischen Patienten. Stuttgart: Kohlhammer Verlag.

Hummel J, Weisbrod C, Boesch L, Himpler K, Zieschang T, Hautzinger M, Krumm B, Hauer K, Diener S, Gaebel A, Fickelscherer A, Mueller-Wilmsen U, Oster P, Kopf D (Publikation steht aus) »AIDE- Acute illness and depression in elderly patients« – Cognitive behavioral group psychotherapy in geriatric patients with co-morbid depression: a randomized, controlled trial.

Hummel J, Weisbrod C, Bösch L et al. (2012) Acute illness and depression in the elderly and the influence of cognitive impairment. Z Gerontol Geriatr 45(1): 34–39. PMID: 22278004.

Hummel J, Weisbrod C, Mueller-Wilmsen U, Oster P, Kopf D (2012) New psychosocial interventions are needed in early dementia. BMJ 345: e5991. PMID: 22990997.

Huss A, Stuck AE, Rubenstein LZ, Egger M, Clough-Gorr KM (2008) Multidimensional preventive home visit programs for community-dwelling older adults: a systematic review and meta-analysis of randomized controlled trials. J Gerontol A Biol Sci Med Sci 63(3): 298–307.

Ito K (ACP Journal Club) (2012) Antidepressants were associated with increased risk for adverse outcomes in depressed elders. Ann Intern Med 156(4): JC2–13. PMID: 22351739.

Koike AK, Unützer J, Wells KB (2002) Improving the care for depression in patients with co-morbid medical illness. Am J Psychiatry 159(10): 1738–1745. PMID: 12359681.

Kopf D, Hummel J (2013) Depression in frail geriatric patients: diagnostics and treatment. Z Gerontol Geriatr 46(2): 127–133. PMID: 23250310.

Krishna M, Honagodu A, Rajendra R, Sundarachar R, Lane S, Lepping P (2013) A systematic review and meta-analysis of group psychotherapy for sub-clinical depression in older adults. Int J Geriatr Psychiatry 28(9): 881–888. PMID: 23147496.

Lenze EJ, Schulz R, Martire LM et al. (2005) The course of functional decline in older people with persistently elevated depressive symptoms: longitudinal findings from the Cardiovascular Health Study. J Am Geriatr Soc 53(4): 569–575. PMID: 15817000.

Luppa M, Sikorski C, Luck T et al. (2012) Prevalence and risk factors of depressive symptoms in latest life--results of the Leipzig Longitudinal Study of the Aged (LEILA 75+). Int J Geriatr Psychiatry 27(3): 286–295. PMID: 21538535.

McCusker J, Cole M, Ciampi A et al. (2007) Twelve-month course of depressive symptoms in older medical patients. Int J Geriatr Psychiatry 22: 411–417. PMID: 17096457.

Pepersack T, De Breucker S, Mekongo YP, Rogiers A, Beyer I (2006) Correlates of unrecognized depression among hospitalized geriatric patients. J Psychiatr Pract 12(3): 160–167. PMID: 16732135.

Pérès K, Jagger C, Matthews FE; MRC CFAS (2008) Impact of late-life self-reported emotional problems on Disability-Free Life Expectancy: results from the MRC Cognitive Function and Ageing Study. Int J Geriatr Psychiatry 23(6): 643–649. PMID: 18044794.

Pinquart M, Duberstein PR, Lyness JM (2007) Effects of psychotherapy and other behavioral interventions on clinically depressed older adults: a meta-analysis. Aging Ment Health 11(6): 645–657. PMID: 18074252.

Pitkala KH, Routasalo P, Kautiainen H, Sintonen H, Tilvis RS (2011) Effects of socially stimulating group intervention on lonely, older people's cognition: a randomized, controlled trial. Am J Geriatr Psychiatry 19(7): 654–663. PMID: 21709611.

Prina AM, Deeg D, Brayne C, Beekman A, Huisman M (2012) The association between depressive symptoms and non-psychiatric hospitalisation in older adults. PLoS One 7(4): e34821. PMID: 22496867.

Prina AM, Ferri CP, Guerra M, Brayne C, Prince M (2011) Co-occurrence of anxiety and depression amongst older adults in low- and middle-income countries: findings from the 10/66 study. Psychol Med 41(10): 2047–2056. PMID: 21466747.

Unützer J, Schoenbaum M, Katon WJ et al. (2009) Healthcare costs associated with depression in medically Ill fee-for-service medicare participants. J Am Geriatr Soc 57(3): 506–510. PMID: 19175438.

von Renteln-Kruse W, Dapp U, Anders J et al. (2011) The LUCAS* consortium: objectives of interdisciplinary research on selected aspects of ageing and health care for older people in an urban community. Z Gerontol Geriatr 44(4): 250–255. PMID: 21842352.

Webber AP, Martin JL, Harker JO, Josephson KR, Rubenstein LZ, Alessi CA (2005) Depression in older patients admitted for postacute nursing home rehabilitation. J Am Geriatr Soc 53(6): 1017–1022. PMID: 15935027.

Wilson KC, Mottram PG, Vassilas CA (2008) Psychotherapeutic treatments for older depressed people. Cochrane Database Syst Rev (1): CD004853. PMID: 18254062.

15 Verhaltenstherapeutische Behandlung der Suizidalität bei Hochbetagten

Sylvia Schaller

15.1 Einleitung

Die Entwicklung suizidaler Handlungen im Alter ist ein komplexer Transaktionsprozess, in dem sich biologisch-somatische, psychische und soziale Variablen gegenseitig beeinflussen und verstärken (zusammenfassend Schaller 2008). Zu den somatischen Bedingungen zählen altersbedingte zerebrale Besonderheiten mit reduzierten Gedächtnisleistungen und kognitiver Einengung, reduzierte muskuloskeletale Funktionen, Organ- und Sinnesfunktionen, die zu einer erhöhten Morbidität, verändertem Schmerzempfinden und Einschränkungen der Mobilität führen. Auf der psychischen Ebene findet sich oft eine Akzentuierung von Personeigenschaften. Diese altersbedingten Einschränkungen interagieren mit einer sozialen Umwelt, in der »Alter« überwiegend negativ besetzt ist. Alte Menschen können aufgrund einer oft geringeren Flexibilität zudem den Anforderungen einer sich schnell ändernden Gesellschaft häufig nicht mehr genügen.

Vor dem Hintergrund zunehmend eingeschränkter Ressourcen kann es auch zu Konflikten zwischen den Generationen kommen, die sich sowohl auf der gesellschaftlich-politischen Ebene als auch im engeren sozialen Umfeld des alten Menschen abspielen. Vor allem bei sehr alten Menschen kann dadurch eine Krisensituation entstehen, in der sich der alte Mensch entmündigt und abhängig erlebt. Durch den Tod seiner Altersgenossen verliert er soziale Ressourcen, die oft nicht mehr ausreichend kompensiert werden können (vgl. Tesch-Römer et al. 2006). Man muss zudem davon ausgehen, dass langfristig auch der Anteil derjenigen ansteigen wird, die nicht mehr über ein familiäres Netzwerk verfügen (Kruse et al. 2002). Eine Verschärfung der Krise kann dann entstehen, wenn der alte Mensch zusätzlich durch drohende Institutionalisierung aus seiner vertrauten Umgebung herausgerissen zu werden befürchtet (Klostermann 2004).

Der Widerstand gegen Veränderungen, die verminderte Anpassung, die freiwillige Einschränkung im Verhalten kann mit als ein Grund für das fehlende Hilfesuchverhalten alter Menschen angesehen werden. Allenfalls aufgrund körperlicher Symptome wird Hilfe in Anspruch genommen. Viele Studien zeigen so, dass Suizidenten in den Tagen vor dem Suizidversuch signifikant häufiger als sonst ihren Hausarzt aufsuchen, wobei meist körperliche Symptome angesprochen werden, die suizidale Tendenz aber nicht erkannt wird (Tadros und Salib 2007).

Aufgrund eines weit verbreiteten negativen Altersbildes werden suizidale Handlungen bei alten Menschen auch eher als bei jungen Menschen gebilligt. Da viele Suizidalität begünstigende Faktoren (z.B. Krankheit, ökonomische Probleme, soziale Isolierung, Verlusterlebnisse, Abhängigkeit) als »normal« für höheres Alter angesehen werden, werden suizidale Handlungen als verstehbar und wegen der geringen Beeinflussbarkeit dieser Faktoren auch als wenig veränderbar angesehen. Der Suizid alter Menschen erfährt in der Bevölkerung größere Akzeptanz und wird als weniger tragisch erlebt als der Suizid Jugendlicher. Er »erscheint vielfach naheliegend und verständlich« (Anger 1977, S. 77), so dass verhaltensregulierende soziale Normen bei alten Menschen ihre suizidhemmende Wirkung verlieren. Das Leben alter Menschen wird als »nicht mehr sinnvoll« und »lebensunwert« etikettiert, v. a., wenn noch schwere körperliche Erkrankungen hinzukommen. Suizidales Verhalten bei alten Menschen wird daher oft im Sinne einer »Bilanzziehung« verstanden.

15.2 Generelles therapeutisches Vorgehen

Aufgrund dieser eher akzeptierenden Einstellung gegenüber suizidalen Handlungen sowohl durch den alten Menschen selbst als auch durch die Gesellschaft wird eine psychotherapeutische Behandlung des suizidalen älteren Menschen kontrovers diskutiert. Aufgrund vorbestehender Krankheiten bzw. altersbedingter Verfestigung von Personvariablen werden von Therapeuten generell geringere Erfolgsaussichten von Psychotherapie angenommen. Hierbei wird jedoch nicht berücksichtigt, dass alte Menschen bei der Einschätzung ihres (gesundheitlichen) Wohlbefindens objektive Bedingungen altersadäquat relativieren und Beeinträchtigungen oftmals akzeptieren (Mehta et al. 2007).

Die Psychotherapie älterer Menschen wird häufig auch durch die infolge der Altersdifferenz bedingten interpersonalen Probleme erschwert (Tallmer 1994; Teiching 1992). Sie äußern sich seitens des alten Menschen oft in einer Abwertung des jüngeren Therapeuten, dem mangelnde Kenntnis und somit mangelndes Verständnis für die Probleme älterer Menschen unterstellt wird. Seitens der Therapeuten führen die häufig zu findende Abwehr von Psychotherapie und die Fixierung auf somatische Probleme dazu, älteren Menschen eine geringere Motivation zu unterstellen. Aufgrund altersbedingter Verfestigung von Personvariablen werden oft auch geringere Erfolgsaussichten einer Psychotherapie angenommen.

Spezielle psychotherapeutische Angebote liegen für alte Menschen daher kaum vor. Untersuchungen zeigten jedoch, dass die oft von Behandlern wie alten Patienten geäußerte pessimistische Einstellung revidiert werden sollte, da auch im höheren Alter Psychotherapie effektiv sein kann (Wei et al. 2005). Diese muss aber andere Formen annehmen als Psychotherapie bei jungen Menschen: Für die Motivierungsphase muss mehr Zeit eingeplant werden und das Vorgehen sollte kleinschrittig sein und auf das individuelle Tempo des alten Menschen eingehen. Ein individueller Behandlungsplan, bei dem eventuelle Beeinträchtigungen des alten Menschen berücksichtigt werden, ist daher manualisierten »Standardprogrammen« vorzuziehen. Aus diesem Grund ist auch eine Einzelbehandlung, die eher kürzer angelegt sein sollte, Gruppenbehandlungen vorzuziehen, bei denen die Abbruchsquote sich in einer Metaanalyse als höher erwies (Pinquart et al. 2007).

Die Notwendigkeit altersspezifischer Suizidpräventionsstrategien ist auf Grund der Größe des Problems außerdem unumstritten. Die Prävention und Therapie suizidalen Verhaltens im Alter erfordert allerdings Interventionen auf mehreren Ebenen (Conwell et al. 2011; Wächtler 2014). Neben der angemessenen Behandlung von Depression und Krankheit, v. a. Schmerzzuständen, ist auch ein Umdenken in der Haltung der Gesellschaft gegenüber alten Menschen und v. a. auch beim alten Menschen selbst gefordert. Das Augenmerk muss daher von den Defiziten des Alters weg auf die Ressourcen alter Menschen gelenkt werden.

Effektive Präventionsstrategien für alte Menschen erfordern neben dieser Veränderung des »therapeutischen Milieus« und einem individuell auf den alten Menschen zugeschnittenen Behandlungsangebot außerdem einen gesundheitspolitischen Ansatz, der eine Aktivierung sozialer Netzwerkstrukturen, einen optimierten Zugang zu (psychiatrischer und psychotherapeutischer) Behandlung, ein deutlich aktiveres Vorgehen und ein Abgehen von »Komm-Strukturen« beinhalten muss. Notwendig sind daher Angebote, die i. S. eines »Outreaching« aktiv auf die alten Menschen zugehen. Beispielhaft sollen hier das sog. »Tele-Help«-Modell und die Projekte »PRoMPT« und »PROSPECT« genannt werden. Beim Tele-Help-Modell (De Leo et al. 2002) fanden kontrollierte Telefonkontakte bei alten Menschen statt mit dem Ziel, v. a. die Ressourcen alter Menschen zu aktivieren. Die Suizide konnten in der kontaktierten Gruppe signifikant reduziert werden. PRoMPT und PROSPECT fußen auf dem Konzept des »Case Managements« als einer Form der vernetzten patientenzentrierten Versorgung chronisch Kranker. Bestandteile dieser Strategie sind die systematische Betreuung und Nachverfolgung des Patienten durch z. B. regelmäßige Telefonkontakte, Unterstützung bei der Behandlung und aktiver Einflussnahme bei fehlender Inanspruchnahme der Maßnahmen oder ausbleibender Verbesserung der Symptomatik. PRoMPT (Primary care Monitoring for depressive Patients' Trial) umfasst Arztpraxen in Hessen und zeigte nach 6 bzw. 12 Monaten eine signifikante Reduktion depressiven Verhaltens in der Interventionsgruppe (Gensichen et al. 2009). PROSPECT (Prevention of Suicide in Primary Care Elderly: Collaborative Trial) zielte speziell auf eine Verringerung suizidalen Verhaltens, was über bisher 2 Jahre auch erreicht werden konnte (Alexopoulos et al. 2009).

Auch primärpräventive Maßnahmen müssen mehr auf die Lebensbedingungen älterer Menschen zugeschnitten werden. Wie die Ergebnisse der Nürnberger Studie (Hegerl et al. 2003) zeigen, sind durch die bisherigen primärpräventiven Maßnahmen ältere Menschen weniger gut zu erreichen als jüngere. Es liegen bisher auch keine Untersuchungen zu Effekten niedrigschwelliger Maßnahmen (z. B. Internetberatung oder Green-Card-Modelle) bei älteren Menschen vor. Eher ist es sogar so, dass viele Beratungs- und Krisendienste für ältere und physisch behinderte Menschen sogar schwerer zugänglich sind.

15.3 Spezifische verhaltenstherapeutische Methoden

Die Mehrzahl der im Rahmen von Therapiestudien untersuchten älteren Patienten nennt Rollenkonflikte und interpersonale Konflikte als Hauptproblembereiche. Der Einbezug der sozialen, besonders der familialen Umwelt des alten Suizidpatienten ist daher besonders wichtig – einmal, um den Angehörigen diese Problematik bewusst zu machen, zum anderen, um ihnen Bewältigungsmöglichkeiten im Umgang mit den

Suizidintentionen des alten Familienmitglieds zu geben (Richman 1994). Zu den Zielen des verhaltenstherapeutischen Vorgehens gehören daher auch die Bewältigung der »paternalen Krise« « des älteren Menschen (i. S. der Bewältigung einer Entwicklungskrise des Alters), die Neudefinition von Autonomie und Identität, »Loslassen« lernen (materiell wie ideell) sowie die Akzeptanz von Vergänglichkeit, Verletzlichkeit und Endlichkeit. Hierzu können neben eher unspezifischen Maßnahmen, wie Psychoedukation oder supportiven Techniken vor allem die im engeren Sinne verhaltenstherapeutischen Strategien angewandt werden. Wie oben bereits dargelegt, sind diese jedoch, entsprechend der in einer Bedingungs- und Verhaltensanalyse erhobenen Lerngeschichte, der vorhergehenden und nachfolgenden Stimulusbedingungen, der organismischen Variablen, des Verhaltensrepertoires sowie der beim alten Menschen ganz besonders zu berücksichtigenden Randbedingungen (z. B. Lebensumwelt) individuell zu modifizieren.

In Übereinstimmung mit dem Transaktion smodell suizidaler Handlungen bewirken verhaltenstherapeutische Strategien einerseits Veränderungen auf der Verhaltensebene, andererseits enthalten sie kognitive Ansätze, die kognitive Stile, negative Selbstkognitionen und inadäquate Denkstile zu ändern versuchen (Ellis 1986; MacLeod und Williams 1992).

Die hierbei indizierten Behandlungsstrategien sollten vornehmlich beim Verhaltensrepertoire der alten Menschen ansetzen: einmal, weil die externalen Bedingungen, die die Auftretenswahrscheinlichkeit suizidalen Verhaltens beeinflussen, häufig nur unter Schwierigkeiten und im allgemeinen auch nicht dauerhaft veränderbar sind, zum anderen, um das suizidale Verhalten nicht noch zusätzlich zu verstärken. Es ist vor allem wichtig, dem alten Menschen Möglichkeiten einer besseren und adäquateren Problembewältigung zu vermitteln.

Ältere Menschen sind aufgrund ihrer bisherigen Erfahrungen und Leistungen häufig auf Problemlösungen festgelegt, die unter den veränderten Bedingungen des Alters nicht mehr wirksam sind. Ziel des therapeutischen Vorgehens ist daher zunächst, mit dem Patienten die Probleme unter diesen veränderten Bedingungen zu identifizieren und eine neue Prioritätensetzung zu vermitteln. Mögliche Lösungen werden in einem »Brainstorming-Prozess« generiert, im Hinblick auf konkrete Ziele selegiert, zunehmend eingeengt und in handlungsbezogene Schritte umgesetzt.

Konflikte älterer suizidaler Menschen zeigen sich vorwiegend im interpersonalen Bereich (Duberstein et al. 2004): Suizidale ältere Menschen beziehen z. B. die Auswirkungen ihrer Entscheidungen auf andere signifikant weniger als die nichtsuizidalen Bewohner in ihre Überlegungen ein (Fortin et al. 2001). Häufig fehlt auch das Gefühl, einer sozialen Gruppe anzugehören (McLaren et al. 2007), und sie haben oft das Gefühl, ihre Autonomie und Kompetenz würden weder im familialen Kontext noch im weiteren Umfeld respektiert (Leistner et al. 2002). Hier kann z. B. ein soziales Kompetenztraining, das speziell auf daraus resultierende Interaktionsprobleme mit (jüngeren) Interaktionspartnern fokussiert, Abhilfe schaffen.

Alte Menschen, die mit ihren erwachsenen Kindern zusammenleben, haben auch oft das Gefühl, nicht mehr gebraucht zu werden, der Familie zur Last zu fallen, und empfinden mit zunehmendem Alter immer stärker Autoritätsverlust, abnehmende Kontrollkompetenzen und Rollenunsicherheit gegenüber den sie versorgenden Kindern (Eddington et al. 1990). Hier ist es einmal notwendig, Bereiche zu finden, in denen der alte Mensch sich nützlich machen kann. Gleichzeitig muss aber auch eine kognitive Restrukturierung der Denkstile erfolgen, die die Anwendung situationsangemessener Problemlösungsstrategien behindern und eine Akzeptanz vorliegender Beeinträchtigungen sowie der Rollenumkehr vom versorgenden in den umsorgten Elternteil erschweren. Hier können Methoden angewandt werden, wie sie etwa von Beck (1976), Ellis (1977), Hayes (2011) und Meichenbaum (1977) entwickelt wurden. Inadäquate Kontrollüberzeugungen können z. B. durch Differenzierung von veränderbaren und nicht veränderbaren Situationen und entsprechenden Bewältigungsstrategien modifiziert werden. Wichtig hierbei ist, dass der notwendige Disput nicht im Sinne einer »Überredung« durch den Therapeuten, sondern durch ständige Realitätsüberprüfung durch den Patienten erfolgt. Hier kann auch auf die Lebensgeschichte und die bereits erfahrenen Erfolgserlebnisse zurückgegriffen und Stärken des Patienten können erarbeitet werden. Die oft selbstwertmindernd verarbeitete Angewiesenheit auf Unterstützung durch andere kann z. B. durch den Verweis auf die Lebensleistung des alten Menschen und sein (erarbeitetes) Recht auf die jetzige Versorgung relativiert werden.

Eine narzisstische Verarbeitung des Altersprozesses und der damit einhergehenden Veränderungen führt häufig zu verkürzten oder überhaupt nicht mehr existenten Zukunftsperspektiven (vgl. Duberstein et al. 1994). Hieraus resultierende Gedanken, die Hoffnungslosigkeit, negative Selbstbewertungen, negative Metaperspektiven und negative Zukunftsperspektiven ausdrücken, sollen in positiveres Denken umgewandelt werden (Dieserud et al. 2001). Dabei ist darauf zu achten, dass der Patient nicht bloß ermutigt wird, sondern z. B. Stärken des Patienten erarbeitet und kurzfristig erreichbare Ziele definiert werden, mit dem Zweck, dass die Hoffnungslosigkeit vom Patienten als nicht realistisch erkannt wird.

Suizidale Handlungen werden auch wahrscheinlicher, wenn die antizipierten Konsequenzen durch den Tod diejenigen, die noch im Leben erwartet werden, überwiegen bzw. in ihrer Gesamtheit »positiver« sind. Vor allem einsame, kranke depressive und mit Problemen aller Art belastete alte Menschen, für die sie subjektiv keine Lösung sehen, antizipieren oft positive Konsequenzen »im Jenseits«. Wichtig hierbei ist, weniger die negativen Aspekte der jetzigen Lebenssituation herauszuarbeiten, sondern eher zu erfassen, was den Patienten im Leben halten könnte. Zur Modifikation der bei suizidalen Personen vermehrten Erinnerung negativer und reduzierter bzw. mit erhöhter Latenz auftretender positiven Erinnerungen (Williams 1992) muss das systematische Erinnern positiver Erlebnisse und die Imagination kurz- und langfristiger positiver Konsequenzen geplanten Verhaltens eingeübt werden. Negative Gedanken werden durch Gedankenstop-Techniken reduziert oder, wenn die Gedanken zwanghaften Charakter haben, wird die Zeit, die auf negative oder grüblerische Gedanken verwendet wird, sukzessiv verringert.

Suizide im Alter werden häufig auch im Zusammenhang mit besonderen Tagen (z. B. die Wiederkehr des Todestages des Partners) durchgeführt. Solche durch externale Stimuli kontrollierte Situationen müssen gemeinsam mit dem alten Menschen erfasst werden, mit dem Ziel, dass der alte Mensch sie frühzeitig zu erkennen und andere, mit suizidalem Verhalten inkompatible Verhaltensweisen einzusetzen lernt. Auch seitens des Therapeuten müssen schon präventiv Maßnahmen zur Beseitigung oder Bewältigung von Auslösebedingungen eingeleitet werden. Der ältere Mensch kann z. B. »Aufgaben« erhalten, deren Ausführung nach einem vorgegebenen Plan kontrolliert wird, er kann präventiv besucht oder einbestellt werden. Zum Beispiel sollte bei bevorstehenden Gedenk- oder Feiertagen der ältere Mensch darauf angesprochen werden und gemeinsam mit ihm sollten Bewältigungsmöglichkeiten entwickelt werden. Hier können auch die in den oben erwähnten PRoMPT- bzw. PROSPECT-Projekten entwickelten Ansätze hilfreich sein.

Literatur

Alexopoulos GS, Reynolds III CF, Bruce ML, Katz IR, Raue PJ, Mulsant BH, Oslin DW, Ten Have T, The PROSPECT Group (2009) Reducing suicidal ideation and depression in older primary care patients: 24-month outcomes of the PROSPECT study. Am J Psychiat 166: 882–890.

Anger H (1977) Sozialpsychologische Aspekte des Suizids im Alter. Stuttgart: Thieme.

Beck AT (1976) Cognitive therapy and the emotional disorders. New York: International Universities Press.

Conwell Y, Van Orden K, Caine ED (2011) Suicide in Older Adults. Psychiatr Clin North Am 34: 451–468.

De Leo D, Dello Buono MA, Dwyer J (2002) Suicide among the elderly: the long-term impact of a telephone support and assessment intervention in northern Italy. Br J Psychiatry 181: 226–229

Dieserud G, Røysamb E, Ekeberg O, Kraft P (2001) Toward an integrative model of suicide attempt: a cognitive psychological approach. Suicide und Life-Threatening Behavior 31: 153–168.

Duberstein PR, Conwell Y, Conner KR, Eberly S, Caine ED (2004) Suicide at 50 years of age and older: perceived physical illness, family discord and financial strain. Psychological Medicine 34: 137–146.

Duberstein PR, Conwell Y, Conner KR, Eberly S, Evfnger JS, Caine ED (2004) Poor social integration and suicide: fact or artifact? A case-control study. Psychological Medicine 34: 1331–1337.

Duberstein PR, Conwell Y, Caine ED (1994) Age differences in the personality characteristics of suicide completers: preliminary findings from a psychological autopsy study. Psychiatry 57: 213–224.

Eddington C, Piper J, Tanna B, Hodkinson HM, Salmon P (1990) Relationships between happiness, behavioural status and dependency on others in elderly patients. British Journal of Clinical Psychology 29: 43–50.

Ellis A (1977) Die rational-emotive Therapie. München: Pfeiffer.

Ellis TE (1986) Towards a cognitive therapy for suicidal individuals. Professional Psychology 17: 125–130.

Fortin A, Lapierre S, Baillargeon J, Labelle R, Dubé M, Pronovost J (2001) Suicidal ideation and self-determination in institutionalized elderly. Crisis 22: 15–19.

Gensichen J, von Korff M, Peltz M, Muth C, Beyer M, Güthlin C, Torge M, Petersen JJ, Rosemann T, König J, Gerlach FM, for PRoMPT (PRimary care Monitoring for depressive Patients Trial) (2009) Case management for depression by health care assistants in small primary care practices. Ann Intern Med 151: 369–378.

Hayes SC, Strosahl KD, Wilson KD (2011²) Acceptance and Commitment Therapy: The Process and Practice of Mindful Change. New York: Guilford Press.

Hegerl U, Althaus D, Niklewski G, Schmidtke A (2003) Optimierte Versorgung depressiver Patienten und Suizidprävention. Deutsches Ärzteblatt 100: 2732–2737.

Klostermann P, Schneider V (2004) »So ist kein Leben« – Suizide alter und hochaltriger Menschen. Suizidprophylaxe 31: 35–40.

Kruse A, Gaber E, Heuft G et al.: (2002) Gesundheit im Alter (= Gesundheitsberichterstattung des Bundes, Heft 10). Berlin: Robert Koch Institut.

Leistner K, Meier-Baumgartner HP, Pientka L (2002) Hamburger Erklärung. Z Geront Geriatr 35: 50–53.

McLaren S, Gomez R, Bailey M, Van der Horst RK (2007) The association of depression and sense of belonging with suicidal ideation among older adults: applicability of resiliency models. Suicide und Life-Threatening Behavior 37(1): 89–102.

McLeod AK, Williams JM (1992) The cognitive psychology of parasuicidal behavior. In: Crepet P, Ferrari G, Platt S, Bellini M (Hrsg..) Suicidal behaviour in Europe. Rom: Libbey. S. 217–223.

Mehta M, Whyte E, Lenze E, Hardy S, Roumani Y, Subashan P, Huang W, Studenski S (2008) Depressive symptoms in late life: associations with apathy, resilience and disability vary between young-old and old-old. Int. J. Geriat. Psychiatry 23: 238–243.

Meichenbaum D (1977) Cognitive-behavioral modification, New York: Plenum.

Pinquart M, Duberstein PR, Lyness M (2007) Effects of psychotherapy and other behavioral interventions on clinically depressed older adults: A meta-analysis. Aging und Mental Health 11: 645–657.

Richman J (1994) Psychotherapy with older suicidal adults. In Leenaars A, Maltsberger JT, Neimeyer RA (Hrsg.) Treatment of suicidal people. Washington, DC: Taylor und Francis. S. 101–113.

Schaller S (2008) Multimodales Erklärungsmodell der Suizidalität im Alter. Z Geront Geriatr 41: 14–21.

Tadros G, Salib E (2007) Elderly suicide in primary care. Int J Geriatr Psychiatry 22: 750–756.

Tallmer M (1994) Individual and group therapy for the suicidal older person. In Lester D, Tallmer M (Hrsg.). Now I lay me down: Suicide in the elderly Philadelphia: Charles Press. S. 56–72.

Teiching M (1992) Alt und lebensmüde. Suizidneigung bei älteren Menschen. München: Reinhardt.

Tesch-Römer C, Engstler H, Wurm S (Hrsg.). (2006) Altwerden in Deutschland. Wiesbaden: VS-Verlag.

Wächtler, C (2014) Depression und Suizid im Alter: Erkennen und Behandeln lohnen sich. Psychotherapie im Alter 11: 63–81.

Wei W, Sambamoorthi U, Olfson M, Walkup JT Crystal S (2005) Use of psychotherapy for depression in older adults. Am J Psychiatry 162: 711–717.

Williams JMG (1992) Autobiographical memory and emotional disorders. In Christianson SA (Hrsg.) The handbook of emotion and memory: Research and theory. Hillsdale, N.J.: Erlbaum. S. 451–477.

16 Leib-seelische Netzwerke – Psychoanalytische Musiktherapie mit einer schwierigen, hochgradig dementen Patientin

Barbara Dehm-Gauwerky

Psychische Probleme, die im Alter auftreten können, machen insbesondere Menschen zu schaffen, die an einer fortgeschrittenen Demenz erkrankt sind. Ebenso betreffen sie alle, die an der Pflege, Betreuung und Behandlung der Betroffenen beteiligt sind. Aus diesem Bereich möchte ich eine Fallvignette reflektieren, die die leib-seelische Vernetzung des inneren Erlebens, aber auch die konkreten Interaktionen einer hochgradig dementen alten Frau demonstriert. Von hieraus soll versucht werden, zu einer Hypothese zu gelangen über die unbewussten Verstrickungen, die von dieser Situation ausgehen.

16.1 Falldarstellung

Die 1926 geborene Frau K. war Bewohnerin eines Pflegeheims, das in Form einer Wohngemeinschaft organisiert ist. Ich wurde als psychoanalytische Musiktherapeutin von ihrer Tochter gebeten, ihre musiktherapeutische Behandlung zu übernehmen. Grund ihres Anliegens war, dass Frau K. ständig laut krächzte, so dass die Tochter besorgt war, dass die Stimme ihrer Mutter erheblichen Schaden nehmen könnte. Das Krächzen hatte begonnen, als eine Mitbewohnerin, mit der Frau K. sich angefreundet hatte und die selber gekrächzt hatte, verstorben war. Es wirkte so, als hätte Frau K. das Symptom ihrer Freundin übernommen und wäre auf diese Weise mit ihr verbunden geblieben.

Über die Biografie von Frau K. konnte ich einiges erfahren. Sie selber hatte in gesunden Zeiten einen Lebenslauf verfasst. Sie stammte von einem Bauernhof in Ostpreußen und war aus katastrophalen Familienverhältnissen – der Vater war gewalttätig, die Mutter hatte die Familie verlassen – mit ca. 10 Jahren zu den Großeltern geflohen. Dort war es ihr gut ergangen. Es wurde auch gesungen und getanzt. Zudem hatte sie eine besondere Fähigkeit entwickeln können, mit Pferden umzugehen und zu reiten. Aber bald brach der zweite Weltkrieg aus. Sie musste wieder fliehen, wurde mehrfach vergewaltigt und sexuell missbraucht. Viele ihrer Verwandten kamen in den Kriegswirren um. Frau K. fand aber immer wieder Menschen, die ihr in ihrer Not halfen. Schließlich landete sie auf einem Bauernhof in Norddeutschland. Dort heiratete sie. Aus dieser Beziehung stammt ihre Tochter. Die Ehe zerbrach, sie heiratete erneut. Jetzt war auch ihr zweiter Mann verstorben. Aus der Art und Weise, wie die Tochter mir spontan ihre eigenen Kindheitserinnerungen schilderte, gewann ich den Eindruck, dass Frau K. als Mutter liebevolle Züge gehabt haben musste. Aber ihre persönliche Geschichte ließ mich entsetzt und fast sprachlos zurück.

Frau K. besuchte ich einmal pro Woche in ihrem Zimmer im Pflegeheim. Dorthin brachte ich einige Musikinstrumente mit: kleine Trommeln, eine Blockflöte, ein kleines

Glockenspiel, eine Mundharmonika, eine Kalimba[8] und ein Stofftier. Frau K. wirkte sehr erfreut, als sie mich zum ersten Mal sah, und begrüßte mich spontan mit »Ja!«. Aber dann erwies sich die musiktherapeutische Behandlung als äußerst schwierig. Sie sagte fast nichts mehr. Nur »die Kleine« erwähnte sie in der ersten Sitzung mehrmals. In den folgenden Stunden versiegte ihre Sprache ganz. Mit den Musikinstrumenten konnte sie kaum etwas anfangen. Das Stofftier nahm sie gelegentlich in die Hand und strich ihm über die mähnenartigen Haare. Auch meine eigenen musikalischen Einfälle fanden anfangs wenig Resonanz. So bestanden meine musiktherapeutischen Interventionen eher aus einem ständigen, hilflosen Suchen nach dem richtigen Ton oder Lied. Sie waren eingebettet in die immerwährende Suche nach der richtigen räumlichen Distanz, denn Frau K. wurde unruhig und schrie vermehrt, wenn ich ihr zu nahe kam. Später stellte sich heraus, dass auch bei Liedern, die von einer Mutter handelten oder die Liebeslieder waren, ihr Geschrei stärker wurde. Die Unsicherheit und die ständigen Suchbewegungen waren für mich sehr anstrengend. Mich befielen Fluchtgedanken. Das schlimme Schicksal von Frau K. im Gedächtnis konnte ich die Situation kaum aushalten. Frau K. jedoch schien meine Anwesenheit zu mögen und wurde im Verlauf der Musiktherapiesitzungen meist ruhiger.

Für mein Thema scheint mir eine Situation auffällig, die ich nun schildern und reflektieren möchte: Mit Fortschreiten der Therapie hatte sich herausgestellt, dass Frau K. sich offensichtlich beruhigte, wenn ich auf dem kleinen Glockenspiel improvisierte. Bei diesen Improvisationen befielen mich Zweifel, ob ich sie damit nicht mundtot machte. Sie waren eigentlich Verzweiflungsaktionen. Trotz ihres Geschreis spielte ich also in dieser Sitzung ganz leise, was mir gerade einfiel: z. T. freie Motivaneinanderreihungen, z. T. Liedfragmente. Diese Musik lullte uns beide mit ihrem Sing-Sang ein. Frau K. krächzte noch gelegentlich dazwischen. Ich sprach dann zu ihr darüber, wie schlimm es jetzt für sie ist, und auch davon, dass der Hals wehtut. Nach einiger Zeit lauschte Frau K. nur noch der Musik und saß nun ruhig und ein wenig schläfrig in ihrem Sessel. In dem Moment ertönte aus dem Nachbarzimmer ein Krächzen. Ich geriet in Spannung und entschloss mich, nachzusehen. Es wirkte von außen gesehen so, als hätte die Nachbarin nun das Schreisymptom übernommen, das frei flottierend sich in der Wohngruppe bewegte und sich einen Symptomträger suchte. Die Nachbarin beruhigte sich sofort, als ich auftauchte und ihr etwas auf dem kleinen Glockenspiel vorspielte. Danach schienen beide Frauen für diese Sitzung zufrieden.

16.2 Musiktherapie als psychoanalytische Psychotherapie

Ich möchte hierzu aus der Perspektive der Psychoanalyse in ihrer Ausformung als *szenisches Verstehen* von (Lorenzer 1970a, 1970b, 1983) eine Interpretation anbie-

---

8 Eine Kalimba ist ein ursprünglich aus Afrika stammendes Instrument, bei dem auf einem Hohlkörper mehrere Lamellen angebracht sind, die unterschiedlich gestimmt sind. Mit dem Daumen können sie angezupft werden. Auf diese Weise ist es möglich, Melodien zu hervorzubringen.

ten. Sie mag zum Nachdenken anregen und kann vielleicht für den Umgang mit ähnlichen Situationen hilfreich sein.

Im Zentrum des szenischen Verstehens steht der Versuch, die Beziehungssituation zwischen den Interaktionspartnern zu deuten, wie sie sich im Zusammenspiel von Übertragung und Gegenübertragung darstellt. Die Deutung in der Psychoanalyse geschieht in der Regel mit Worten. Eine gelungene Deutung entlastet die Ich- und Über-Ich-Funktionen, die zur Abwehr unerträglicher Erinnerungsspuren gebraucht wurden. Der diskursive Gehalt sprachlicher Deutungen wird nun bekanntlich für die dementen Menschen zunehmend unverständlich. Es ist aber inzwischen viel darüber nachgedacht worden, dass es andere Möglichkeiten der Bedeutungsfindung gibt. Ich verweise exemplarisch auf die Fallreflexionen von Ogden (1994) oder die kinästhetische Semantik von Leikert (2011/2013). Lorenzer machte schon 1983/84 neben der Sprachsymbolik eine sinnliche Symbolik aus, die etwas später von Niedecken (1988) für die Musik ausgearbeitet wurde. Die Autorin spricht hier von präsentativen Symbolen und sinnlich-symbolischen Interaktionsformen. Dazu gehören Momente, in denen sich Patientin und Therapeutin einig werden über die Bedeutung des Interaktionsgeschehens auf einer nicht wort-sprachlichen Ebene, z. B. einer Handlungsebene (Dehm-Gauwerky 2005), einer mimisch-gestischen Ebene, einer Bewegungsebene und eben auch auf einer musikalischen Ebene. Eine unbewusste Erinnerungsspur wird hierbei angebunden an eine nicht wortsprachliche Ausdrucksfigur. Diese Einigungen gehen mit einem Evidenzerleben einher. Sie fühlen sich stimmig und passend an. Aber sie bleiben als Deutung unvollständig und müssen ergänzt werden durch den sprachlich gefassten Reflexionsprozess der Therapeutin. Dieser muss und kann aber nicht unbedingt und sofort – zumal bei Menschen mit frühen Störungen oder auch bei Dementen – den Patienten mitgeteilt werden. Allerdings sollte er gedacht werden. Eine solche Reflexion der vorgestellten Szene möchte ich hier anbieten.

16.3 Interpretation des Fallbeispiels

Frau K. befand sich mit ihrer fortgeschrittenen Demenzerkrankung in einer Situation, in der sie sich langsam, aber unwiederbringlich von dieser Welt verabschiedete. Ihr Weltbezug war nicht mehr in der äußeren Realität abgesichert. So war keinerlei sprachliche Vereinbarung eines Behandlungsbündnisses zwischen uns möglich. Der einzige Hinweis darauf, dass Frau K. die Musiktherapie bei mir wollte, war ihre freundliche Reaktion bei der Begrüßung. Auch konnte sie außer dem anfänglichen *Ja* und *die Kleine* kaum noch etwas sagen. Die Kleine gab es nirgendwo. Zum Kleinen passt aber ihre Vorliebe für das kleine Glockenspiel und ihr Hantieren mit dem Stofftier. Da Frau K. es in die Hand nahm und über seine Haare strich, könnte das Kleine irgendetwas zu tun haben mit einer zarten, sinnlich-taktilen Erfahrung, der Berührung von etwas Weichem, wie es sich vielleicht bei der Pflege kleiner Kinder oder beim Striegeln von Pferden einstellt. Diese Äußerung macht also nur Sinn, wenn sie metaphorisch aufgefasst wird als Ausdruck eines Selbstgefühls, wie es sich als Knotenpunkt einer Verdichtung aus früheren Erfahrungen gebildet haben könnte. Sie erlebte sich pflegebedürftig und auf zärtliche Berührungen angewiesen auf einer ganz sinnlichen Ebene, wie ein kleines Kind. Aufgrund ihres veränderten Weltbezugs aber wurde ich sofort in ihre Übertragung verwickelt, in der Handlungen, Bewegungen und stimmlich-klangliche Enactments als Ausdrucksmittel dienten. Insofern herrschte sowohl semiotisch als auch von der Übertragungsfigur her ein überaus regressives Niveau vor. Diese frühe Übertragungsfigur war von Ambivalenzen bestimmt. Neben den geschilderten positiven Aspekten schrie Frau K. mich immer wieder wie alle anderen auch an.

Stimmlaute gehören zu den allerersten Grenzerfahrungen des Säuglings. Sie können einerseits im Produzieren innen im Körpergeschehen wahrgenommen werden. Gleichzeitig werden sie durch das Ohr von außen gehört. Diese zuerst reflexhaften Stimmerfahrungen verbinden sich nun im Kind mit den Erfahrungen der mütterlichen[9] Antworten zu leib-seelischen Erinnerungsspuren. Sie verändern sich dadurch und werden vom Kind allmählich Schritt für Schritt in eigene Regie übernommen. Das klanglich-rhythmische Element beginnt eine Qualität als Ausdruck des Kindes zu gewinnen. Insofern können Stimmlaute in der kindlichen Entwicklung allmählich die Position eines zwischen innen und außen, dem Kind und der Mutter vermittelnden Dritten annehmen. Bei genügend guter Bemutterung verschafft das Spiel mit der Stimme dem Kind die Illusion, die Mutter sei bei ihm, obwohl es sich allmählich von ihr löst. Jenes Spiel mit der Stimme kann also gleichzeitig verbinden und trennen und gehört in den Bereich der Übergangsphänomene. Auch später noch kann es ein Gefühl von Halt vermitteln, welches aus diesen frühen Erfahrungen stammt, und der Beschwichtigung tiefer depressiver Ängste dienen.

Winnicott (1987) beschreibt nun auch das Misslingen der Bildung von Übergangsphänomenen. Wenn keine genügend guten Erfahrungen mit der frühen Mutter vorhanden sind oder diese wegen späterer traumatischer Erfahrungen in ihrem Erlebnisgehalt beschädigt wurden, dann versucht der Mensch selbst zwanghaft das sinnliche Empfinden dieses basalen Trostes – die Illusion der Anwesenheit eines guten Selbstobjekts – herzustellen. Winnicott versteht Stereotypien als den verzweifelten Versuch, das überlebensnotwendige gute Objekt anzubinden in einer Situation extremer Angst vor existentiellem Verlassensein. Ogden (1995/2000) betont deren Grenzen setzende Funktion. Stereotypien stellen nach Ogden den Versuch dar, eine gleichsam *zweite Haut* herzustellen, in einer Situation, in der sogar das Gefühl sicherer Körpergrenzen verloren zu gehen droht und damit auch die eigene Integrationsfähigkeit. Die subjektive Identität ist in diesem Fall gefährdet.

Der Rettungsversuch mit Hilfe von Stereotypien führt zum gegenteiligen Ergebnis wie das Spiel mit der Stimme. Er tröstet nicht und vermittelt kein Gefühl, gehalten zu sein. Vielmehr kann er weitere positive Erfahrungen und Entwicklungen verhindern und so eine autodestruktive und indirekt möglicherweise auch fremddestruktive Wirkung entfalten.

Und in einer solchen Situation befand sich Frau K. Zwar hatte sie ihr Leben in gesunden Zeiten relativ gut gemeistert und auch ihren Lebenslauf schreiben können, ohne daran zugrunde zu gehen. Möglicherweise hatte sie sogar eine gewisse Selbstvergewisserung dadurch erfahren. Jetzt aber war sie in ihrer fortgeschrittenen Demenzerkrankung nicht mehr zu ihren bisherigen Formen der Angstabwehr und -bewältigung in der Lage.

---

9 Ich verwende hier das weibliche Geschlecht, obwohl viele frühe Beziehungspersonen unterschiedlichen Geschlechts eine mütterliche Funktion erfüllen können.

Die Affekte, die mit ihren traumatischen Erfahrungen verbunden waren, brachen wieder auf. In ihrer Kindheit und Kriegsjugend war Frau K. die Flucht geblieben, wie auch ich in meiner Gegenübertragung von Hilflosigkeit und Fluchtgedanken ergriffen war. Nun aber war sie wieder wie bei den Gewalterfahrungen einem hilflosen Gefühl existentieller Verlassenheit ausgesetzt. Die traumatischen Erinnerungsspuren mitsamt den dazugehörigen Affekten und Impulsen wurden in ihrem aktuellen Erleben virulent und setzten sich auch im Enactment in Szene.

Aber immerhin war Frau K. sogar in ihrer Demenzerkrankung noch in der Lage gewesen, sich mit einer Mitbewohnerin anzufreunden. Zu dieser Fähigkeit hatten sicher auch die guten Erfahrungen im Umgang mit den Pferden, die gute Zeit bei den Großeltern und auch die Erfahrungen von Hilfe, die sie in ihrer Not erhalten hatte, beigetragen.

Da ihr aber im Zerfallsprozess des Sterbens die tröstende Funktion eines Übergangsobjekts fehlte, war sie auf die konkrete Anwesenheit eines guten Objekts angewiesen, das sie wie ein Selbstobjekt benutzen konnte. Sie benötigte einen Menschen zur Ergänzung ihrer selbst, der ihr einen basalen leib-seelischen Halt vermittelte. Wenn wir nun den Entstehungszeitpunkt ihrer Symptombildung betrachten, dann liegt die Vermutung nahe, dass ihre Freundin diese Funktion für sie erfüllt hatte. Die Schreie hatten für Frau K. insofern eine doppelte Funktion: Sie machte sich damit ihrer verstorbenen Freundin auf einer konkreten Ebene gleich und versuchte auf diese Weise, die Trennung von ihr ungeschehen zu machen. Gleichzeitig errichtete sie wie ihre Freundin mit ihren stereotypen Schreien eine Grenze (nach Ogden eine zweite Haut, nach Bion einen Beta-Schirm), mit deren Hilfe sie ihre subjektive Identität anstelle ihrer bisherigen Bewältigungs- und Abwehrstrategien zu retten versuchte. Sie zeigte damit gleichzeitig das Undenkbare in ihrem Leben an.

In dieser Situation half in einem Zwischenschritt die Szene mit der musikalischen Improvisation. In dem Moment, in dem uns beide die zarte Musik einlullte und ich die damit verbundenen ambivalenten Gefühle aushielt, konnte Frau K. ruhiger werden, weil sie sich nun einerseits von mir als getrennt erleben konnte. Mit der Musik entstand ein Drittes zwischen uns und schützte uns vor zu viel Nähe. Andererseits aber war sie dadurch auch mit mir verbunden, denn Frau K. konnte sich in der Gestaltung der Musik auf einer sinnlichen Ebene von mir verstanden und gehalten fühlen. Die Szene mit der bruchstückhaften und immer wieder vom Geschrei unterbrochenen Improvisation brachte ihr unsicheres und vom Zerfall bedrohtes Selbstgefühl zum Ausdruck. Sie berührte sie zart, ohne sie anzufassen, und sie war fragmentiert. Damit aber kam ich wieder wie eine frühe Mutter in die Rolle eines hinreichend guten und haltenden Selbstobjekts. Frau K. konnte sich entspannen und aufhören zu krächzen. Aber nicht nur sie brauchte in dieser Situation das Gefühl, gehalten zu sein. Auch die Nachbarin war bedürftig.

An dieser Stelle möchte ich zu einer Hypothese über die merkwürdige Schreiübernahme in dieser Wohngruppe gelangen.

16.4 Hypothese

Die Symptomübernahme verweist auf die prekäre Situation und einen grundsätzlichen Bedarf von hochgradig dementen Menschen. Wegen des Verlusts des Sprachsymbolischen und der zunehmend primärprozesshaften Kommunikation ist ihr Identitätsgefühl in jedem Fall in einem sensiblen Zustand. Diese Situation lädt zu Verwicklungen ein, so dass sich schnell und spontan ein Gruppenunbewusstes Gehör verschaffen kann. Es kann sich auf unterschiedlichen Ebenen inszenieren:

Zum einen betrifft seine Inszenierung die Mitpatienten. Die regressiven Prozesse, die sich in den hochgradig Dementen und in ihren Interaktionen abspielen, machen in jedem Fall angewiesen auf Halt. Wenn genügend gute Erinnerungsspuren in einem basalen leib-seelischen Bereich vorhanden sind, genügen Übergangsphänomene, die ein Gefühl von Halt vermitteln können. Hierzu können in unterschiedlichen Formen die Bezugspersonen mit einer der Situation der Dementen angepassten Reaktionsbereitschaft beitragen. Musik kann dabei zu einem wunderbaren Medium werden. Hochgradig demente Menschen können sich in Frieden von dieser Welt verabschieden. Wenn diese Halt gebenden Bedingungen aber aus unterschiedlichen Gründen nicht ausreichend vorhanden sind, dann kann es dazu kommen, dass ein dementer Mensch den Halt bei einem konkreten anderen Menschen sucht, den er als Ergänzung seiner Selbst, als Selbstobjekt benutzen kann. Hierzu kann auch eine Mitbewohnerin dienen. Aber der Mangel an sicherer, abgegrenzter Identität, der zusammen mit dem Verlust des Sprachsymbolischen mit dieser Situation verbunden ist, öffnet jetzt für das, was in anderen vorgeht, ohne die Möglichkeit, zwischen dem eigenen und dem fremden Erleben unterscheiden zu können. Da bei ungenügender früher Bemutterung oder bei schweren reaktivierten Traumatisierungen viele Erinnerungsspuren nicht einmal in Übergangsphänomenen symbolisch aufgehoben sind und damit der Sicherung der eigenen Identität dienen, bleiben sie dem Subjekt fremd. Diesen fremd gebliebenen Erinnerungsspuren wohnt ein regressives Potential inne. Sie unterliegen im Individuum und in seinen Interaktionen einem Sog ins Negative, Nicht-Symbolische. Auf diese Weise können Erinnerungsspuren der Mitglieder einer Gruppe, die sich in ihrer Struktur ähneln, miteinander *verkleben* (mit Bion ließe sich hier von einem Beta-Schirm der Gruppe sprechen). Es entsteht eine gemeinsame Tendenz ins Konkretistische. Vergleichbar mag das – mit Einschränkungen – sein mit instinktgeleiteten Gruppenphänomenen bei Tieren. Die nicht symbolischen Erinnerungsspuren schließen sich zu einer gemeinsamen unbewussten Gruppenfantasie zusammen und bleiben weiterhin virulent. Das Gruppenunbewusste, das sich in dieser Wohngruppe so Gehör verschaffte, war angefüllt mit archaischer Angst und Hilflosigkeit angesichts eines drohenden Identitätsverlusts im Sterben.

Der zweite Aspekt der Verwicklungen betrifft die Bezugspersonen, also Angehörige, Pflegekräfte, Therapeuten, Ärzte. Da die alten dementen Menschen zunehmend von fremder Hilfe abhängig werden, besteht die Gefahr, dass auch diese in die regressiven Prozesse verwickelt werden. Die Notwendigkeit zur Übernahme von Ich-Funktionen erzwingt eine Nähe, die eine Tendenz hervorruft, die Bezugspersonen in die Inszenierungen der hochgradig dementen Menschen mit einzubeziehen. Auch dies erzeugt Angst. In einem gerontopsychiatrischen Behandlungsteam sagte mir einmal eine Mitarbeiterin: »Wer die versteht, wird selbst verrückt!« Gegen diese Angst können sich in Organisationen Abwehrmechanismen bilden, die zwar die regressive Gefährdung bannen, aber andererseits nun wieder auf einer verschobenen Ebene im Enactment die Dilemmata der Dementen in Formen institutioneller Abwehr fortsetzen.

In meinem Beispiel war das nicht der Fall. Sowohl die Pflegenden als auch die Angehörigen von Frau K. konnten empathisch mit den Schrei-Situationen umgehen. Erkenntlich ist das schon daran, dass der Impuls zur Musiktherapie von der Sorge getragen wurde, die Schreie könnten Frau K. selbst schädigen. Ich erinnere jedoch eine andere Situation, in der die Schreie als Angriff auf die eigene therapeutische Kompetenz aufgefasst wurden, ein destruktiver Teufelskreis eine Schreipatientin in immer schwierigere Situationen brachte und das ganze Behandlungsteam zu spalten drohte. Ihre Schreie konnten nicht als verzweifelte Hilferufe verstanden werden, die der Rettung ihrer subjektiven Identität dienen sollten. Vielmehr wiederholten sich nun die Abwehrkonfigurationen ihrer individuellen Psychodynamik im Behandlungsteam.

Glücklicherweise gibt es die Möglichkeit, auch an dieser Stelle hilfreich einzugreifen. Ich verweise auf ein Fallbeispiel von Johannes Kipp (1994). Er schildert, wie eine Schreipatientin die ganze Station in Aufruhr versetzte, so dass die Pflegenden der Frau die *Ruhe auf dem Friedhof* wünschten. Sie hörte mit dem Geschrei auf, nachdem ihre Todesangst in der Teambesprechung verstanden worden war.

Literatur

Bion W (1962/1997) Lernen durch Erfahrung. Frankfurt a. M.: Suhrkamp.
Dehm-Gauwerky B (2005) Inszenierungen des Sterbens. Marburg: Tectum.
Ehlert-Balzer M (1996) Das Trauma als Objektbeziehung – Veränderungen der inneren Objektwelt durch schwere Traumatisierungen im Erwachsenenalter. Forum Psychanal 12: 291–314.
Fonagy P, Target M (2002) Neubewertung der Entwicklung der Affektregulation vor dem Hintergrund von Winnicotts Konzept des falschen Selbst. Psyche 56: 839–8762.
Kipp J, Jüngling G (1994) Verstehender Umgang mit alten Menschen. Frankfurt a. M.: Fischer.
Leikert S (2011) Die kinästhetische Semantik. Psyche 65: 409–438.
Leikert S, Scharff J (2013) Korrespondenzen und Resonanzen – Psychoanalyse und Musik im Dialog. Frankfurt a. M.: Brandes & Apsel.
Lorenzer A (1970a) Sprachzerstörung und Rekonstruktion. Frankfurt a. M.: Suhrkamp.
Lorenzer A (1970b) Kritik des psychoanalytischen Symbolbegriffs. Frankfurt a. M.: Suhrkamp.
Lorenzer A (1983) Sprache, Lebenspraxis und szenisches Verstehen in der psychoanalytischen Therapie. Psyche 37: 97–115.
Niedecken D (1988) Einsätze. Hamburg: VSA-Verlag.
Ogden TH (1994) The concept of interpretive action. Psychoanal. Quart. LXIII: 219–243.
Ogden TH (1995/2000) Frühe Formen des Erlebens. Wien, New York: Springer-Verlag.
Winnicott DW (1971) Vom Spiel zur Kreativität. Stuttgart: Klett-Cotta.

17 Atmosphären therapeutisch gestalten – Musiktherapie als ästhetische Arbeit im Bereich Demenz

Jan Sonntag

Musik leistet einen wertvollen Beitrag in der Begleitung von Menschen mit Demenz. Der Neurologe und Bestsellerautor Oliver Sacks behauptet, für die Betroffenen »ist Musik kein Luxus, sondern eine Notwendigkeit und besitzt die einzigartige Macht, ihr Selbst für sie und für andere wiederherzustellen – zumindest eine Zeitlang« (Sacks 2008, S. 377). Die Deutsche Alzheimer Gesellschaft spricht – viel zitiert – von Musik als »Königsweg« im Umgang mit Demenzbetroffenen (DAG 2002, S. 66), und viele Praktiker aus Pflege und Therapie bestätigen: Mit Musik geht vieles – und geht es vielen – besser. In professioneller Musiktherapie wird dieser Befund zur Grundlage reflektierter und gekonnter musikalischer Begleitung Demenzbetroffener. Und auch die Wissenschaft liefert Evidenzen: Demenz ist seit einigen Jahren der größte Bereich musiktherapeutischer Forschung.

In vorliegendem Beitrag wird im Anschluss an allgemeine Informationen zur Musiktherapie bei Demenzen eine spezifische, an Atmosphären orientierte Konzeption therapeutischer Arbeit am Beispiel der Musiktherapie vorgestellt. Dabei bilden Atmosphären einen *Verstehenszugang* zu dem Sinngefüge Demenz-Musik-Therapie und wirken sich *handlungsleitend* auf die therapeutische Praxis aus. Musiktherapie wird in dieser Konzeption im Sinne des Philosophen Gernot Böhmes als *ästhetische Arbeit*, d. h. die bewusste und gekonnte Einflussnahme auf Atmosphären als den Menschen tief und existentiell berührende »Gefühlsmächte« verstanden.

17.1 Musiktherapie allgemein und bei Demenzen

Der Begriff Musiktherapie bündelt eine Vielzahl von Interventions- und Behandlungskonzepten, bei denen Musik – neben Gesprächen und anderem – eine zentrale Rolle spielt. Je nach Konzeption, Klientel und Menschenbild ist der Musikbegriff so unterschiedlich wie das Vorgehen und die Zielsetzungen. Im Unterschied zu manchen anderen Verwendungsformen von Musik (etwa sog. Klangmassagen, Musikgeragogik, Musik in der Altenpflege) findet Musiktherapie immer im Rahmen einer *therapeutischen Beziehung* statt und zählt zu denjenigen Interventionsformen, »die ihrem Wesen nach als psychotherapeutische zu charakterisieren sind, in Abgrenzung zu pharmakologischer und physikalischer Therapie« (BAG 1998, S. 1). Die Deutsche Musiktherapeutische Gesellschaft definiert Musiktherapie wie folgt:

> »Musiktherapie ist der gezielte Einsatz von Musik im Rahmen der therapeutischen Beziehung zur Wiederherstellung, Erhaltung und Förderung seelischer, körperlicher und geistiger Gesundheit.
>
> Musiktherapie ist eine praxisorientierte Wissenschaftsdisziplin, die in enger Wechselwirkung zu verschiedenen Wissenschaftsbereichen

steht, insbesondere der Medizin, den Gesellschaftswissenschaften, der Psychologie, der Musikwissenschaft und der Pädagogik« (DMtG).

Mehrere in Deutschland seit etwa 30 Jahren etablierte Hochschulstudiengänge bieten akademische Abschlüsse auf Bachelor- und Master-Niveau. Es existiert eine Infrastruktur von Berufsorganisationen sowie eine umfangreiche Fachliteratur.

Die Altenarbeit im Allgemeinen und insbesondere die Arbeit mit Menschen mit Demenz werden von der Musiktherapie erst in jüngerer Zeit beachtet und nun zunehmend theoretisch und praktisch entwickelt. Bis in die 1990er Jahre hinein findet sich kaum nennenswerte Literatur zu dem Thema. Einer ersten Monografie von Bright (aus dem Australischen 1984) folgte im deutschsprachigen Raum erst fast 15 Jahre später eine Überblicksarbeit von Grümme (1998). Bis zum Erscheinen einer weiteren Monografie (Muthesius et al. 2010) sollte es noch einmal 12 Jahre dauern. Autoren wie Aldridge (2003), Smeijsters (1997), Vink et al. (2004) und Gerdner (2005) gebührt die Anerkennung für Reviews vieler der frühen Arbeiten. Eine evaluative Literaturstudie liegt mit Sutter (2010) vor und eine Zusammenfassung hervorstechender Wirksamkeitsstudien gibt Wosch (2011, S. 24 ff.). Wosch versucht zudem erstmals eine etwas weitreichendere Definition von Musiktherapie bei Demenzen:

> »Musiktherapie bei Demenz ist eine Zusammenarbeit zwischen Klient und Therapeut zur Förderung des Demenzbetroffenen in allen seinen physischen, psychischen und sozialen Ressourcen, welche unter Einbeziehung aller Erscheinungsformen des Musikerlebens sowohl wissensbasiert zielgerichtet als auch gemeinsam erkundend erreicht werden« (Wosch 2011, S. 23).

Standardisierte Untersuchungen mit dem Nachweis signifikanter Effekte sind eine wichtige Argumentationshilfe für die Anerkennung von Musiktherapie im Gesundheitswesen. Eine Studie von Raglio et al. (2008) erfüllt die Anforderungen an den Evidenzgrad Ib nach der Cochrane-Skala und führte 2009 zur Aufnahme der Musiktherapie in die S3-Leitlinien für Demenz. Als nachgewiesene Effekte der Musiktherapie bei Demenzen gelten (vgl. Wosch 2011, S. 24):

Signifikante Reduktion von:	Signifikate Verbesserung von:
• Agitiertheit	• Aktivität
• Angst	• Empathie
• Depressivität	• Bedürfniserfüllung
• Apathie	• Zufriedenheit der Pflege
• Desorientiertheit	
• Schlafstörungen	

Wirksamkeitsstudien zeigen aufgrund ihrer reduktionistischen Anlage häufig einen Mangel an klinischer Validität und konzeptioneller Aussagekraft. Deshalb werden sie durch umfassendere konzeptionelle und praxisbezogene Untersuchungen ergänzt. Als erste Arbeiten im deutschsprachigen Raum, die über den Radius experimenteller Studien hinaus konzeptionelle Qualitäten aufweisen, können die anhand einer Zusammenschau von Diplomarbeitsergebnissen erstellte Konzeptarbeit von Tüpker (2001), die psychoanalytisch orientierte Arbeit von Dehm-Gauwerky (2006) sowie das genannte Grundlagenwerk von Muthesius et al. (2010) gelten. Das Desiderat konzeptioneller Arbeiten unter Berücksichtigung der mittlerweile umfangreichen praktischen Erfahrungen und der Ergebnisse wissenschaftlicher Studien führte schließlich zur Entwicklung einer weit umfassenden musiktherapeutischen Konzeption, die vorliegendem Beitrag zugrunde liegt[10] und auf die im Folgenden näher eingegangen werden soll.

---

10 Die Arbeit wurde im April 2013 als Dissertation vom Institut für Musiktherapie der Hochschule für Musik und Theater Hamburg angenommen und liegt in vollem Umfang unter dem Titel »Demenz und Atmosphäre. Musiktherapie als ästhetische Arbeit« bei Mabuse vor (Sonntag 2013).

17.2 Einführung in Atmosphärisches

»Wie die Welt für uns ist, das heißt, welcher Art unsere Beziehung zu ihr in jedem einzelnen Moment ist und wie wir uns in ihr befinden, erfahren wir nicht gegenständlich, sondern atmosphärisch« (Hauskeller 1995, S. 101).

Entwickelt wurde Atmosphäre als Erlebenskategorie in neuerer Phänomenologie[11] etwa durch Arbeiten des Kieler Philosophen Hermann Schmitz, aber besonders durch den Darmstädter Philosophen Gernot Böhme, der Atmosphäre zum Schlüsselbegriff seiner radikal auf sinnliches Erleben zurückgeführten Ästhetik ernannt hat (vgl. Böhme 1995). Bezeichnend für Böhmes Theorie ist ihre gute Zugänglichkeit für Anwendungsberufe, die in die Wahrnehmung und Gestaltung von Atmosphären involviert sind, z. B. Architekten, Designer oder Künstler. Deren Tätigkeit bezeichnet Böhme als »ästhetische Arbeit« (ebd., S. 24 f.), ein Begriff, der aufgrund seines Verweises auf sinnlich-affektives Tun und Erleben als Kennzeichen für die atmosphärebezogene Musiktherapie übernommen wurde.

Atmosphären bestimmen, wie man sich fühlt, dort, wo man sich befindet, indem sie die dingliche und soziale Umgebung in Bezug zum inneren Erleben setzen. Handelt es sich dabei in erster Linie um eine subjektive Erlebnisqualität, so kann durchaus intersubjektive Übereinstimmung entstehen, da sie sozial und von äußeren Umgebungen vermittelt wird. Wahrgenommen werden Atmosphären durch ein vorreflexives, alle Sinneseindrücke verschmelzendes gesamtsinnliches Gespür; erzeugt werden Atmosphären durch die Präsenz der Dinge, Menschen und Umgebungen. Als *amorphe Gefühlsmächte* – nach Schmitz räumlich, aber randlos ergossen, entfalten Atmosphären ihren vollen Wirkungsradius besonders vor, nach und außerhalb der Existenz des reflexiven Vermögens, gleichwohl sie auf jeden Menschen subtil einwirken.

Menschen mit intakter Kognitivität spüren Atmosphären vor allem als Übergangsphänomen, etwa beim Eintritt in den sakralen Raum einer Kirche. Kognitive Vorgänge jedoch schwächen den atmosphärischen Ersteindruck ab und verdrängen ihn. Menschen mit eingeschränkter Kognitivität erleben die Wirkungen von Atmosphären deshalb stärker und anhaltender. Aufgrund ihrer mangelnden Fähigkeit zur kognitiven Distanzierung sowie dem eingeschränkten Vermögen, gestaltend auf Atmosphären Einfluss zu nehmen, sind sie ihnen unmittelbar ausgesetzt. Insbesondere wenn unter dementiellem Einfluss Situationen im Takt weniger Minuten immer wieder neu erlebt werden, wird auch der Einfluss der Atmosphäre immer wieder neu erlebt. Das macht Menschen mit Demenz besonders verletzlich für schädliche, aber auch besonders rezeptiv für wohltuende Atmosphären. Zwanglose, entlastende und haltgebende Atmosphären müssen als Voraussetzung für das Gelingen psychosozialer Angebote an Menschen mit Demenz angesehen werden. Und Musik, so eine zentrale These der

---

11 Durch seine philosophische Einbettung erhält der atmosphärebezogene Ansatz eine gute interdisziplinäre Anschlussfähigkeit und wird in angrenzende Disziplinen wie Medizin, Psychologie und Pflegewissenschaften vermittelbar. So bestehen z. B. Verbindungen zu milieutherapeutischen (z. B. Wojnar 2007; Staack 2004) sowie leibphilosophisch beeinflussten (z. B. Fuchs 2010; Weidert 2007) Konzepten im Bereich Demenz. Auf musiktherapeutischem Gebiet findet die Theorie von Atmosphären bereits Eingang in Schnaufer (1997), Deuter (2005) und Weymann (2005). Teilaspekte stehen in inhaltlichem Bezug zu eigenen früheren Arbeiten (Sonntag 2003, 2005; Sonntag et al. 2008, 2011).

in diesem Beitrag vorgestellten Konzeption, kann wesentlich zu ihrer Erzeugung beitragen, da sie wie kein anderes Medium atmosphärische Qualitäten aufweist.

17.3 Eine wissenschaftlich fundierte Konzeption aus der Praxis

Der Praxiskontext, in dem der atmosphärebezogene Ansatz entwickelt wurde, war die sogenannte Besondere Stationäre Dementenbetreuung der Stadt Hamburg. Dabei handelt es sich um ein in den 1990er Jahren zunächst als Modellprojekt, später als Teil der kommunalen Regelversorgung entwickeltes Programm zu Betreuung mittel- bis hochgradig demenzbetroffener Pflegeheimbewohner, die mobil sind und ihre Umgebung durch bestimmte Verhaltensweisen herausfordern (vgl. BSGFV 2009). Die Besondere Stationäre Dementenbetreuung hat für einige Zeit die Entwicklung einer neuen Betreuungs- und Pflegekultur wesentlich geprägt und wurde in ihren Grundzügen von anderen Bundesländern übernommen.

Unter anderem zeichnet sich die Besondere Stationäre Dementenbetreuung durch den Einbezug von Musiktherapie in multiprofessionelle Betreuung aus. Der Autor dieses Beitrags ist seit 15 Jahren als Therapeut u. a. in Einrichtungen dieses Betreuungsprogramms tätig, durfte die Musiktherapie in ca. 20 Pflegeheimen organisatorisch und konzeptionell entwickeln und hat die Praxiserfahrungen eines großen musiktherapeutischen Teams qualitativ ausgewertet. Der atmosphärebezogene Ansatz, der durch seinen Ursprung in therapeutischer Praxis einen hohen Anwendungsbezug hat, ist Ergebnis dieser Auswertung (s. Fußnote 10, S. 162).

Eine Besonderheit der Musiktherapie im Kontext der Besonderen Stationären Dementenbetreuung ist die Arbeit im *offenen Setting* oder: *mitten im Leben* dementer Menschen. Diese Bezeichnung verweist auf die alltagsnahe Verortung einer Musiktherapie, die der Komplexität und Kontingenz ganz normaler Lebenszusammenhänge Rechnung trägt. Sie markiert einen egalitären, auf Partizipation und Inklusion ausgerichteten Standpunkt und spiegelt die subjektiv empfundene Realität von Menschen mit Demenz wider, die sich nicht selten jung und dynamisch – eben in der Mitte ihres Lebens – fühlen. Hierzu ein Beispiel:

> Ich befinde mich in einem allen Bewohnern eines stationären Wohnbereichs für mittel- bis schwer demente Menschen zugänglichen Raum und sitze über Patientenunterlagen gebeugt, als Herr G. zur Tür hereinkommt. Er scheint mich nicht zu bemerken, wirkt verärgert und beginnt, mit großem körperlichen Einsatz Tische und Stühle um- und übereinander zu stellen. Dabei schimpft er in unverständlicher Sprache vor sich hin, die doch zumindest eines deutlich vermittelt: seinen Ärger. Von seiner Tochter weiß ich, dass er Tischlermeister war, und habe die Phantasie, dass er sich in seiner Werkstatt wähnt, die er in großer Unordnung vorgefunden hat. Vielleicht haben die Lehrlinge wieder nicht aufgeräumt. Vielleicht denkt er: Muss man denn alles selber machen?!
>
> Zunächst sehe ich keine Notwendigkeit, mich einzumischen, scheint Herr G. doch einfach einen ganz normalen Teil seines Lebens zu reinszenieren, eine ganz vertraute Rolle

auszuleben. Zunehmend jedoch scheint er sich in die Situation zu verbeißen, wirkt verzweifelt: So sehr er sich auch bemüht, eine Ordnung will sich einfach nicht einstellen! Ich möchte ihm meine Begleitung anbieten, um ihm bei der Regulation seines Affekts behilflich zu sein, weiß aber, dass er mich nicht verstehen würde, wenn ich mich mit Worten an ihn wenden würde. Anstatt ihn also anzusprechen, setze ich mich ans Klavier und nehme seine Affektäußerungen in einer Improvisation musikalisch auf. Er stutzt, hält inne und setzt seine Vokalisationen dann zu meinem Klavierspiel fort. Allmählich gleichen wir uns in Dynamik, Tonhöhe und Phrasierungen einander an und es entsteht ein sinnlich-affektiver Dialog, währenddessen sich die Stimmung von Herrn G. deutlich aufhellt. Die Improvisation dauert eine gute Viertelstunde und wandert durch unterschiedliche Stimmungslagen, bis Her G. irgendwann, spürbar ruhiger und fast vergnügt, den Raum durch die offene Tür verlässt und seines Weges geht.

17.4 Atmosphäre als Verstehenszugang

In Resonanz mit der Erfahrungswelt musiktherapeutischer Praxis bietet die Perspektive von Atmosphären *einen* möglichen Zugang zu den zentralen Phänomenen *Demenz*, *Musik* und *Therapie* und erlaubt, sie miteinander in Beziehung zu setzen.

17.4.1 Atmosphären im Leben und Erleben Demenzbetroffener

Demenz wird verstanden als eine Form zu altern, die den Betroffenen bei abnehmenden kognitiven Fähigkeiten zunehmend rezeptiv für Atmosphären werden lässt. Das liegt in den schwindenden Fähigkeiten und Möglichkeiten zur Umweltgestaltung ebenso begründet wie in dem nachlassenden Vermögen, sich kognitiv von atmosphärischen Wirkungen zu distanzieren. Erfasst den Betroffenen etwa eine vorübergehende atmosphärische Kühle, so ist er nicht in der Lage zu denken: »Das geht vorbei und danach wird es wieder warm«. Dadurch werden die Betroffenen besonders vulnerabel in Bezug auf schädliche, maligne Atmosphären, jedoch gleichzeitig empfänglich für wohltuende, benigne Atmosphären und bewahren ihren Sinn für sinnlich Berührendes. So schreibt die ehemalige Bundesfamilienministerin Ursula von der Leyen zutreffend:

> »Worte schwinden, die Namen, Orte und Zusammenhänge geraten in Vergessenheit. [...] Den Vogel, der singt, kann der früher so kundige Ornithologe schon lange nicht mehr benennen, aber dass es um ihn herum zwitschert, lässt ihn gleichwohl lächeln« (Leyen 2009, S. 15).

Die Konzentration auf leiblich gespürtes Befinden im Raum macht Menschen mit Demenz einerseits abhängig von der sorgenden Zuwendung begleitender Personen und ermöglicht ihnen andererseits das Wiederentdecken elementarer menschlicher Lebens- und Erlebensweisen. Mit dieser Auffassung geht ein Perspektivwechsel einher: Ausgehend vom Leben und Erleben der Betroffenen im gegebenen Kontext wird gleichsam ein verändertes Bild demenzieller Daseinsbedingungen entworfen, das im Kern ressourcen- und an sinnlicher Wahrnehmung orientiert ist. Aus atmosphärischer Sicht wird z. B. die veränderte Sprache vieler Demenzbetroffener nicht pathologisch (als Aphasie, Apraxie etc.), sondern ästhetisch betrachtet und entsprechend beantwortet. Maßstab ist dabei nicht die Sprachfunktion, sondern das Befinden des Betroffenen. Hierzu ein Beispiel:

> Herr M. ist nicht ansprechbar. Bei meiner Begrüßung in der Gruppe reagiert er mit keinem Wort, wirkt verschlossen und starr. Ich begrüße andere Anwesende und beginne mit der musiktherapeutischen Arbeit. Stimmungen im Raum aufnehmend und spiegelnd, spiele ich Musik und singe Lieder. Irgendwann im Verlauf der Gruppenstunde bemerke ich, wie Herr M. sich in seinem Stuhl aufgerichtet und den Blick auf mich gerichtet hat. Wie aus heiterem Himmel ruft er plötzlich das Wort »Sonnenstraße«. Ich wende mich ihm zu, versuche durch Fragen wie »Ist es nicht heute sonnig?!«, »Wissen Sie, dass ich Sonntag heiße?« und »Wohnen Sie dort?« die Bedeutungsumgebung des Wortes zu erkunden – ohne Erfolg. Doch ruft er das Wort »Sonnenstraße« noch einige Male und wirkt dabei freudig, strahlend. Es wiederholend, greife ich Ton- und Affektlage auf und schaue ihn dabei an. Herr M. wirkt begeistert, so dass wir im Folgenden, andere Bewohner mit unserer Freude anstecken, dieses einzige Wort in verschiedenen Ausdrucksweisen zelebrieren wie ein Fest.

Diese Szene zeigt, wie unter dem Einfluss der Musik bei dem Bewohner Erstarrtes wieder in Bewegung kommt, er sich aus einem reglosen, resonanzarmen Zustand befreit und schließlich »wie aus heiterem Himmel« am Geschehen teilhaben kann. Die persönliche Bedeutung des Wortes »Sonnenstraße« bleibt im Verborgenen, und es könnte ein ausnahmslos defizitäres Bild der Person entstehen, wenn ihr Wert allein an seiner Fähigkeit, sich sprachlich zu artikulieren, gemessen würde. In der Tat sind viele Begleiter von Menschen mit Demenz hilflos und überfordert, wenn Versuche verbaler Interaktion scheitern. Die Möglichkeit, ein einziges Wort als affektiv-sinnliche Gestalt aufzugreifen, fortzuführen und zu verwandeln, ist ein Hinweis darauf, wie atmosphärengeleitetes Vorgehen einen Erlebnisraum erzeugen kann, in dem auf ästhetischer Ebene Sinnzusammenhänge entstehen können, ohne dass Verlorenes als Verlust erlebt wird.

17.4.2 Musik als Atmosphäre

Musik wird verstanden als ein das Hören und Handeln als solche thematisierender Teil des Menschseins, der aufgrund seiner phänomenalen Ortlosigkeit als prototypisch atmosphärisch gelten kann. Bestimmte musikalische Formen und Konzepte (programmatisch: Ligetis »Atmosphère«, aber auch andere Werke sogenannter Neuer Musik und Klangkunst) thematisieren Atmosphären in besonderem Maße. Allerdings ist die Parallelisierung von Musik und Atmosphäre nicht an bestimmte Kompositionsregeln oder aufführungspraktische Rituale gebunden. Im Modus des Klangerlebens, einer Form der Wahrnehmung jenseits kognitiver Analyse, können jedes Geräusch und jede Tätigkeit atmosphärisch wirksam werden. Eine wichtige konzeptuelle Unterscheidung ist dabei, Musik nicht als Zeitkunst, sondern vielmehr als *Raumkunst* – ein Begriff Böhmes (u. a. 2005, S. 310) – zu verstehen. Durch Musik werden der umgebende Raum und darin die eigene Befindlichkeit sinnlich-affektiv erfahrbar. Mehr noch: Musik ist imstande, die Weise, wie sich der Mensch im Raum spürt, zu *modulieren* (vgl. Böhme 2005, S. 311). Wer atmosphärebezogen hört,

> »lässt sich hinaus in die Weite und kann deshalb von akustischen Ereignissen getroffen

werden. Liebliche Weisen mögen ihn entführen, Donnerschläge niederschlagen, sirrende Geräusche bedrohen, ein schneidender Ton verletzen. Hören ist ein Außer-sich-Sein, es kann gerade deshalb das beglückende Erlebnis sein zu spüren, dass man überhaupt in der Welt ist« (Böhme 2006, S. 82).

Vor dem Hintergrund dieses Verständnisses kann Musik dazu dienen, Atmosphären therapeutisch zu gestalten.

17.4.3 Therapeutische Atmosphären

Atmosphären haben nicht per se therapeutischen Wert. Maligne und benigne Atmosphären entstehen in der Regel unabhängig von gezielter oder beabsichtigter Einflussnahme im Verborgenen der subtil wirkenden Gesamtheit von Lebensäußerungen in Verbindung mit der materiellen Umgebung. *Therapie* wird deshalb verstanden als eine Möglichkeit bewusster und gekonnter Mitgestaltung von Atmosphären, mittels derer kognitiv schwer beeinträchtigten Menschen eine ebenso haltgebende wie sinnlich-affektiv anregende Umgebung geschaffen wird. Diesen Sachverhalt fasst das Konzept der *Therapeutischen Atmosphären*, mittels dessen Qualitäten und Funktionen von Atmosphären bezeichnet sind, die sie aufweisen müssen, um als therapeutisch wirksam gelten zu können. Therapeutische Atmosphären werden definiert als *Kategorie basalen Wohlbefindens*: ein resonanzgebender Raum, der ermöglicht, sich ohne Handlungs- und emotionalen Druck in spürbarer Anwesenheit anderer selbst zu spüren und wohlzubefinden. Wichtige Merkmale Therapeutischer Atmosphären (TA, vgl. Sonntag 2013, Kap. 5.3.5):

- TA sind ummantelnd.
- TA bergen Unverstandenes und Angedeutetes.
- TA sind dezent.
- TA ermöglichen gemeinsames Anwesendsein.
- TA sind einladend.
- TA sind verbindend.
- TA sind freundlich.
- TA sind ausgleichend.
- TA sind entlastend.

Wie die Perspektive von Atmosphären sich in Therapeutensicht und Therapeutenverhalten zeigt und wie das Auftauchen von elementarem Selbst- und Weltbezug das Ergebnis eines von Suchen und Tasten geprägten therapeutischen Prozesses sein kann, soll die Schilderung des Beginns einer Gruppenmusiktherapie veranschaulichen:

> Den Tagesraum betretend, werde ich von einer Atmosphäre der Kontakt- und Leblosigkeit überwältigt. Zwei Bewohnerinnen sitzen nebeneinander am Tisch und starren vor sich hin. Eine weitere ist in ihrem Rollstuhl eingeschlafen. Eine vierte dreht den Kopf in meine Richtung und sieht mich mit leeren Augen an. Und schließlich sitzt an einem kleinen Tisch in der Ecke eine Frau, die leise, aber beständig ein klagendes Stöhnen von sich gibt. Meine Begrüßung, das Zeigen der Gitarre, Erklärungen zur bevorstehenden musikalischen Stunde werden mit Befremden, Unverständnis und ängstlichen Blicken beantwortet. Mich innerlich von dieser Stimmung distanzierend, setze ich mich an den Tisch und spiele einige arpeggierte Akkorde. Sie verhallen im Nichts. Ich fasse mir ein Herz und singe ein »Kontaktlied«: »Wenn alle Brünnlein fließen«. Gewohnheitsmäßiges Mitsingen, wie von Automaten. Keine affektive Beteiligung. Das Lied geht lang und über die fünf Strophen verändert sich allmählich die Stimmung – ein wenig. Blickkontakte, ein Augenzwinkern. Anschließend fällt die Stimmung wieder jäh ab. Warten, dumpfes Starren. Keine Erwartung, keine Wünsche, keine Impulse sind spürbar. Ich schlage ein wei-

teres Lied vor: »Lustig ist das Zigeunerleben«, das Lieblingslied der potentiell kommunikativsten Bewohnerin. In dieser Situation wirkt es mit seinem lebhaften Walzertakt und seinen Stimmungsappellen grotesk. Es wird mitgesungen und ... verebbt. Dazwischen einige lebensgeschichtliche Anspielungen: »Das ist doch ihr Lieblingslied« ... durchhalten. Die Atmosphäre weiter nähren, Kontaktangebote machen. Nach dem nächsten Lied fällt die Stimmung nicht mehr so tief in den Abgrund, sondern hält ein wenig. Eine Erinnerung taucht auf: »Meine Eltern haben eine Wohnung in Hamburg ...«. »Mein Vater ist beim Werkschutz«. Übergänge werden geschaffen, kleine Anfänge intensiviert. Allmählich gewinnt die Gruppe Kontur. Zarte Kontaktmuster knüpfen sich. Ein Lied wird wiederholt, schön gefunden. Die Aufmerksamkeit untereinander steigt. »An der Saale hellem Strande« schafft die Verwandlung. Ich trage es vor, elegisch in die Landschaft der Burgruinen hinein singend, alle Strophen. In meiner Phantasie bilden die Ruinen, durch die der Wind weht, eine Allegorie zu den dementen Gehirnen, durch die auch der Wind wehen könnte. »Zwar die Ritter sind verschwunden, ... doch dem Wandersmann erscheinen in den altbemoosten Steinen Gestalten zart und mild«. Die Bewohner werden für mich zu den zarten, milden Gestalten, ich fühle mit ihnen, spüre Zuneigung. Nach dem Lied sind die meisten im Raum sehr ergriffen. Wie ein Pegelstand hat sich das Gefühlige im Raum gehoben und bildet jetzt ein Niveau, das weiter behandelt und in dem weiter gehandelt werden kann. Die Gruppe ist erschienen.

17.5 Atmosphäre als handlungsleitendes Konzept

Neben der theoretischen Ebene des Verstehens von Demenz, Musik und Therapie dient Atmosphäre als handlungsleitendes Konzept, dessen pragmatische Aspekte personen- und milieubezogen entwickelt worden sind. Hier fächert sich das Konzept der Therapeutischen Atmosphären auf in eine anwendungsbezogene Systematik für die therapeutische Praxis. Diese ist nicht auf die Beschreibung therapeutischer Techniken oder Interventionsformen beschränkt, sondern berücksichtigt, dass therapeutische Methoden (Handlungsweisen) immer in Abhängigkeit vom Setting (Handlungsrahmen), auf der Grundlage ethisch begründeter Haltungen (Handlungsgründen) und ausgerichtet nach bestimmten Prinzipien (Handlungsrichtlinien) vollzogen werden.

In Sonntag (2013) ist dieses Modell facettenreich ausgeführt und mit Fallmaterial belegt – hier sind die zentralen Begriffe in Abbildung 17.1 grafisch zusammengefasst.

Einige der Begriffe stehen in einem polaren Verhältnis zueinander. So ist die Haltung der Gelassenheit das Korrektiv zu einer in Überfürsorglichkeit entgleisenden Sorge. Umgekehrt verhindert die Haltung der Sorge, dass Gelassenheit sich zu Vernachlässigung steigert.

Wie die Begrifflichkeiten in Bezug zur therapeutischen Praxis stehen, wird in Tabelle 16.1 anschaulich, in der ich den drei oben geschilderten Fallbeispielen die jeweils dominierenden Aspekte zuordne.

Neben der hier skizzierten personenbezogenen Dimension atmosphärebezogener Praxis steht ein Vorgehen, das auf die Verbesserung der Umweltbedingungen von Bewohnern stationärer Einrichtungen ausgerichtet ist. Hier sind nicht direkt die betroffenen Personen Ziel der Interventionen,

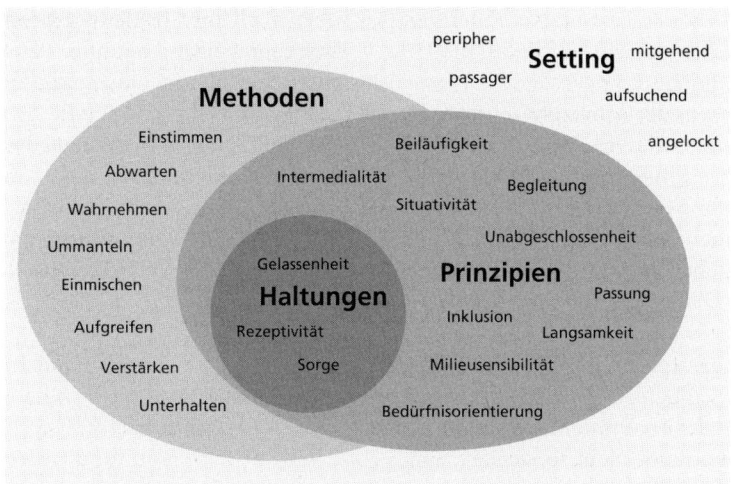

Abb. 17.1: Settings, Haltungen, Prinzipien, Methoden im Atmosphären-Ansatz

Tab. 17.1: Setting, Haltungen, Prinzipien, Methoden in Bezug auf die Fallbeispiele

	Herr G.	Herr M.	Gruppe
Setting	passager	aufsuchend	aufsuchend
Haltungen[12]	Rezeptivität Sorge Gelassenheit	Rezeptivität Sorge Gelassenheit	Rezeptivität Sorge Gelassenheit
Prinzipien	Beiläufigkeit Situativität Unabgeschlossenheit Begleitung Passung	Inklusion Intermedialität Unabgeschlossenheit Passung Situativität	Langsamkeit Begleitung Unabgeschlossenheit Milieusensibilität
Methoden	Abwarten Wahrnehmen Aufgreifen	Wahrnehmen Aufgreifen	Wahrnehmen Einmischen Aufgreifen Verstärken

sondern im milieutherapeutischen Sinne deren Wohn- und Pflegeumgebungen. Der Atmosphäre-Ansatz bietet auch in diesem Zusammenhang konzeptionelle Grundlagen und definiert handlungsleitende Einflussgrößen für die Gestaltung auditiver Milieus. Damit legt er das Fundament für einen reflektierten und gekonnten Umgang mit einem psychosozial hochwirksamen Bestandteil des sozialen Lebens. Mit dem Ziel, in institutionellen Räumen Wohnlichkeit und ästhetische Werthaltigkeit zu befördern, bietet die atmosphärebezogene Konzeption pragmatische Hinweise zur Qualität und Quantität von Geräuschen, zu Fragen der Raumakustik, zu akusti-

---

12 Da die Haltungen gegenüber den Settingzugängen, Prinzipien und Methoden grundsätzlicher Natur sind, sind stets alle drei genannt.

schen Aspekten des Personalverhaltens sowie zum Einsatz von Musik (Sonntag 2013, Kap. 6.2).

Die Sorge um die Atmosphäre unter Berücksichtigung auditiver Aspekte ist in vielen stationären Einrichtungen Zukunftsmusik. Sowohl in psychosozialen Zusammenhängen als auch im Hinblick auf die Milieugestaltung stehen wichtige Veränderungen noch aus. Demenzbetroffene Bewohner, aber auch ihre Begleitpersonen aus Pflege, Betreuung und Therapie, haben unter ästhetischer Vernachlässigung zu leiden und reagieren nicht selten mit Stress und gesundheitlichen Problemen. Eine abschließende Schilderung soll zeigen, wie aus Ruhe und der Möglichkeit zu zwangloser Begegnung Wohlbefinden resultieren kann – hier am Beispiel der Verfügbarkeit von architektonischen Nischen:

> In einer abgelegenen Nische des Wohnbereiches steht ein kleines Sofa, der Lieblingsplatz von Frau S. Mich zu ihr setzend, entsteht folgender kleiner Dialog:
> Frau S.: »Ich sitze immer hier, das ist schön.«
> Ich: »Da kommen nicht so viele.«
> Frau S.: »So still ist es.«
> Ich: »Man kann hören, was andere tun, aber man wird in Ruhe gelassen.«
> Frau S.: »Da hinten muss man immer schlabbel und dabbel machen.«

Die Neologismen in der letzten Aussage der Bewohnerin erinnern an das Wort »sabbeln«. Durch sie drückt Frau S. wahrscheinlich die emotionalen Anforderungen des sozialen Lebens im großen Gemeinschaftsraum aus. Was in der Kommunikation orientierter Menschen vorausgesetzt wird, nämlich die Fähigkeit, sich in eine entspannte, regulierte Grundverfassung zu bringen, ist in der Begleitung schwer Demenzbetroffener häufig alleiniges Ziel therapeutischer Bemühungen.

17.6 Schluss

Die Perspektive von Atmosphären steht für eine im Kern ästhetische Auffassung der Begleitung von Menschen mit Demenz, von der die Betroffenen als besonders atmosphäresensible Personen unmittelbar profitieren können. Die hier am Beispiel der Musiktherapie vorgestellte und in Sonntag (2013) detailliert elaborierte Konzeption ermöglicht das bewusste Einbeziehen von dinglichen und sozialen Umgebungen in die psychosoziale Arbeit und setzt sie in Beziehung zu subjektiven Befindlichkeiten. Dadurch entsteht eine lebendige, künstlerische, dabei gleichzeitig annehmende und anteilnehmende Sicht der Daseinsform Demenz sowie eine resonanzfähige, kreative Grundeinstellung im Umgang mit den Betroffenen. Als Konzeption aus der Praxis bietet der Ansatz sowohl professionellen Musiktherapeuten als auch Mitgliedern anderer (pflegerischer, medizinischer, therapeutischer) Professionen einen ressourcenorientierten Zugang zu Demenz und wirkt handlungsleitend in der beruflichen Praxis.

Literatur

Aldridge D (Hrsg.) (2003) Music therapy world. Musiktherapie in der Behandlung von Demenz. Norderstedt: Books on demand GmbH.

BAG (Bundesarbeitsgemeinschaft Musiktherapie) (1998) Kasseler Thesen zur Musiktherapie. (http://www.musiktherapie.de/fileadmin/user_upload/medien/pdf/Kasseler_Thesen_zur_Musiktherapie.pdf, Zugriff am 07.07.2014).

BSGFV (Behörde für Soziales, Gesundheit, Familie und Verbraucherschutz Hamburg) (2009) Vereinbarung über die besondere stationäre Dementenbetreuung in Hamburg. (http://www.hamburg.de/contentblob/1587896/data/rv-de mentenbetreuung.pdf, Zugriff am 07.07.2014).

Böhme G (1995) Atmosphäre. Essays zur neuen Ästhetik. Frankfurt: Suhrkamp.

Böhme G (2005) Die Musik modifiziert das Gefühl, im Raum zu sein. Ein Gespräch mit Gernot Böhme. Musiktherapeutische Umschau, Themenheft Atmosphären 26(3): 307–313.

Böhme G (2006) Architektur und Atmosphäre. München: Fink.

Bright R (1984) Musiktherapie in der Altenhilfe. Praxis der Musiktherapie. Bd. 4. Stuttgart: Fischer.

DAG (Deutsche Alzheimer Gesellschaft) (Hrsg.) (2002) Mit Musik Demenzkranke begleiten. Praxisreihe der Deutschen Alzheimer Gesellschaft e.V. Bd. 3. Berlin: Deutsche Alzheimer-Gesellschaft.

DMtG (Deutsche Musiktherapeutische Gesellschaft) Definition Musiktherapie. (http://www.musiktherapie.de/index.php?id=18, Zugriff am 07.07.2014).

Dehm-Gauwerky B (2006) Inszenierungen des Sterbens – innere und äußere Wirklichkeiten im Übergang. Eine psychoanalytische Studie über den Prozess des Sterbens anhand der musiktherapeutischen Praxis mit altersdementen Menschen. Kulturanalysen Bd. 3. Marburg: Tectum.

Deuter M (2005) Atmosphären – Wahrnehmungseinstellungen und Wirkungen in der musiktherapeutischen Behandlung. Musiktherapeutische Umschau, Themenheft Atmosphären 26(3): 222–235.

Fuchs T (2010) Das Leibgedächtnis der Demenz. In: Kruse A. (Hrsg.) Lebensqualität bei Demenz. Zum gesellschaftlichen und individuellen Umgang mit einer Grenzsituation im Alter. Heidelberg: Akademische Verlagsgesellschaft. S. 231–242.

Gerdner L (2005) Music, Art, and Recreational Therapies in the Treatment of Behavioral and Psychological Symptoms of Dementia. In: International Psychogeriatrics 12(1): 359–366.

Grümme R (1998) Situation und Perspektiven der Musiktherapie mit dementiell Erkrankten. Regensburg: Transfer.

Hauskeller M (1995) Atmosphären erleben. Philosophische Untersuchungen zu Sinneswahrnehmung. Berlin: Akademie-Verlag

Leyen Uvd (2009) Vom Glück, die Vögel zwitschern zu hören. Die Zeit 12/2009: 15.

Muthesius D, Sonntag J, Warme B, Falk M (2010) Musik – Demenz – Begegnung. Musiktherapie für Menschen mit Demenz. Frankfurt: Mabuse.

Raglio A, Bellelli G, Traficante D, Gianotte M, Ubezio M, Villani D, Trabucchi M (2008) Efficacy of Music Therapy in the Treatment of Behavioral and Psychiatric Symptoms of Dementia. Alzheimer Dis Disord 2: 158–162.

Sacks O (2008) Der einarmige Pianist. Über Musik und das Gehirn. Reinbek: Rowohlt.

Schnaufer M (1997) Stimmungen. Arbeit mit Atmosphären in der integrativen Musiktherapie. In: Müller L, Petzold H (Hrsg.) Musiktherapie in der klinischen Arbeit. Integrative Modelle und Methoden. Stuttgart: Fischer. S. 91–112.

Smeijsters H (1997) Musiktherapie bei Alzheimerpatienten. Eine Meta-Analyse von Forschungsergebnissen. Musiktherapeutische Umschau 18(4): 268–283.

Sonntag J (2003) Klanglandschaft Pflegeheim. Das akustische Milieu stationärer Dementenbetreuung. Dr. med. Mabuse, Zeitschrift im Gesundheitswesen 144: 48–50.

Sonntag J (2005) Akustische Lebensräume in Hörweite der Musiktherapie. Das Ambiente stationärer Betreuung von Menschen mit Demenz. Musiktherapeutische Umschau, Themenheft Atmosphären 26(3): 263–274.

Sonntag J, Brixel M, Trikojat-Klein S (2008) Momente des Auftauchens. Musiktherapeutische Reflexionen zu Apathie bei Menschen mit Demenz. Musiktherapeutische Umschau 29(4): 325–336.

Sonntag J, Muthesius D, Ganß M, Gundudis K, Hagedorn M (2011) Interkünstlerische Arbeit in der Begleitung von Menschen mit Demenz. Musiktherapeutische Umschau 32(3): 219–233.

Sonntag J (2013) Demenz und Atmosphäre. Musiktherapie als ästhetische Arbeit. Frankfurt: Mabuse.

Staack S (2004) Milieutherapie. Ein Konzept zur Betreuung demenziell Erkrankter. Hannover: Vincentz.

Sutter R (2010) Behavioural and Psychological Symptoms of Dementia. Evaluative Literaturstudie zum Stand der Musiktherapieforschung. Theoriearbeit zur Erlangung des Titels Master of Advanced Studies in Klinischer Musiktherapie. https://www.zhdk.ch/fileadmin/data_subsites/data_wb-musiktherapie/Masterarbeiten/Masterarbeit_Rahel_Sutter.pdf (Zugriff am 11.07.2014).

Tüpker R (2001) Musiktherapeutische Konzepte mit alten Menschen. In: Tüpker R, Wickel H (Hrsg.) Musik bis ins hohe Alter. Fortführung, Neubeginn, Therapie. Münster: Lit. S. 143–155.

Vink A, Birks J, Bruinsma M, Scholten R (2004) Music therapy for people with dementia. Cochrane Database Syst. Rev., CD003477.

Weidert S (2007) Leiblichkeit in der Pflege von Menschen mit Demenz. Zum Umgang mit anspruchsvollen Pflegesituationen im Klinikalltag. Frankfurt: Mabuse.

Weymann E (2005) Atmosphäre. Ein Grundbegriff für die Musiktherapie. Musiktherapeutische Umschau, Themenheft Atmosphären 26(3): 236–249.

Wojnar J (2007) Die Welt der Demenzkranken. Leben im Augenblick. Hannover: Vincentz.

Wosch T (2011) Aktueller Stand der Musiktherapie bei Alter und Demenz. In: Wosch, T. (Hrsg.) Musik und Alter in Therapie und Pflege. Grundlagen, Institutionen und Praxis der Musiktherapie im Alter und bei Demenz. Stuttgart: Kohlhammer. S. 13–31.

18 Tanz-, Bewegungstherapie im Alter

Iris Bräuninger

> Es kommt nicht darauf an,
> dem Leben mehr Jahre zu geben,
> sondern den Jahren mehr Leben zu geben.
> (Alexis Carrel)

Unsere Gesellschaft vollzieht eine »beschleunigte demografische Alterung« (Bundesamt für Statistik 2008, S. 13) und die Altersgruppe der über 65-Jährigen nimmt stetig zu. In der Schweiz und Österreich wird der Anteil der unter 19-Jährigen bezogen auf die Gesamtbevölkerung zwischen 2010/2011 und 2060 voraussichtlich um etwa 2 % zurückgehen und der Anteil der 65-Jährigen und Älteren von 17 % auf etwa 28 % ansteigen (Bundesamt für Statistik 2010; Statistik Austria 2012). Für Deutschland gilt bis 2030 die Prognose:

> »In den Gruppen der Menschen im jüngeren und mittleren Alter wird die Bevölkerungszahl um über 10 Prozent zurückgehen. Dagegen wird die Gruppe der »jüngeren Alten« (65 bis 79 Jahre) um mehr als ein Viertel und die der 80-Jährigen und Älteren um mehr als die Hälfte zunehmen« (Bundesministerium des Inneren 2012, S. 29).

Zukünftig kann auf Grund der demografischen Entwicklung mit einer weitaus größeren Anzahl älterer Menschen in der Tanz-, Bewegungstherapie gerechnet werden. Vor diesem Hintergrund kommt der Praxis- und Theorieentwicklung und der Forschung zu Tanz-, Bewegungstherapie im Alter besondere Bedeutung zu.

In englischsprachigen Ländern wird der Begriff Dance Movement Therapy als der psychotherapeutische Gebrauch von Bewegung und Tanz definiert (ADTA 2013; DTAA 2013). Tanztherapie ist ein künstlerisches, körperorientiertes psychotherapeutisches Verfahren, das »auf dem Prinzip der Einheit und Wechselwirkung körperlicher, emotionaler, psychischer, kognitiver und sozialer Prozesse« beruht (BTD 2013). Eine einheitliche Definition der Bewegungstherapie existiert im deutschsprachigen Raum nicht, da sie als Oberbegriff für Sport-, Physio- und Körperpsychotherapie verwendet wird (Hölter 2011). Der Begriff Tanz-, Bewegungstherapie reflektiert diese unterschiedlichen Schwerpunkte und kann wie folgt definiert werden:

Tanz-, Bewegungstherapie ist ein tanz-, bewegungs- und körperorientiertes psychotherapeutisches Verfahren, das Tanz und Bewegung zur Integration von körperlichen, emotionalen, kognitiven und sozialen Prozessen einsetzt. Es fördert das Wohlbefinden und Selbst-Management und unterstützt die Anpassung an ein sich wandelndes Umfeld.

Studien konnten nachweisen, dass Tanz-, Bewegungstherapie die Gesundheit (Ritter und Low 1996; Cruz und Saber 1998) und Lebensqualität (Bräuninger 2012a, 2006) verbessert und Schmerzsymptome (Bojner Horwitz et al. 2003) und Stress (Bräuninger 2012b, 2006; Ho 2005) reduziert. Miteinander Tanzen vermittelt ein Gefühl der Freude und Zufriedenheit und aktiviert und stimuliert auf physischer, psychischer und spiritueller Ebene. Tanz-, Bewegungstherapie hebt Isolation auf (Hill 2009) und verbindet Menschen miteinander (Hamill et al. 2012). Sie kann präventiv, kurativ, rehabilitativ und prophylaktisch eingesetzt werden (Bräuninger und Bacigalupe, eingereicht) und bildet somit ein wichtiges Angebot für die Gesundheitsversorgung älterer und alter Menschen.

Dieses Kapitel bietet einen theoretischen Überblick zur Tanz-, Bewegungstherapie im Alter und dient der wissenschaftlichen Fundierung der evidenzbasierten Praxis. Neuste Studien zur Behandlung von Depression, Alzheimer-Erkrankung und anderen organischen, symptomatischen psychischen Störungen im Alter evaluieren die Wirksamkeit der Tanz-, Bewegungstherapie. Im Anschluss gewähren Beispiele Einblicke in die praktische Arbeit mit älteren und alten Menschen und stellen spezifische Interventionen dieser Arbeit vor. Die Erkenntnisse basieren auf Ergebnissen einer Online-Studie mit Expertinnenbefragung zu Tanz-, Bewegungstherapie im Alter.

18.1 Tanz-, Bewegungstherapie bei Depression und anderen affektiven Störungen im Alter

Depression ist die häufigste Ursache für verloren gegangene Jahre wegen Behinderung. Frauen tragen ein doppelt so hohes Risiko, an unipolarer Depression zu erkranken, wie Männer und Depression ist persistenter bei Frauen (WHO 2013) mit einem erhöhten Krankheitsrisiko im Alter. Depression zählt mit 7 % zu einer der häufigsten psychischen Störungen im Alter (Kinzl 2013). Wirksame Behandlungsansätze für ältere Menschen und insbesondere für Frauen sind eine dringende Notwendigkeit.

Studienergebnisse mit älteren depressiven Frauen konnten zeigen, dass Tanz-, Bewegungsinterventionen sich als signifikant positiv erwiesen, um Depression ($p = .000$) und Balance (rechtes Bein $p = .000$, linkes Bein $p = .004$) zu verbessern und Sturzrisiko ($p = .002$) und medizinische Kosten ($p = .001$) zu verringern (Jeon et al. 2005). Eine Studie mit quasi-experimentellem Design evaluierte ein 12-wöchiges traditionelles koreanisches Tanz-, Bewegungsprogramm. Die Interventionsgruppe ($n = 130$ Frauen) nahm dreimal pro Woche am Programm teil und die Kontrollgruppe ($n = 123$ Frauen) erhielt keine Intervention. Eine weitere Studie mit älteren kognitiv eingeschränkten Erwachsenen ($N = 100$) mit milder bis moderater Depression verglich den Effekt von 30 Minuten passivem Musikhören gegenüber 30 Minuten aktivem Beobachten einer musikalischen Tanzvorstellung auf Erinnern und Erkennen (Cross et al. 2012). Nur die Tanz-/Bewegungstherapiegruppe zeigte signifikant niedrigere Beck-Depressionswerte, die darüber hinaus anhielten. Ergebnisse einer Pilotstudie wiesen nach einer achtwöchigen Tanz-/Bewegungstherapieintervention im Pre-/Post-Vergleich eine deutliche Verbesserung der Depressivität ($p = .000$) und eine milde Verbesserung des mentalen Status und der kognitiven Fähigkeiten bei Hochbetagten zwischen 73 und 98 Jahren mit einem Durchschnittsalter von 86 Jahren nach (Nauert 2010).

Ergebnisse aus drei randomisierten Kontrollstudien (RCT) mit Erwachsenen zeigten, dass sich die Depressionswerte nur in der Tanz-/Bewegungstherapiegruppe bei Universitätsstudenten (Akandere und Demir 2011), psychiatrischen Patienten (Koch et al. 2007) und ambulanten, nicht diagnostizierten Klienten (Bräuninger 2012b) reduzierte, jedoch nicht in der Kontrollgruppe. Die psychiatrische Interventionsgruppe zeigte darüber hinaus gesteigerte Vitalitätswerte, jedoch nicht die Musik-und-Ergometer-Gruppe (Koch et al. 2007). Der positive Effekt der Tanz-, Bewegungstherapie hielt in der ambulanten Gruppe sechs Monate nach Ende der Behandlung an, wohingegen sich die Werte der Warte-, Kontrollgruppe nicht verbesserten (Bräuninger 2012b). Eine weitere Interventionsstudie bei psychiatrischen Patienten zeigte, dass sowohl unspezifische als auch spezifische Bewegungstherapie kurz- und langfristig zur Verbesserung der Depression und der Körperwahrnehmung beitrugen (Heimbeck und Hölter 2011).

Die vorgestellten Ergebnisse weisen Tanz-, Bewegungstherapie als effektive Behandlung in der Depressionsbehandlung aus. Es besteht ein Bedarf an weiteren RCTs zum Nachweis ihrer Wirksamkeit in der Depressionsbehandlung (Mala et al. 2012) und speziell in der Behandlung älterer Menschen.

18.2 Tanz-, Bewegungstherapie bei Angststörungen im Alter

Angststörungen zählen mit einer Lebenszeitprävalenz von 25 % zu einer der häufigsten psychischen Störungen. Generell sind Frauen häufiger von Angststörungen betroffen als Männer (Gesundheitsberichterstattung des Bundes 2006). Etwa 14 % der älteren Frauen leiden an einer Angststörung (Kinzl 2013) und tragen ein zweimal so hohes Erkrankungsrisiko im Vergleich zu Männern (siehe Volkert und Härter, ▶ Kap. 3 in diesem Buch).

Bislang existieren keine Studien zu Tanz-, Bewegungstherapie bei Angststörungen im Alter. Mehrere randomisierte Kontrolstudien gingen der Frage nach, ob Tanz-, Bewegungstherapie bei Erwachsenen angstreduzierend wirkt: Eine RCT überprüfte die kurzfristige Auswirkung eines 12-wöchigen Bewegungsprogramms kombiniert mit Achtsamkeit und selbstgelenkten Bewegungen auf die Lebensqualität bei von Brustkrebs betroffenen Frauen über 50. Die Teilnehmerinnen ($n = 49$, Durchschnittsalter 65,6 Jahre) zeigten am Ende der Intervention eine verbesserte Lebensqualität durch verminderte Angst vor einem Rezidiv und erhöhte Achtsamkeit. Diese Effekte hielten auch 6 Wochen nach der Behandlung an. Die Kontrollgruppe, die keine Intervention erhielt, zeigte keine Verbesserungen (Crane-Okada et al. 2012). Die Ergebnisse einer weiteren RCT zeigten, dass affektfokussierte Körperpsychotherapie bei generalisierter Angststörung effektiver als die psychiatrische Standardbehandlung war (Levy Berg et al. 2009). Die Behandlungsgruppe ($n = 33$, Durchschnittsalter 38 Jahre) erhielt über ein Jahr hinweg einmal pro Woche affektfokussierte Körperpsychotherapie ohne zusätzliche Psychotherapie mit der Möglichkeit, bei Medikationsbedarf einen Arzt zu konsultieren. Die Kontrollgruppe ($n = 33$, Durchschnittsalter 37 Jahre) erhielt psychiatrische Standardbehandlung mit regelmäßigen Arztgesprächen, elf Teilnehmer/innen erhielten zusätzlich Psychotherapie. Am Ende der einjährigen Behandlung verbesserten sich beide Gruppen signifikant bei den Beck Anxiety Inventory/BAI-Werten. Jedoch nur die Behandlungsgruppe zeigte eine signifikante Verbesserung der SCL-90-Werte des Global Symptom Index ($p < .05$) und der Angst-Subskala ($p < .05$), die Kontrollgruppe hingegen nicht.

18.3 Tanz-, Bewegungstherapie bei Demenz, Alzheimer-Erkrankung und anderen organischen, symptomatischen und psychischen Störungen im Alter

Demenz ist eine chronisch degenerative Erkrankung, die weltweit rasant zunimmt. Allein in Europa steigt die Zahl von rund 10 Millionen heute auf voraussichtlich etwa 14 Millionen im Jahr 2030. Die Gesamtkosten für die Demenzkrankheit in den 27 EU-Staaten betrug 2008 ungefähr 160 Mrd. Euro (Wimo et al. 2011). Demenz stellt ein wichtiges Gesundheitsproblem und die Hauptursache für Behinderungen bei Menschen über 60 Jahren dar. Dringende Notwendigkeit ist deshalb, sinnvolle und ansprechende Interventionen zu finden, welche die Stimmung und das Verhalten älterer Menschen verbessern helfen (Guzmán-García et al. 2013). Tanz-, Bewegungstherapie fördert verschiedene Ausdrucks- und Kommunikationsformen über Körperbewegungen, freien Tanz, Bewegungen, Sprache und Gesang bei dementen Menschen und trägt dazu bei, die Ressourcen der Patienten zu erkennen und von einer Defizitperspektive zu einem tieferen Verständnis dementer Personen zu gelangen (Nyström und Lauritzen 2005).

Eine Fünf-Jahres-Follow-Up-Studie zu Freizeitaktivitäten und Demenzrisiko identifizierte Tanzen als Schutzfaktor und wirksame Prävention gegen Demenz (Verghese et al. 2003). Ein RCT wies Tanzen als erfolgreiche Intervention nach, die kognitive Funktionen bei Patienten mit mittelschwerer bis schwerer Demenz verbesserten, was der Vergleichsintervention Gesprächstherapie nicht gelang (Van de Winckel et al. 2003). Eine Studie mit Prä-/Post-Vergleich überprüfte die Effektivität eines 20-minütigen Bewegungsprogramms bei Patienten im späten Stadium der Alzheimer-Erkrankung ($N = 22$, zwischen 61 und 93 Jahren, Durchschnittsalter 79). Aphasie und/oder Agnosie ließen sich durch die Bewegungsintervention signifikant reduzieren (Dayanim 2009). Zwei weitere Pilotstudien verglichen im Prä-/Post-Test den Effekt einer vier bzw. fünf Monate dauernden wöchentlichen Tanz-/Bewegungstherapiegruppe bei Patienten mit moderater bis schwerer Alzheimer-Erkrankung. Die Ergebnisse zeigten, dass sich die kognitiven Fähigkeiten nicht verschlechterten, da der Wert der Minimental State Examination (MMSE) unverändert blieb, sich die sprachliche Ausdrucksfähigkeit – nicht signifikant – verbesserte (Hokkanen et al. 2003) und sich das allgemeine Wohlbefinden, die Stimmung, die Konzentration und die Kommunikation verbesserten (Hamill et al. 2012).

Wirksamkeitsstudien wurden in weiteren medizinischen Bereichen durchgeführt, beispielsweise in der Schizophreniebehandlung, wo die Tanz-, Bewegungstherapie breite Anwendung findet. Zwar kam ein Cochrane Review zum Schluss, dass kein wesentlicher Unterschied zwischen Bewegungstherapie (Body-oriented psychological therapy, BPT) im Vergleich zu Supportive Counselling und herkömmlicher Schizophrenieversorgung bestünde (Ren und Xia 2013; Xia und Grant 2009). Ergebnisse eines RCT wiesen allerdings nach, dass sich die Negativsymptomatik in der Bewegungstherapiegruppe nach 10 Wochen Behandlung signifikant reduzierte (Röhricht und Priebe 2006). Die Studie fand Eingang in die Leitlinie des National Institute for Health and Clinical Excellence zur Behandlung der Schizophrenie (NICE 2009) im Vereinigten Königreich. Auch in Deutschland empfiehlt die S3-Leitlinie Psychosoziale Therapien bei schweren psychischen Erkrankungen Tanz-, Bewegungstherapie zur Reduktion der Negativsymptomatik (DGPPN 2013). Ergebnisse einer klinischen Studie mit psychotischen Patienten zeigten am Ende der Behandlung einen Anstieg im Wachruhezustand der Alpha-EEG-Aktivität und in »Happiness« (Margariti et al. 2012).

In einem RCT bei Patienten mit Bluthochdruck wurden positive Effekte der Tanz-, Bewegungstherapie auf ausgewählte kardiovaskuläre Parameter und den geschätzten maximalen Sauerstoffverbrauch festgestellt (Aweto et al. 2012). In der neurologischen Rehabilitation bei Hirntrauma findet Tanz-, Bewegungstherapie Anwendung (Berrol 2009; Bräuninger und Züger 2007) und zeigte Erfolge bei der Verbesserung der kognitiven Leistungsfähigkeit, der sozialen Interaktion und des körperlichen Wohlbefindens (Berrol et al. 1997). Weitere Anwendungsbereiche der Tanz-, Bewegungstherapie, die auch im Alter relevant bleiben, sind die Behandlung von Trauma (Eberhard-Kaechele 2012; Koch und Harvey 2012; van Keuk 2006), Fibromyalgie (Bojner Horwitz et al. 2003) und chronischem Fatigue-Syndrom (Blázquez et al. 2010).

Nachfolgend werden erste Ergebnisse einer Online-Expertinnenbefragung der Autorin zum Thema psychische Gesundheit vorgestellt und tanz-, bewegungstherapeutische Behandlungs- und Interventionsbeispiele präsentiert. Abschließende Überlegungen setzen den Grundstein zur Praxis- und Theorieentwicklung und empfehlen zukünftige Forschungsrichtungen der Tanz-, Bewegungstherapie im Alter.

18.4 Online-Expertinnenbefragung zu Tanz-, Bewegungstherapie im Alter

An der Online-Befragung zu Tanz-, Bewegungstherapie im Alter nahmen von 683 kontaktierten Kolleginnen 114 Expertinnen aus drei deutschsprachigen Ländern teil (Deutschland, Österreich, Schweiz). Die Expertinnen (Durchschnittsalter 49,5 Jahre, $SD = 8.9$, Frauen: $n = 101$, Männer: $n = 7$, k. A.: $n = 6$) verfügten über 10 Jahre Erfahrung in der Arbeit mit älteren Menschen ($SD = 9.2$). Mehr als die Hälfte arbeitete im stationären Setting (56,5 %, $n = 48$), knapp ein Drittel in privater Praxis und ein Viertel in Alten- und/oder Pflegeeinrichtungen. Knapp zwei Drittel boten Einzeltherapie und 90 % Gruppentherapie an. Vier Fünftel behandelten Menschen mit Depression und affektiven Störungen, zwei Drittel Menschen mit Angststörungen bzw. Demenz, Alzheimer oder anderen organischen Störungen (66.7 %, $n = 56$), und die Hälfte behandelte Patienten mit somatoformen Störungen bzw. akuten Belastungsstörungen und Traumata. Die Expertinnen wurden in einer quantitativen Frage um ihre Einschätzung gebeten, wie stark ältere und alte Menschen durch Tanz-, Bewegungstherapie profitieren könnten. In sechs qualitativen Fragen wurden sie nach ihren Erfahrungen zur tanz-, bewegungstherapeutischen Arbeit mit älteren/alten Menschen und um die Darstellung von therapeutischen Interventionen und Empfehlungen gebeten, wie beispielsweise die Rahmenbedingungen für die Arbeit und therapeutischen Eigenschaften (Bräuninger, in Vorbereitung).

Die Textanalyse der Antworten wurde mit dem Kodierungssystem von Survey Monkey(durchgeführt. Die Kategorisierung der Expertinnenantworten machte eine Zuordnung der Antworten u.a. zu verschiedenen Bereichen der Lebensqualität sinnvoll. Im Folgenden werden die Ergebnisse der Themen präsentiert, welche mit »Psychischem Wohlbefinden« kategorisiert wurden, analog zur gleichnamigen WHOQOL-100-Dimension (Angermeyer et al. 2000). Die dazugehörigen tanz-, bewegungstherapeutischen Interventionen wurden nach Häufigkeiten bewertet und inhaltsanalytisch ausgewertet.

18.4.1 Ergebnisse zu Themen und Interventionen zur Verbesserung der psychischen Gesundheit

Die Frage, welche Themen in den Stunden auftauchen, beantworteten die meisten Therapeutinnen mit Themen der Lebensqualität, vor allem in Bezug auf psychische und physische Gesundheit, soziales Leben, Autonomie, Partizipation und Tod und Sterben, und Themen in Bezug auf Demenz und Kognition (Bräuninger, in Vorbereitung). Nachfolgend werden Ergebnisse zum Thema psychisches Wohlbefinden und tanz-, bewegungstherapeutische Interventionen nach Häufigkeiten präsentiert und mit einzelnen Beispielen und Zitaten illustriert.

Die Expertinnen nannten Angst (17 Mal) und Depression (9 Mal) als häufigste Themen, die von älteren und alten Menschen eingebracht würden. Sie würden darauf vor allem mit offenen Bewegungsangeboten, gezielten Bewegungsübungen und Bewegungsspielen intervenieren. Impulskontrolle und Antriebslosigkeit wurden je viermal erwähnt und Abhängigkeit und Trauma je dreimal.

Angst

Angsthemmende tanz-, bewegungstherapeutische Interventionen beabsichtigen, zu beruhigen und ein Gefühl von Sicherheit und Halt zu vermitteln. Dazu zählen:

- einfache Bewegungen, auch Alltagsbewegungen, um positive Bewegungserfahrungen zu verankern,
- Kreistänze, um Vertrauen zu schaffen und Selbstwirksamkeit zu steigern,
- Bodenkontakt-/Grounding-Erfahrungen, um das Sicherheitsgefühl zu stärken,
- Atemübungen, um Ausgeglichenheit zu erreichen.

Die Atmung kann durch Angst negativ beeinflusst werden. Atemübungen können sich entspannend und angstmindern auswirken, wie zwei Therapeutinnen hervorheben:

Zur Angstbewältigung durch Atmung in eine Geborgenheit gelangen (Therapeutin 23)

Atem anregen, nichts tun müssen, Gelassenheit entwickeln (Therapeutin 18)

Die Benennung und Differenzierung, beispielsweise symptomatischer Körperphänomene, wirke entkatastrophisierend (Therapeutin 30). Die begleitende kognitive Bearbeitung und Psychoedukation verändern unangepasste angststimulierende Muster, vertiefen körperliche, handlungsorientierte Erfahrungen und lassen ein Gefühl von Sicherheit und Klarheit entstehen.

Depression

Depressionshemmende tanz-, bewegungstherapeutische Interventionen zielen darauf ab, Freiräume zu schaffen, den Antrieb zu steigern, kognitive Muster zu verändern und Ressourcen zu aktivieren. Dies geschieht durch den Einsatz von

- Tänzen zur Förderung der Lebensfreude,
- Improvisation zur Steigerung des emotionalen Ausdrucks,
- Imaginationstechniken zur kognitiven Stimulation,

- Spiegeltechnik zur Stärkung des Selbstvertrauens,
- Kraft zur Wahrnehmung eigener Bedürfnisse.

Die positive Verstärkung individueller Impulse steigert die Resilienz und die Vitalität der Teilnehmer.

Bewegungen von Teilnehmenden aufnehmen, verstärken und im Dialog in der Gruppe weiterverändern oder verstärken. ... Lebenslust im verbal begleiteten Tanz (unterstützende Imaginationen) beleben, verstärken. Anregende Medien einsetzten und das Erarbeitete im Tanz integrieren. (Therapeutin 30)

Die Arbeit mit kraftvollen Bewegungen wurde mehrfach als spezielle Intervention in der Depressionsbehandlung genannt:

Arbeit mit der Wahrnehmung der Körperkraft, z. B. mit Materialien und Übungen die die Körperkraft aktivieren (Therapeutin 12)

Arbeit mit Faktor Kraft: Leichte und kraftvolle Bewegung/Druck geben und lösen (Therapeutin 7)

Tänzerische und interaktionsorientierte Interventionen sind zentrale tanz-, bewegungstherapeutische Interventionen in der Depressionsbehandlung, welche die Teilnehmer aktivieren, die Lebenslust steigern und Ressourcen beleben.

Impulskontrolle

Tanz-, bewegungstherapeutische Interventionen zur Impulskontrolle bezwecken die bewusste Wahrnehmung von Gefühlen und Spannungen und den positiven Umgang mit Grenzen. Dies wird ermöglicht durch die Arbeit mit

- Antrieben zur Impulsregulation,
- Kraftkoordination zur Wahrnehmung eigener Spannungen,
- gegensätzlichen Polen zur Spannungsregulation,
- Wechsel zwischen Bewegung und Bewegungsstopps zur Kraftanpassung.

Gruppentherapie kann besonders hilfreich bei der Bearbeitung von Impulskontrollstörungen sein. Der Gruppe kommt eine cotherapeutische Funktion zu.

Übungen zu Kraftkoordination – Vorankündigung von gewähltem Krafteinsatz bei Zuspielen eines bestimmten Mediums in der Gruppe – Stopps setzen und aufnehmen in der Gruppe. (Therapeutin 4)

Tanz-, bewegungstherapeutische Interventionen fördern die Impulskontrolle und wirken sich positiv auf den Umgang mit Grenzen aus.

Antriebslosigkeit

Der tanz-, bewegungstherapeutische Umgang bei Antriebslosigkeit zielt auf eine nicht leistungsorientierte, behutsame Aktivierung von einzelnen Körperteilen und vom ganzen Körper zur Steigerung des Antriebs. Dies wird gefördert durch

- rezeptive minimalistische Bewegungsübung bzw. Bewegungsbeobachtung zur Steigerung der Wahrnehmung,
- Wechsel zwischen nieder- und höherschwelligen Bewegungsangeboten zur Aktivierung.

Eine Therapeutin hebt die Bedeutung hervor, Möglichkeiten zu Autonomie und Wahlfreiheit bei antriebslosen Patienten zu gewähren:

Ich gebe zunächst viel Freiraum, damit sich niemand gezwungen fühlt, über seine Grenzen zu gehen, betone, dass es nicht um Leistung geht. Dann leite ich evtl. sanfte Übungen an oder auch Schwungvolles, um in Bewegung zu kommen, sich wieder als bewegt zu erleben. (Therapeutin 34)

Rezeptive Tanztherapie kommt mit einem Minimum an aktiver Bewegung aus und fördert so die Wahrnehmung.

Allein das Sehen der Bewegung bewegt Menschen (Therapeutin 52)

Atemaktivierung; Körperteile aktivieren (Therapeutin 7)
Intensivieren–Reduzieren gerne mit Walzer (Therapeutin 7).

Tanz-, Bewegungstherapie bei Antriebslosigkeit lässt Bewegungsqualitäten erfahrbar machen und schult den wertschätzenden Umgang mit vorhandenen Ressourcen. Sie stellt die Intervention der Wahl bei älteren und alten Menschen dar.

Abhängigkeit, selbstdestruktives Verhalten, Selbstwertproblematik

Tanz-, bewegungstherapeutisches Ziel für die Auseinandersetzung mit Themen wie Abhängigkeit (vor allem Alkohol), Intoxikation, Entzug, selbstverletzendem Verhalten und Selbstwertproblematik ist der Aufbau einer tragfähigen therapeutischen Beziehung. Eine gute Beziehung wird gefördert durch

- Chace-Kreis mit Führen und Folgen zur Stärkung des Selbstbewusstseins und der Autonomie,
- Spiegeln von Bewegungsimpulsen der Patienten zur Förderung der Kommunikation,
- szenische Improvisationen als Basis für Biografiearbeit,
- erfahrbare Bewegung zum Wahrnehmen von Bedürfnissen und Wiederentdecken von Bewegungsfreude,
- Ausdrucksarbeit zur Stärkung von Begabung und Ressourcen,
- Loslassen auf Körperebene zum Erleben von Geborgenheit.

Tanz-, bewegungstherapeutische Interventionen zur Stärkung des Selbstwerts und Reduktion von abhängigem Verhaltens beziehen vor allem Interaktions-, Expressions- und Gestaltungsprozesse ein und sie stärken die Autonomie und aktivieren Ressourcen.

Trauma

Traumata, auch lang zurückliegende, können im Alter als emotional überflutend erlebt werden. Tanz-, bewegungstherapeutische Interventionen beabsichtigen eine Verbesserung der Traumaverarbeitung und die emotionale Stabilisierung, sie werden an Patient und Kontext angepasst. Empfehlenswert sind folgende Interventionen:

- darstellende Bewegungsübungen zur Stabilisierung und zum schützenden Haltgeben verletzter Anteile,
- Ausdrucksarbeit zur Strukturierung durch Externalisierung.

Die Darstellung und der Ausdruck erlauben, sich emotional zu distanzieren und Gefühle von Überflutung zu kontrollieren. Tanz-, bewegungstherapeutische Traumaarbeit unterstützt das Einordnen traumatischer Erfahrungen in die eigene und soziale Lebensgeschichte und trägt zur psychischen Stabilisierung bei.

18.5 Zusammenfassung und Ausblick

Dieses Kapitel präsentiert wissenschaftliche Erkenntnisse zur Wirksamkeit von Tanz-, Bewegungstherapie im Alter. Gut belegt ist der Effekt von Tanz-, Bewegungstherapie und Tanz in der Behandlung von Demenz und Alzheimer-Erkrankung (Dayanim 2009;

Hamill et al. 2012; Hokkanen et al. 2003; Nyström und Lauritzen 2005; Van de Winckel et al. 2003; Verghese et al. 2003). Ebenso liegt ein Wirksamkeitsnachweis von Tanz bei Depression vor (Cross et al. 2012; Jeon et al. 2005). RCTs weisen die Wirksamkeit von Tanz-, Bewegungstherapie in der Behandlung Erwachsener mit depressiver Symptomatik (Akandere und Demir 2011; Bräuninger 2012; Koch et al. 2007), Angst (Crane-Okada et al. 2012; Levy et al. 2009), Schizophrenie (Röhricht und Priebe 2006) und Bluthochdruck (Aweto et al. 2012) nach. Diese Nachweise bestätigen einen Bedarf an weiteren Effektivitätsstudien zur Tanz-, Bewegungstherapie bei älteren und alten Menschen mit Depression, Angst, Schizophrenie und anderen psychischen Störungen. Darüber hinaus erscheinen Studien zum Kosten-Nutzen-Effekt sinnvoll, um die Etablierung der Tanz-, Bewegungstherapie als Standardbehandlung, beispielsweise für die Demenz- und Alzheimerbehandlung, zu diskutieren.

Erste Ergebnisse der Expertinnenbefragung ergaben, dass ältere und alte Teilnehmer am häufigsten Themen zum psychischen Wohlergehen, insbesondere zu Angst und Depression, einbringen. Laut Expertinnen erweisen sich freie Bewegungsangebote wie Improvisation oder Alltagsbewegungen, gezielte Bewegungsübungen wie Grounding- und Atemübungen und Bewegungsspiele inklusive Chace-Kreis, Kreistänze und Tanztechniken am effektivsten. Themen zu Impulskontrolle werden ebenfalls eingebracht, wofür sich vor allem tanz-, bewegungstherapeutische Gruppenarbeit und der gezielte Einsatz vom Antriebsfaktor Kraft als sinnvoll erweist. Um Antriebslosigkeit zu begegnen, ist es sinnvoll, den Fokus auf die Wahrnehmung und Wertschätzung der Bewegungsqualität, also weniger auf »wieviel« Bewegung als auf das »Wie« der Bewegung zu verschieben.

Älteren und alten Menschen ermöglicht Tanz-, Bewegungstherapie, bestehende Beziehungen zu erhalten, auf neue Art zu kommunizieren, verwirrende und beängstigende Erfahrungen auszudrücken, eigene Ressourcen zu erleben, Handlungsmöglichkeiten zu erfahren und Möglichkeiten der Partizipation wiederzufinden. Empfehlenswert ist deshalb, Tanz-, Bewegungstherapie als Standardangebot in die Gesamtbehandlung von älteren und alten Menschen zu integrieren. Sie kann im stationären, teilstationären und ambulanten Setting wie auch in Betreuungs- und Beratungseinrichtungen sowie Begegnungsstätten als Gruppen- und Einzeltherapie angeboten werden. Die Interventionen werden »in Abhängigkeit von der Homogenität bzw. Inhomogenität der Gruppe, Frequenz und Intensität der Sitzungen entsprechend der Schwere der Erkrankung« (DGPPN 2013, S. 122) modifiziert.

Durch ihr personen- und ressourcenzentriertes Vorgehen bietet Tanz-, Bewegungstherapie einen wertvollen Beitrag, ältere Menschen in ihrer Würde und ihren individuellen Bedürfnissen zu achten, ihre soziale Partizipation und Kommunikation zu fördern und ihre Lebensqualität zu verbessern. Tanz-, Bewegungstherapie ist in der Standardbehandlung älterer und alter Menschen unverzichtbar, da sie nicht nur Symptome der Menschen reduzieren hilft, sondern ihre Lebensqualität steigert und ihre Autonomie und Partizipation fördert.

Literatur

ADTA American Association of Dance Therpay (2013) About dance/movement therapy. (http://www.adta.org/About_DMT, Zugriff am 07.07.2014).

Akandere M, Demir B (2011) The effect of dance over depression. Collegium Antropologicum 35: 651–656.

Angermeyer MC, Kilian R, Matschinger H (2000) WHOQOL-100 und WHO-BREF. Handbuch für die deutschsprachige Version der WHO Instrumente zur Erfassung von Lebensqualität. Göttingen: Hogrefe Testzentrale.

Aweto HA, Owoeye OB, Akinbo SR, Onabajo AA (2012) Effects of dance movement therapy on selected cardiovascular parameters and estimated maximum oxygen consumption in hypertensive patients. Nigerian Quarterly Journal of Hospital Medicine 22: 125–129.

Berrol CF (2009) Dance/movement therapy and acquired brain trauma rehabilitation. In: Chaiklin S, Wengrower H (Hrsg.) The art and science of dance/movement therapy. Life is dance. New York, NY: Routledge. S. 195–216.

Berrol CF, Ooi WL, Katz S (1997) Dance/movement therapy with older adults who have sustained neurological insult: A demonstration project. American Journal of Dance Therapy 19: 135–160. doi:10.1023/A:1022316102961

Blázquez A, Guillamó E, Javierre C (2010) Preliminary experience with dance movement therapy in patients with chronic fatigue syndrome. The Arts in Psychotherapy 37: 285–292. doi:10.1016/j.aip.2010.05.003

Bojner Horwitz E, Theorell T, Anderberg UM (2003) Dance/movement therapy and changes in stress-related hormones: A study of fibromylagia patients with video-interpretation. The Arts in Psychotherapy 30: 255–264. doi:10.1016/j.aip.2003.07.001

Bräuninger I (2012a) The efficacy of dance movement therapy group on improvement of quality of life: A randomized controlled trial. The Arts in Psychotherapy 39: 296–303. doi:10.1016/j.aip.2012.03.008

Bräuninger I (2012b) Dance movement therapy group intervention in stress treatment: A randomized controlled trial (RCT). The Arts in Psychotherapy 39: 443–450. doi:10.1016/j.aip.2012.07.002

Bräuninger I (2006) Tanztherapie. Weinheim: Beltz PVU.

Bräuninger I, Züger B (2007) Filmbasierte Bewegungsanalyse zur Behandlungsevaluation von Tanz- und Bewegungstherapie. In: Koch SC, Bender S (Hrsg.) Movement analysis – Bewegungsanalyse. The Legacy of Laban, Bartenieff, Lamb and Kestenberg. Berlin: Logos. S. 213–223.

BTD Berufsverband der TanztherapeutInnen Deutschlands (2013) Tanztherapie. (http://¬www.btd-tanztherapie.de/Tanztherapie.htm, Zugriff am 07.07.2014).

Bundesamt für Statistik (2010) Szenarien zur Bevölkerungsentwicklung der Schweiz, 2010–2060. (http://www.bfs.admin.ch/bfs/portal/de/¬index/news/publikationen.Document.¬132799.pdf, Zugriff am 07.07.2014).

Bundesamt für Statistik (2008) Statistik der Schweiz. (http://www.google.de/url?sa=t&rct=j&q=¬beschleunigte%20demographische%20alte¬rung& source=web&cd=2&cad=rja&ved=¬0CDkQFjAB&url=http%3A%2F%2Fwww.¬bfs.admin.ch%2Fbfs%2Fportal%¬2Fde%2Findex%2Fthemen%2F01¬%2F22%2Fpubl.Document.113897.pdf&¬ei=7Qg3UpuBEJCThQfty4CIAw&usg=AF¬QjCNH4BfZZTr1HDSUzCMwSv¬RyJy5xVlg&bvm=bv.52164340,d.bGE, Zugriff am 07.07.2014).

Bundesministerium des Inneren (2012) Jedes Alter zählt. Demographiestrategie der Bundesregierung. (http://www.bundesregierung.de/¬Webs/Breg/DE/Themen/Demografiestrategie/¬Artikel/Anlagen/demografiestrategie-langfa¬ssung.pdf?__blob=publicationFile&v=2, Zugriff am 07.07.2014).

Crane-Okada R, Kiger H, Sugerman F, Uman GC, Shapiro SL, Wyman-McGinty W, Anderson NL (2012) Mindful movement program for older breast cancer survivors: A pilot study. Cancer Nursing 35: 247–323. doi:10.1097/NCC.0b013e3182280f73

Cross K, Flores R, Butterfield J, Blackman M, Lee S (2012) The effect of passive listening versus active observation of music and dance performances on memory recognition and mild to moderate depression in cognitively impaired older adults. Psychological Reports 111: 413–423. doi:10.2466/10.02.13.PR0.111.5.413–423

Cruz RF, Sabers DL (1998) Dance/movement therapy is more effective than previously reported. The Arts in Psychotherapy 25: 101–104.

Dayanim S (2009) The Acute Effects of a Specialized Movement Program on the Verbal Abilities of Patients With Late-Stage Dementia. Alzheimer's care today 10: 93–98.

DTAA Dance Therapy Assocation Australia (2013) Welcome to the Dance-Movement Therapy Association of Australia. (http://www.dtaa.org.au/index.htm, Zugriff am 07.07.2014).

DGPPN (2013) S3-Leitlinie Psychosoziale Therapien bei schweren psychischen Erkrankungen. Heidelberg: Springer. doi:10.1007/978-3-642-30270-1

Eberhard-Kaechele E (2012) Memory, metaphor, and mirroring in movement therapy with trauma patients In: Koch SC, Fuchs T, Summa M, Müller C (Hrsg.) Body Memory, Metaphor and Movement. Amsterdam: Benjamin Franklin. S. 267–287.

Gesundheitsberichterstattung des Bundes (2006) Angststörungen, Kapitel 1.2.3.2. [Gesundheit in Deutschland 2006]. (http://www.gbe-bund.de/gbe10/ergebnisse.prc_tab?fid=10407&suchstring=&query_id=&sprache=D&fund_typ=TXT&methode=&vt=&verwandte=1&page_ret=0&seite=1&p_lfd_nr=1&p_news=&p_sprachkz=D&p_uid=gast&p_aid=57231091&hlp_nr=2&p_janein=J, Zugriff am 07.07.2014).

Guzmán-García A, Hughes JC, James IA, Rochester L (2012) Dancing as a psychosocial intervention in care homes: a systematic review of the literature. International Journal of Geriatric Psychiatry 28: 914–924. doi.10.1002/gps.3913

Härter M (2013) Diagnostik und Versorgungssituation psychischer Erkrankungen im höheren Lebensalter in Europa. Vortrag auf dem Wiss. Symposium »Psychotherapie in der Geriatrie«, Hamburg, 27.09.2013.

Hamill M, Smith L, Röhricht F (2012) ›Dancing down memory lane‹: Circle dancing as a psychotherapeutic intervention in dementia – a pilot study. Dementia 11: 709–724. doi: 10.1177/1471301211420509

Heimbeck A, Hölter G (2011) Bewegungstherapie und Depression-Evaluationsstudie zu einer unspezifischen und einer störungsorientierten bewegungstherapeutischen Förderung im klinischen Kontext. PPmP-Psychotherapie – Psychosomatik – Medizinische Psychologie 61: 200–207.doi:10.1055/s-0030-1267999.

Hill H (2009) Invitation to the Dance. University of Stirling, Dementia Services Development Centre.

Ho RTH (2005) Regaining balance within: Dance movement therapy with Chinese cancer patients in Hong Kong. American Journal of Dance Therapy 27: 87–99. doi: 10.1007/s10465-005-9002-z

Hölter G (2011) Konturen der klinischen Bewegungstherapie. In: G. Hölter (Hrsg.) Bewegungstherapie bei psychischen Erkrankungen: Grundlagen und Anwendung. Köln: Deutscher Ärzteverlag. S. 71–154.

Hokkanen L, Rantala L, Remes AM, Härkönen B, Viramo P, Winblad I (2003) Dance/movement therapeutic methods in management of dementia. Journal of the American Geriatrics Society 51: 576–577. doi:10.1046/j.1532-5415.2003.51175.x

Jeon MY, Bark ES, Lee EG, Im JS, Jeong BS, Choe ES (2005) The effects of a Korean traditional dance movement program in elderly women. Journal of Korean Academy of Nursing 35: 1268–1276.

Kinzl JF (2013) Psychische Erkrankungen bei Frauen und Männern im Alter. Zeitschrift für Gerontologie und Geriatrie 46: 526–531. doi:10.1007/s00391-013-0527-3

Koch SC, Harvey S (2012) Dance therapy with traumatized dissociative patients. In: Koch SC, Fuchs T, Summa M, Müller C (Hrsg.) Body memory, metaphor, and movement. Philadelphia: John Benjamins.

Koch SC, Morlinghaus K, Fuchs T (2007) The joy dance: Specific effects of a single dance intervention on psychiatric patients with depression. The Arts in Psychotherapy 34: 340–349. doi: 10.1016/j.aip.2007.07.001

Levy Berg A, Sandell R, Sandahl C (2009) Affect-focused body psychotherapy in patients with generalized anxiety disorder: Evaluation of an integrative method. Journal of Psychotherapy Integration 19: 67–85. doi:10.1037/a00115324

Mala A, Karkou V, Meekums B (2012) Dance/movement therapy (D/MT) for depression: A scoping review. The Arts in Psychotherapy 39: 287–295. doi: 10.1016/j.aip.2012.04.002

Margariti A, Ktonas P, Hondraki P, Daskalopoulou E, Kyriakopoulos G, Economou NT, Tsekou H, Paparrigopoulos T, Barbousi V, Vaslamatzis G (2012) An application of the Primitive Expression form of dance therapy in a psychiatric population. The Arts in Psychotherapy 39: 95–101. doi:10.1016/j.aip.2012.01.001

Nauert R (2010) Adaptive Music/Dance Therapy: An Activity to Improve Quality of Life in Long Term Care Settings. Faculty Publications-School of Health Administration. (https://digital.library.txstate.edu/handle/10877/4090, Zugriff am 07.07.2014).

NICE (2009) Schizophrenia. Core interventions in the treatment and management of schizophrenia in adults in primary and secundary care. NICE Clinical Guideline 82. London. www.nice.org.uk

Nyström K, Lauritzen SO (2005) Expressive bodies: demented persons' communication in a dance therapy context. Health 9: 297–317. doi:10.1177/1363459305052902

Ren J, Xia J (2013) Dance therapy for schizophrenia. Cochrane Database of Systematic Reviews 10. Art. No.: CD006868. DOI: 10.1002/14651858.CD006868.pub3

Ritter M, Low KG (1996) Effects of dance/movement therapy: A meta-analysis. The Arts in Psychotherapy 23: 249–260.

Röhricht F, Priebe S (2006) Effect of body-oriented psychological therapy on negative symptoms in schizophrenia: a randomized controlled trial. Psychological Medicine 36: 669–678. doi:10.1017/S0033291706007161

Statistik Austria (2012) Bevölkerungsprognose 2012.(https://www.statistik.at/web_de/static/ergebnisse_im_ueberblick_bevoelkerungsprognose_-_oesterreich_027308.pdf, Zugriff am 07.07.2014).

Van de Winckel A, Feys H, De Weerdt W, Dom R (2004) Cognitive and behavioural effects of music-based exercises in patients with dementia. Clinical Rehabilitation 18: 253–260. doi:10.1191/0269215504cr750oa

van Keuk E (2006) Tanz- und Bewegungstherapie bei Posttraumatischer Belastungsstörung am Beispiel traumatisierter Flüchtlinge In: Maercker A, Rosner R (Hrsg.) Psychotherapie der posttraumatischen Belastungsstörungen. Krankheitsmodelle und Therapiepraxis – störungsspezifisch und schulenübergreifend. Stuttgart: Thieme. S. 174–191.

Verghese J, Lipton RB, Mindy J, Katz MPH, Hall CB, Derby CA, Kuslansky G, Amrbose AF, Sliwinski M, Buschke H (2003) Leisure activities and the risk of dementia in the elderly. New England Journal of Medicine 348: 2508–2516. doi:10.1056/NEJMoa022252

WHO (2013) Gender and women's mental health. (http://www.who.int/mental_health/prevention/genderwomen/en/, Zugriff am 07.07.2014).

Wimo A, Jönsson L, Gustavsson A, McDaid D, Ersek K, Georges J, Gulácsi L, Karpati K, Kenigsberg P, Valtonen H (2011) The economic impact of dementia in Europe in 2008 – cost estimates from the Eurocode project. International Journal of Geriatric Psychiatry 26: 825–832. doi: 10.1002/gps.2610

Xia J, Grant TJ (2009) Dance therapy for schizophrenia. Cochrane Database of Systematic Reviews 1, Art. No.: CD006868. doi:10.1002/14651858.CD006868.pub2

Verzeichnis der Herausgeber und Autoren

Die Herausgeber

Reinhard Lindner, PD Dr. med.
Medizinisch-Geriatrische Klinik
Albertinen-Haus Gerontopsychosomatik
und Alterspsychotherapie
Sellhopsweg 18–22, D-22459 Hamburg
MVZ Zentrum für psychische Gesundheit
(ZPG), Hamburg
Reinhard.Lindner@albertinen.de

Jana Hummel, Dr. med.
Praxis für Geriatrie, Palliativmedizin
und Gerontopsychotherapie
Rheingoldstraße 41a,
D-68199 Mannheim
praxis@geriatrie-rheinneckar.de

Die Autoren

Sabrina Agines
Universität Heidelberg
Psychologisches InstitutNetzwerk
AlternsfoRschung (NAR)
Bergheimer Straße 20, D-69115 Heidelberg
agines@nar.uni-heidelberg.de

Iris Bräuninger, Dr. rer. soc.
Psychiatrische Universitätsklinik Zürich
Direktion Pflege, Therapien und Soziale
Arbeit, Forschung und Entwicklung
Lenggstr. 31
Postfach 1931, CH-8032 Zürich
iris.braeuninger@puk.zh.ch

Barbara Dehm-Gauwerky, Dr. sc. mus.
Eschenweg 50, D-22949 Ammersbek
B.Dehm-Gauwerky@gmx.de

Ronald Foerster
Medizinisch-Geriatrische Klinik
Albertinen-Haus
Gerontopsychosomatik und
Alterspsychotherapie
Sellhopsweg 18–22, D-22459 Hamburg
mail@ronfoerster.de

Martin Härter, Prof. Dr. med., Dr. phil.
Universitätsklinikum Hamburg-Eppendorf
Zentrum für Psychosoziale Medizin
Institut und Poliklinik für Medizinische
Psychologie
Martinistraße 52, D-20246 Hamburg
m.haerter@uke.de

Eike Hinze, Dr. med.
Kaiserdamm 9, D-14057 Berlin
e.f.hinze@t-online.de

Eva-Marie Kessler, PD Dr. phil.
Universität Heidelberg
Psychologisches Institut
Netzwerk AlternsfoRschung (NAR)
Bergheimer Str. 20, D-69115 Heidelberg
kessler@nar.uni-hd.de

Daniel Kopf, PD Dr. med.
Kath. Marienkrankenhaus
Zentrum für klinische Psychologie und
Psychotherapie
Geriatrische Klinik
Alfredstr. 9, D-22087 Hamburg
kopf.geriatrie@marienkrankenhaus.org

Andreas Kruse, Prof. Dr. phil.
Universität Heidelberg
Institut für Gerontologie
Bergheimer Str. 20, D-69115 Heidelberg
andreas.kruse@gero.uni-heidelberg.de

Ulrike Müller-Wilmsen, Dr. med.
Am Kirchberg 15, D-69221 Dossenheim
mueller-wilmsen@web.de

Meinolf Peters, Prof. Dr. phil.
Institut für Alterspsychotherapie und
Angewandte Gerontologie
Schwanallee 48a, D-35037 Marburg
meinolf-peters@t-online.de

Hartmut Radebold, Prof. em. Dr. med.
Habichtswalder Str. 19, D-34119 Kassel
hartmutradebold@t-online.de

Wolfgang von Renteln-Kruse, Prof. Dr. med.
Medizinisch-Geriatrische Klinik
Albertinen-Haus
Sellhopsweg 18–22, D-22459 Hamburg
Wolfgang.Renteln-Kruse@albertinen.de

Sylvia Schaller, Dr. phil.
Rosenstr. 94, D-68199 Mannheim
SchallerSylvia@t-online.de

Jan Sonntag, Dr. sc. mus.
Eichenstraße 37a, D-20255 Hamburg
jansonntag@gmx.de

Uwe Sperling, Dr. theol.,
IV. Medizinische Klinik
Theodor-Kutzer-Ufer 1–3,
D-68167 Mannheim
uwe.sperling@umm.de

Gabriela Stoppe, Prof. Dr. med.
MentAge GmbH
Gerbergasse 16, CH-4001 Basel
info@gabriela-stoppe.com

Jana Volkert, Dr. phil.
Universitätsklinikum Hamburg-Eppendorf
Zentrum für Psychosoziale Medizin
Institut und Poliklinik für Medizinische
Psychologie
Martinistraße 52, D-20246 Hamburg
jvolkert@uke.de

Susanne Wilfarth, Dr. phil.
Kath. Marienkrankenhaus
Zentrum für klinische Psychologie und
Psychotherapie
Geriatrische Klinik
Alfredstr. 9, 22087 D-Hamburg
wilfarth.geriatrie@marienkrankenhaus.org

Stichwortverzeichnis

A

Abhängigkeit   37, 180
Affekt   62
Aggression   77, 120
Aktualkonflikt   63
Angehörige   80
Angst   35, 50, 57, 75, 162, 175, 178
Anpassungsstörung   36, 106
Antidepressiva   70
Antriebslosigkeit   179
Apathie   76, 162
Atmosphäre, therapeutische   167
Aufsuchende Psychotherapie   108, 115

B

Barthel-Index   118
Belastungsstörung   34
Beratung   77, 133
Betreuung   98
Bewältigungsstrategien   151
Beziehungswunsch   121
Bindung   61
Bipolare Störung   33
Borderline   57

D

Delir   95
Demenz   51–52, 72, 75, 78, 95, 127, 130, 141, 156, 161, 176
Depression   31, 50, 57, 67–68, 84, 86, 89, 104, 127, 130, 139, 174, 178
Deutung   122, 156
Dysfunktionales Beziehungsangebot   63
Dysthymie   33

E

Einsamkeit   48, 98, 101, 140–141
Einzeltherapie   105, 107
Embodiment   58
Empathie   60, 162
Ergotherapie   77, 128

F

Flucht   99
Frailty   58, 104

G

Gedächtnis   59, 78
Gegenübertragung   114, 158
Generationenfolge   19
Generativität   16
Geriatrie   24, 83–84, 86, 93
Gerotranszendenz   14–15
Gesundheitssystem   30
Gruppenpsychotherapie   100
Gruppentherapie   94, 105, 129, 142, 177

H

Hilfesuchverhalten   147
Hilflosigkeit   70, 99
Hoffnung   84, 89
Holding   108
Humor   100–101

I

Identität   25
Improvisation   158, 165
Impulskontrolle   179
Intelligenz   59
Introversion   16
Isolation   47, 107

K

Körper   100
Körpergrenzen   150
Körperpsychotherapie   173, 175
Klärung   122
Kognitive Rehabilitation   78
Kognitive Stimulation   78
Kompetenztraining   150
Konfrontation   122
Konsil-/Liaisondienst   132
Kontingenzerfahrungen   60

Kontrollüberzeugung 151
Krankheitsfolgen 100
Krankheitsverarbeitung 102
Krankheitsverarbeitungsstörung 132
Krieg 99, 127, 140
Kriegserfahrungen 63
Krisenintervention 102
Kritische Lebensereignisse 89, 147

L

Lebenserwartung 30, 82
Lebenskrisen 101
Lebensqualität 83
Lernen 77
Logopädie 128

M

Makuladegeneration 51
Milieutherapie 80
Multimorbidität 7, 139
Musiktherapie 79, 103, 154, 161

N

Neuropsychologie 94

O

Offenheit 16
OPD 57

P

Panikstörung 34
Partizipation 164
Partnerschaft 121
Patientenwille 83
Patient-Therapeut-Beziehung 94, 99
Pflege 103, 128
Pflegebedürftigkeit 105
Pflegeheim 103, 129, 140, 142, 164
Pharmakotherapie 70
Phobien 34
Physiotherapie 128
Posttraumatische Belastungsstörung 36
Prävention 50
Psychoanalyse 155
Psychodynamik 67
Psychoedukation 77, 129
Psychopharmaka 118
Psychose 38
Psychosomatik 132
Psychotherapie 56, 67, 93, 113, 139

R

Rehabilitation 50, 128

Resilienz 56, 104
Ressourcen 99

S

Schlafstörung 120
Schmerz 84, 132, 140, 173
Selbständigkeit 141
Selbstdifferenzierung 20
Selbstwert 101, 180
Setting 70, 127
Somatisierung 36
Sozialarbeit 77, 116, 128
Soziale Teilhabe 47
Sterben 22, 72, 101, 121
Struktur 62
Strukturelle Defizite 63
Sturz 139, 174
Sturzangst 38, 129, 140
Suizidalität 84–86, 118, 120, 132, 140, 147
– Leben nicht mehr lebenswert 87–88
– Stabilität oder Variabilität 88
– Suizidgedanken 85, 87–88
– Suizidpläne 88
– Suizidpräventionsstrategien 148
– Wunsch, tot zu sein 86–88
Szene 119
Szenisches Verstehen 119, 155

T

Tagesstrukturierung 129
Tanz-, Bewegungstherapie 173
Theory-of-mind 60
Trauer 68, 120, 132, 141
Trauma 99, 180

U

Übergangsobjekt 158
Übertragung 67, 72, 121, 156

V

Vergewaltigung 99
Verhaltenstherapie 106, 127, 130, 141, 147
Verlusterlebnis 147
Vertrauen 135, 137
Vulnerabilität 61, 63, 76

W

Wahn 76
Wertschätzung 108

Z

Zufriedenheit 137
Zwangsstörung 35